〔日〕田中伸尚 著

臧志军 译

# 大逆事件

## 死与生的群像

上海译文出版社

弗兰茨·卡夫卡曾经对我说：

"人，不管什么，只要是必须写的，就必须写。"

——摘自 G. 亚努赫[*]：《与卡夫卡的对话》

（增补版，吉田仙太郎译）

# 目 录

# 序章　冻土之下

森近运平一家在大阪平民社前。左起第二人是运平，在他右边的是女
儿菊代，站在最右边的是其妻子繁子。（摄于 1907 年左右）

那是 1946 年 12 月，或是 1947 年初，战争刚结束不久，学制将改未改之时，我还是一名旧制国民学校六年级学生。当时的班主任是一位音乐老师，但其却在毕业前布置了一个任务，要求全班同学写论文，题目自定，篇幅是四百字的文稿纸五十页。是毕业论文。让小学生写毕业论文说来也许有点奇怪，但当时我们什么也没有想就动手开始写了。

　　我向我的两个好朋友提议，三人一起写运平，即森近运平先生，因为我在翻阅父亲书架上的一本像是资料之类的书时，发现了运平先生的名字。那本书的名称现在怎么也想不起来了，但我记得书的纸张已经变质，上面满是茶色的斑点。那本书上有很多人的名字，为什么会选择运平先生呢？现在想来有点不可思议，或许是因为书上写着运平先生的家在田口地区，而我家的亲戚也住在那里，感觉比较近吧。当时母亲提醒我，最好不要去调查这个人，但是运平先生到底是一个怎样的人？我心中的疑问却与日俱增。

　　我们向町里的各种人打听"运平先生是怎样的人"，尤其是老人，我们都问到了，但是谁都不告诉我们。不知为什么，一提到运平先生大家都不吭声了。甚至还有人用凶兮兮的口气问我们："你们现在为什么要打听那些事？"也有人告诉我们，就算是知道，谁也不会说的，即使去森近先生的家，也什么都不会告诉你们。这些话让我们感到吃惊，开始觉得这件事有点奇怪，于是对运平先生的兴趣也变得越来越浓厚了。我想当时之所以会这样，也是因为小孩子的好奇心吧。

一起写毕业论文的小朋友中，有一个就住在运平先生出生的老宅附近，过去我们就经常一起去那里玩，还在老宅院子前面玩过穿绳游戏，帮在那里洗红薯、白萝卜上面的泥巴的"大妈"干过活。记得"大妈"还请我们吃过蒸红薯，说："你们几个真要好啊，吃吧吃吧。"于是，我们决定去向运平先生家的"大妈"打听。

一月底的一个星期天的午后，冬日和煦的阳光下，街上暖洋洋的。在首都圈私营铁路沿线一座小车站附近的地下咖啡馆里，聚集着许多年轻的恋人和带着家人的顾客，环境有点嘈杂。我坐在今川德子这位在小学六年级时就将森近运平写入毕业论文中的女性史研究者面前，听她讲述。近代日本，在日俄战争后，于1910年吞并了朝鲜，开始向着殖民地帝国暴走。同期，1910年到1911年，发生了"大逆事件"，出生于冈山县高屋村（当时）的森近运平在该事件中被处死。随着她的讲述，周围像是一下子变得安静了，在我的面前呈现出这样一幅图景：一群1935年出生、受过"天皇乃神之后裔"这一皇国史观教育的12岁的少女，在日本战败后不久，写下了一篇毕业论文，这篇毕业论文的主人公就是被强行牵连进明治"大逆事件"的森近运平，而该事件是日本近现代史上最大的国家犯罪。

在该事件中，以宫下太吉制造炸弹为开端，幸德传次郎（号秋水）等二十六人被指企图暗杀天皇，以"大逆罪"交付法庭。

大审院特别刑事部在非公开审理中，没有传唤任何证人，仅用了三个星期左右的时间，就在 1911 年 1 月 18 日做出判决，以"大逆罪"判处二十四人死刑，同时以违反《爆炸物管制处罚规定》判处另外两人有期徒刑。判决后仅过了一个星期左右，被判死刑的秋水、运平等十二人，就分别于 1 月 24 日、25 日被绞死。其余十二人虽经天皇"恩命"被减为无期徒刑，但是判决本身并没有得到纠正。因为当时规定"大逆罪"一审即终审，所以在法律程序上没有补救的余地。

战后有关这一事件的诸多研究清楚地显示，该事件是当时的政府为彻底消灭无政府主义者、社会主义者以及他们的同情者，铲除自由、平等、博爱思想所实施的国家犯罪。然而直到战败前为止，事件的真相一直被隐藏在黑暗之中。遭受连坐者们被交付法庭公审、盖上了谋害天皇的"逆徒、国贼"的烙印，在极短的时间内被大批处刑，导致社会上弥漫着对天皇制国家的恐惧和对社会主义思想的害怕，几乎没有人敢在公开场合谈论这一事件。虽然森鸥外、平出修、石川啄木、与谢野宽（铁干）、佐藤春夫、冲野岩三郎、永井荷风等人在小说、诗歌或随笔等作品中对此事件有所涉及，但是这些都是在言论自由受压制时期写的作品，当时的小学生几乎没有机会看到，即便有机会看到，对于这些十岁左右的少女而言，要读懂这些作品也是困难的。

1946 年 1 月 1 日，昭和天皇发表宣言，否定了自身的"神性"；根据同年 11 月公布并沿用至今的宪法，原本神圣不可侵犯的"现人神天皇"变成了象征天皇；但是社会上对天皇的观念以及对于该事件的看法并未仅仅因为这些而发生戏剧性变化。原来的《刑法》第七十三条规定，"加害或者试图加害天皇、太皇太后、皇太后、皇后、皇太子或者皇太孙者处以死刑"，在明治"大逆事件"中，这一罪名夺去了十二人的生命并将另外十二人长期关押在狱中。虽然在今川她们想要调查运平的 1947 年年初，"大逆罪"已经因为 GHQ（盟军最高司令官总司令部）[1] 下达的取消令而奄奄一息，但毕竟还苟延残喘地存在着；1908 年起施行的《刑法》第七十三条至第七十六条"对于皇室的犯罪"这一罪名在当时仍然有效，这些条款直到 1947 年 10 月才被废除。在此之前适用"大逆罪"罪名的事件，明治末年导致秋水等人被处死的事件是第一起，之后还有三起。一是 1923 年 12 月 27 日的"虎之门事件"，当时难波大助用一把长柄枪向正要去参加议会开幕式的摄政宫（即后来的昭和天皇）射击。1924 年 11 月 13 日，难波被判死刑，两天之后就被处死。接着是"朴烈、金子文子事件"。关东大地震发生后不久，1923 年 9 月 3 日，因为其他事项受到检控的两人被诬陷企图在皇太子举办婚礼时投掷炸弹。一切都像计划好的那样，1925 年 7 月 17 日，两人以大逆罪、违反《爆炸物管制处罚规定》遭到起诉，大审院于 1926 年 3 月 25 日判处两人死刑，后由检察总长出面减为无期徒刑。金子于同年 7 月 23 日在栃木县监狱上吊身亡，朴烈则在狱中活了下来，于战后 1945 年 10 月 27 日出狱。第三起是"樱田门事件"。1932 年 1 月 8 日，在樱田门外警视厅的正门附近，李奉昌向昭和天皇乘坐的马车投掷手榴弹。9 月 30 日，李奉昌被判处死刑，10 月 10 日被处死。

有关秋水等人被处死刑的"大逆事件"的最初记录等，是到了战后，经由《幸德一派大逆事件始末》（1946 年年底）一书才

---

1　GHQ 为 General Headquarter 的略称，本书中特指第二次世界大战日本投降后驻日盟军最高司令官总司令部。

为普通公众所看到，该书的编者宫武外骨是一名记者，性格有点古怪却具有叛逆精神。

《世界评论》杂志从 1947 年 11 月号开始连载神崎清写的《革命传说》，作者通过深入发掘被隐藏的资料以及仔细采访当时还活着的事件相关者等，详细地揭露了事件的真相。该连载后以单行本形式出版。

另一位是住井末，她从 1958 年开始写作长篇巨著《没有桥的河流》（共七部），该书以作者读小学时所听到的关于这一事件的传说为起点，但写作时距离战败已有十多年。

石川啄木早就看出"大逆事件"的本质在于思想镇压，当时他就写了与该事件相关的报道，他整理的收录有判决书全文等资料的《日本无政府主义者阴谋事件经过及其附带现象》，以及收录有秋水给三位辩护人的"陈辩书"等资料的《狱中来信》（其中还附有他自己写的非常重要的"编者注"），于 1951 年公之于众。1957 年 7 月，人们又发现了他当时写的评论《所谓这次的事情》，在这篇评论中他指出，用权力来压制思想是做不到的。

我一边听今川讲述她的"毕业论文"的故事，脑子里一边转着这样那样的事，尽管当时今川这些孩子们知道有运平这个人，但是对她们而言，"大逆事件"是不存在的，因为那时在国民学校读书的少女们连该事件的名称都没有听到过。正因为如此，今川她们陷入了未曾料到的、宛如不知八幡森[1]似的迷宫。

那是一个非常寒冷的日子，四周的树木和泥土像是被冻住了

---

1　"不知八幡森"是位于日本千叶县市川市八幡的一片竹林，因为历史上的一些传说，该竹林被作为迷宫的代名词。

一般，悄无声息。孩子们来到了位于山沟里的高屋町田口村，访问了住在那里的"大妈"。

院子前面有一口井，井边有一只吊桶，孩子们突然问在院子里的"大妈"："运平先生是怎样的人啊？"

没有想到这些经常来玩的熟悉的孩子会问起运平的事情，大妈的眼神像是有点吃惊，她停了一会儿没有回答。突然，"大妈"眼中的泪水夺眶而出，顺着脸颊扑簌簌地掉了下来。

"大妈"怎么哭了？孩子们完全不知道"大妈"为什么而哭。看着吃惊的孩子们，"大妈"顾不上擦去眼泪，连忙对她们说道："你们还小，我说了你们也不懂。"

"大妈"的眼泪，和町里的人们的那种让人无法理解的沉默加在一起，使得今川这些孩子幼小的心灵中充满了疑惑，到底是怎么一回事？她们急切地想弄明白。

过了一会儿，"大妈"喃喃地说了一句："运平啊，他被国家杀死了。"

"被国家杀死了！"孩子们吓得倒吸一口凉气。怎么回事？

"大妈"摇着头，像是在对孩子们说，"我无法给你们讲清楚"。孩子们无法知道当时"大妈"在想什么，但是她确实说了："运平被国家杀死了。"

当时我们并不能理解"大妈"的眼泪和"被国家杀死了"这一不寻常的话语的含义，也完全没有看到在其背后深不见底的黑洞。

此后，为了写毕业论文，我们三个女生又分别向町里的其他人反复打听运平是什么人，以至于后来别人一看到我们就说"又来了",都要躲避我们了。有一次,一家卖豆腐的老铺的掌柜对我们说,你们还是适可而止,不要再问了吧,但是我们坚定地回答道,我们要写毕业论文,必须进行调查。我们到处搜寻有关运平先生的东西,哪怕是一张纸片。有人告诉我们,过去有他留下的东西,但是在战争时期,因为物资匮乏,被当作点火材料烧掉了。听到这个回答我们非常失望。实在没有办法,我们就去和班主任老师商量。他听了我们的讲述,皱起眉头对我们说,原来你们在写这么难写的题目啊。但是他没有教我们应该怎么做,当然,也没有说你们放弃吧。

商量之后,我们决定还是写运平先生。我们跑东跑西,到处打听,但面对遍布全町的沉默还是找不到办法,最后没办法,写了五十页的毕业论文。文章是我汇总的,只是记录了我们四处寻访的过程以及一肚子的疑问,根本不成其为"论"。也因为如此,我记得文章的标题也定为《你知道这个人吗?》。我那时不知道町里的人为何沉默不语,但是"大妈"眼中掉下来的滴滴泪珠以及她的"运平被国家杀死了"的喃喃自语却留在了我的心中。

您想看我们写的"毕业论文"吗?非常遗憾,已经没有了。其实我自己也想看一下。读高中的时候,曾经去过学校,想让老师把毕业论文还给我们,但是老师说已经处理掉了……

"毕业论文"完成了,今川上了初中,但是她的心中充满疑问,就像是夜间被落在了路边的迷路的孩子。

也许记得不是很清楚，大概是在新制初中二年级的时候，我在当地的老师们制作的一张《历史年表》上发现了森近运平因"大逆事件"被处死的记载。虽然只有短短的一行，但这是我第一次接触到"大逆事件"这四个字。当时我想，周围的人之所以对运平先生的事情讳莫如深，好像与这个令人恐惧的"大逆事件"有点关联。原来如此啊，我终于明白，荣子——那位"大妈"，就是运平先生的妹妹。我多少理解了，她说的"运平被国家杀死了"应该就是指的这件事。

今川真正关注"大逆事件"是在1949年前后，那时，天皇从现人神摇身一变，换上了象征天皇的衣装，规避了来自盟国等的对于战争责任的追究，带着推销"国民天皇"的不可告人的企图巡幸全国，并且在各地大受欢迎。

既然如此，"大逆事件"算是怎么回事呢？看到这幅景象，当时今川的心头又涌现出了新的疑问。她决心以森近运平的事为线索一探究竟，于是就和当初一起写"毕业论文"的朋友们一起去探访了运平的墓。当她们拨开密密麻麻、长得比大人的身高还高的杂草踏进森近家的墓地时，看到那里有大大小小二十多座墓，墓碑上分别刻着逝者的姓名和戒名等，但是不知为什么就是找不到刻有运平名字的墓。在墓地的右边深处有几块小小的天然的石头，但是看上去不像是墓。

"为什么没有运平先生的墓？"今川她们问荣子。

"他的墓不让建。"荣子伤心地答道。啊，是那么一回事啊。大概是因为"大逆"吧，此时今川觉得自己像是明白了。但是，为什么"大逆"就不能建墓呢？她还是觉得难以理解，今川又产生了新的疑问。

2007 年 9 月下旬，我来到了森近运平的出生地，井原市高屋町。那时吉备路[1]一带刚刚进入初秋，阳光依然强烈，在耀眼的阳光照射下，不到黄昏感觉不到秋天的凉爽。

在山阳新干线的福山站换乘开往府中方向的 JR 福盐线，第三站就是神边站。在这里乘上由第三部门[2]井原铁道负责运营的井原线开往总社方向的列车。这条线路是 1999 年开通的，历史很短，据说受旧国铁分割民营化的影响，导致开通时间大幅度推迟。我乘坐的是一列有两节车厢编组的列车，式样新颖，车窗很大，坐在车内视野开阔、心情明亮。看着窗外的景色，距离秋色还很远。在轻微摇晃中大约过了十分钟，列车从广岛县进入冈山县，抵达了井原站。井原市约有四万六千人，车站位于市中心，但是上下车的乘客却寥寥无几。这个城市过去生产以备后絣[3]为代表的纺织品，但是 20 世纪 70 年代日美贸易摩擦发生之后，这里的织机的声音迅速地消失了。之后一度成为知名的牛仔裤产地，现在是一个小城市，有一些承接 IT 产业订单的企业。

从井原站向西，车行二十分钟左右，有一条由东西向南北拐弯的狭窄的河流，名叫高屋川，贴着高屋川和县道的深山之中有一块平地，那里就是田口——运平的出生地。映入眼帘的只有零星的几户人家和一些小块的耕地，看上去没什么人气，很是冷清。

---

1　吉备路是一条位于日本冈山县境内连接总社市和冈山市的古道。
2　在日本，第三部门指的是那些既非政府部门，又非一般营利部门（如企业），主要从事社会公益事业的社会公共部门。
3　絣是一种用来制作和服的染织布，备后地区大约在现今的广岛县、冈山县一带。备后絣曾与伊予絣及久留米絣并称为日本三大染织布。

根据市志记载，在运平的时代，这里叫作后月郡高屋村；大正年间后期的 1922 年，改成了町；到了战后的 1953 年，在井原町等十个町村的基础上合并成立了井原市。

运平生于 1880 年（正确的出生日期是 1880 年 10 月 23 日，但登记的日子是 1881 年 1 月 20 日），是家中的长子。他的父亲名叫嘉三郎，母亲名叫千香。他与出生于仓敷的山川均同年，后者是活跃于明治、大正、昭和三个时期的社会主义者。运平可以说出生在豪农家庭，当时家里的土地一部分自己耕种，另一部分租给佃户。他家的宅邸相当宽敞，当然，我去的时候老宅已经不在了，只剩下旧址。

"荣子过去一直住在那里，晚年生病后才搬到大阪的女儿那里去了。之后，房子就没人住了，最后爬满了爬山虎，房顶也塌了。"运平的第四个弟弟、良平的孙子间贞雄，眼望着摆放有祖母（良平的妻子）和母亲相片的小小的佛龛，喃喃地说道。

荣子生于 1897 年，哥哥运平被处死的时候，她十四岁不到一点。今川这些孩子向她打听运平的事情，如果发生在 1946 年年末、1947 年年初的话，当时她大概在五十岁左右，那时在当地"大逆事件"仍处于被封闭的状态，不能提及。

运平小时候在此生活，1975 年去世的荣子直到晚年也一直住在这里，有几张旧宅的老照片留了下来。其中一张上面印着"拍摄于 1996 年"，看着它让人觉得历史就在身边，我甚至想到，那个在与事件有关的相片集等资料中经常看到的戴着礼帽、天神似的嘴边耷拉着两撇八字胡[1]、显得有点懒散的运平会不会突然从他

---

1　日本画像中的天神通常嘴边有两撇朝下的八字胡。

出生的旧宅遗址中走出来？

在距离他出生的旧宅呼之可闻之处矗立着一座近四米高的巨大的诗碑，碑的正面朝南。在诗碑的周围，种着杜鹃花、山茶花和柿子树。"我想这棵柿子树在运平活着的时候就有了。"给我带路的井原市原市议员广畑耕滋抬头望着不太大的柿子树说道。

石碑上分两行刻着一首诗，虽然历经风霜，字迹已经有点模糊，但还是可以看出诗的内容：

> 魂牵梦萦犹伤故乡
>
> 依稀又见　雷霆中的父亲　还有涕泪交垂的我

运平的理论和实践得到堺利彦（号枯川）等人很高的评价，堺利彦是与幸德秋水齐名的早期社会主义者，他在大逆事件中幸免于难。运平出身于农业学校，虽然他在工人运动中也做了很多工作，但本质上是一名从事实践的农业家，他的目标是要对农业进行结构性变革。在被卷入该事件前，他一直在当地从事先进的高级园艺，建造了玻璃温室。他的性格不那么洒脱，不像同样因"大逆罪"被处死的新宫的医生大石诚之助，后者有丰富的海外逗留经历，多才多艺，评论、情诗、俳句等样样在行，甚至还在本行之外办一家供应西餐的饭店。运平在文学方面好像不太擅长，他在撰写评论等文章时经常使用的雅号是"觅牛"。他写过一些简单的俳句，如"冬日晴和，早梅稀疏，芬芳素雅""细雨青岸，少女浣足，水鸟嘤嘤"，但是感觉有点咬文嚼字。

就是这样一个运平，在他被处刑后差不多过了十年，即1920年左右，在堺利彦家中保管的运平的遗物中发现了他在狱中写的两首诗，这两首诗像是用指甲刻写在西蒙斯（Simons）写的《社会主义哲学》（*Philosophy of Socialism*）一书内侧的扉页上。森近研究的先驱吉冈金市（已故）在《森近运平——大逆事件中最悲惨的牺牲者之思想与行动》一书中写道，据说这两首诗是由出生于高屋、当时寄居在堺利彦家的书生[1]冈本八枝太发现的，堺利彦挥毫抄录后将其交给了来东京治疗眼疾的运平的弟弟良平。据良平的孙子间贞雄讲："堺先生写了三幅字，当时由祖父，也就是良平收藏。祖父死后由祖母贞世保管。诗碑上的那首诗是其中之一，据说是请人按照堺先生写的字原封不动刻上去的。"诗碑上刻的字现在已经有点模糊不清了，但是仍然可以看出"とし彦"[2]的落款。

刻有运平狱中遗诗的诗碑，是 1961 年 1 月 24 日由"刑死五十周年纪念活动"委员会立起来的，该委员会以农业学校的后辈吉冈等人为中心组成。

20 世纪 50 年代末开始，反对修改《日美安保条约》的运动扩展到了全国，在此背景下，出现了申请复审"大逆案"的活动，在有事件牵连者的地方，工会和市民等开始尝试在社会层面为事件受牵连者平反，建诗碑也是其中的一项活动。那是距离今川等孩子四处打听运平事迹约十五年后所作的首次尝试，它有助于社会回忆起死于非命而且已被封杀了半个世纪的运平。在留存至今、已经泛黄的书有"刑死五十周年纪念活动"委员的名单上，有律师、大学教员、该县选出的国会议员以及周边地区的市长和町长

---

1　在当时的日本，食宿于知名学者或政治人物家中，一边帮助料理家中杂务，一边跟其学习的年轻人。

2　"とし彦"的日文汉字为"利彦"。

等人的名字，却没有看到运平的出生地井原市市长的名字，或许那时在当地，运平和"大逆事件"仍然是一个遥远的存在，人们即使明白该事件是国家犯罪但也很难接受他。

运平留下的另一首诗是"被囚不觉两月，秋风已至，却未捎来故乡讯息"。看到诗碑上的那首诗以及留存于资料中的这首诗，我的眼前浮现出了在严寒将至的季节、被独自囚禁在三畳[1]大小的牢房中的那个运平的形象，他相信自己将重获清白，用指甲刻下了胸中的遗恨和难以割舍的思乡之情。他是多么想回到故乡啊，那里有等待他的病弱的妻子繁子，那也是他在生石高等小学读书时的同学，还有他俩已满七周岁的女儿菊代。他大概没有想到最后只有自己写的诗才能回去，更不会想到自己的狱中诗会在半个世纪后被刻在诗碑上吧。看着这两首遗诗，我想，当初建碑的时候把两首诗都刻上去就好了，虽然我知道那样做是不可能的。

今川读初中时没找到的运平的墓，其实是在 1961 年 1 月 24 日与诗碑一起建起来的。沿着离他出生的房子稍微有点距离的一条田间小路向上走十米左右，贴着山边，坐落着细长形的森近家的墓地，运平的墓就在墓地的正面。一开始是建在墓地的右侧里边的，2002 年，荣子的四子细井好将其移到了墓地的正面。运平的戒名是"法运院真哲义范居士"，这一名称令人感觉有一股凛然之气，像是要回应给无辜的亲人打上"大逆"者烙印的国家。不过，我心里还是在问，为什么过去那么长时间没有给他建墓？

一直确信自己无罪的运平根本没有料到自己会被判处死刑，

---

1    此处的"畳"为榻榻米的量词。在日本，常用榻榻米来表示房间里的面积。不同的地区榻榻米的尺寸不尽相同，1 畳榻榻米的面积大致在 1.62 至 1.82 平方米之间。

收到死刑判决后的他无比惊愕，从狱中给包括家人在内的村民写了一封信，表示这一判决"完全出乎意外"。患有肝病的运平似乎已经意识到自己无法逃脱被执行死刑的结局，于是希望死后能将自己的遗体交付解剖以贡献于医学的发展，堺利彦为他办理了相关手续。

位于东京市谷富久町的东京监狱（1922 年 10 月改名为市谷监狱，1937 年迁至巢鸭）旧址的东北角是当时刑场的遗址，现在那里已变成了儿童乐园。在它的一角静静地伫立着一座"刑死者慰灵塔"，那是在律师森长英三郎的呼吁下，由日本律师联合会部分会员捐款于 1964 年建立起来的，不过现在已经不大有人去了。森长英三郎是 1983 年去世的，他生前为此案的申请复审四处奔忙，倾注了大量心血。1911 年 1 月 24 日，从上午 8 点不到开始在这一刑场上执行死刑，幸德秋水是第一个，随后依次为新美卯一郎、奥宫健之、成石平四郎、内山愚童、宫下太吉。运平是第七个，他于下午 1 点 45 分死亡。当天傍晚，运平的遗体被从东京监狱的不净门运出，送入帝国大学医科大学（即现在的东京大学医学部附属医院）。但是原来同意接受其遗体进行解剖的大学或许是顾忌到国家权力的意思突然改变了态度，表示拒绝，于是三天后的 27 日，运平的遗体在落合火葬场被火化。其实在当时被判处死刑的人中间，还有一人希望将自己的遗体交付解剖，他就是第十一个被处死的古河力作。他的遗体和运平的遗体一起被运到了大学，但是也遭到了大学方面的拒绝。与力作同样出生于福井县若狭的水上勉在小说《古河力作的生涯》中讽刺道："这个国家说来有趣，学问不是折服于真理，而是折服于权力。"

遗体交付解剖的愿望未能实现，在被处刑后的第五天，运平的骨灰由其表哥大西道太郎带回了故乡。2月1日出版的《山阳新报》上有一篇题为《逆徒运平的遗骨》的报道，其中写道："森近运平的骨灰由其亲属大西道太郎携带，于同一时间（1月29日下午5点40分）在冈山站下车，于同日夜间回到后月郡高屋村。据说在火车上他的亲属看上去小心翼翼，生怕被人指责。"根据同一报道，在这趟列车上，还有被处刑的新美卯一郎的骨灰，他是报社记者，参与过熊本县的社会主义报纸《熊本新闻》的创办，他的遗骨由其亲戚新美三郎带回。

　　骨灰回来了，但是警察严令家属："把骨灰埋在墓地的角落里，墓碑之类的一律不许建。"不得已，运平的遗属只能将其骨灰葬在墓地的一角，在上面放置几块小石头代替墓标。今川等人初中时在墓地看到的小石头，应该就是代替墓标用的。

　　当时各地的警察就"大逆事件"中被处死者的安葬和墓标等事项对遗属进行了严厉的干预，但是他们的行为并没有法律依据。1891年7月出台的内务省第十一号令《关于刑死者之墓标及祭祀等事项件》（1947年4月废止）中有五项规定，但是其中没有禁止竖立墓标的内容。警察这样做的目的是要在社会中植入这样一种印象：这些人是死后"连墓地也不能有的逆徒"。其迫害行径无异于鞭尸。

　　就那些对在"大逆事件"中被强行连坐、遭到杀害的死者怀有种种思念之情的遗属以及幸存者而言，守夜、葬礼、墓标或者纪念碑等形式以及墓志铭上的文字等，不仅是怀念死者、治愈伤痛的方式，也是他们对残暴处刑表达愤怒的共同所在，还是他们传递记忆的言论空间。正因为如此，当时的明治国家绝不允许其存在。

1961年立起来的运平墓的墓标正面是他的戒名，背面和左右两边都刻着铭文：

> 森近运平生于明治十四年（1881）1月20日，为家中长男，其父嘉三郎、母千香。明治三十五年（1902）9月1日，与浅口郡金光町大字佐方二二四五之弓削繁子成婚，同三十六年（1903）7月14日有长女菊代。运平刑死后三年，大正三年（1914）7月29日，妻繁子于佐方娘家病故。/森近运平于冈山县立农业学校毕业后在冈山县官厅工作期间，因撰写《产业工会手册》、参加反战运动而离职，后组织伊吕波俱乐部，编辑《大阪（日本）平民新闻》，撰写《社会主义纲要》，在大逆事件中遭强行连坐并被处死刑。为雪冤屈于其刑死五十周年之忌申请复审。/森近运平，明治四十四年（1911）1月24日于东京监狱被处刑，建墓碑之事亦曾遭禁止压制，后在东京成立"大逆事件真相揭示会"，在冈山成立"森近运平刑死五十周年纪念活动委员会"，如今真相已明，故于五十周年之忌立之。

吉冈金市撰写的碑文文笔平淡，却强烈地传递出五十年间运平的冤死给遗属们带来的愤怒和悲伤，其内容几乎要溢出狭窄的碑石。在那些因"大逆事件"被处死的人们的墓中，只有他的墓标三面都刻满了铭文。

2001年1月，在运平诗碑的左侧，建起了一块题为"森近运平出生旧宅遗址"的解说牌。牌子上写道，森近认为当时农民贫困的根源在于社会结构，虽然他作为一名社会主义者积极投身于社会改造活动中，但他更是一位充满人道精神的社会活动家，虽然他被当时的国家权力当作"大逆事件"的谋划者，以不当的罪名处死，但是作为一位走向现代的先驱，他应该受到赞扬，等等。在解说牌末尾标注着这块解说牌是"森近运平讲述会"为纪念其刑死九十年而建。2007年4月，运平的外甥细井用结实的石制解说牌替换掉了原来用塑料板制作的解说牌。

"讲述会"是由原仓敷市市议员久保武组建的市民团体，久保武是一名历史研究爱好者，他一直对运平持肯定的态度。他组建这一团体的目的是要在社会上为运平恢复名誉。这一团体的成立得到了乡土史研究团体井原史谈会，冈山大学教授坂本忠次以及吉冈的继承人、金泽星陵大学教授森山诚一等的支持。久保武说自己是看了冈山县出生的检察官、"大逆事件"中以司法省民刑局长身份坐镇指挥的平沼骐一郎（号机外）写的《回忆录》之后，"燃起了战斗的激情"。他积极投身于相关活动，1991年，运平被处死八十周年时，他筹划了研讨会等活动，坂本、森山等人参加；次年即1992年开始，他组建的"讲述会"每年在诗碑前举办扫墓活动；他还将自己家里的书斋取名为"有运文库"，陈列其从全国各相关地区收集来的有关运平和"大逆事件"的资料；他做有关方面的工作，致力于向市民传播运平的事迹，争取在新的井原市史中对运平重新作出评价；他甚至还梦见过市议会通过了恢复运平名誉的决议。但是，就是这样一位热心人士，却在2006年10月因患淋巴癌突然去世，终年八十二岁。久保担任过五届仓敷市议员，在去世前一年，他给今川德子寄去了一张明信片，上面这样写道：

最近政府对我说，要以天皇的名义给我颁发五等勋章，我拒绝了。运平是在天皇的名下被处死的。我过去的工作并不是为天皇做的。虽然五十岁的时候接受过仓敷市功劳奖，但那是因为我感到自己为仓敷市的自治做了事而收下的。我想要的是给运平平反。

我是通过"讲述会"发行的会刊认识今川的。

出生于高屋的今川那时住在关东，她是通过1991年的研讨会开始与"讲述会"建立起联系的，在那次会上，她与坂本、森山等人一起作为嘉宾参加了研讨。"讲述会"的会刊是从1995年开始发行的，一年一期，今川时常给会刊投稿。1996年发行的第二期会刊上刊登了她写的文章，题目是《致我所怀念的井原的各位》。文中写道：

> 通往运平先生出生旧宅的道路，和我小时候相比，好像没什么变化，但是我的脑海中多次浮现出运平先生头戴麦秆编织的宽檐草帽，身穿带着条纹的备中出产的棉和服，束着腰带，沿着那条昔日的小路，急匆匆地往回赶的身影。（中略）在整个村子魂飞魄散的那段日子里刮起的无常之风，现在好像还在老家的某个地方飘荡，这让我很担心。

在这篇短文中，今川将体弱多病的少年运平走过的路，与自己小时候也走过的同一条路重叠在一起，表达了自己对年纪轻轻就死于非命的运平的爱戴和凄恻之情。运平具有正义感，性格耿直，受到村里人的尊敬。得知他被判死刑后，当地立即出现了请求免除其死刑的活动。在那些出现受牵连者的地方，尽管受牵连者被扣上了"大逆"的罪名，但是判决一出来即出现请求免除死刑活动的，只有高屋一地，这像是在述说当时周围的人们对运平的生存方式的深深的敬爱。但是，尽管如此，当他被实际处死之后，村里的氛围为之一变，像是被冻住了一般。今川将当时人们的惊愕形象地描写为"整个村子魂飞魄散"，并且以质问的口吻说道，当时那种冲击带来的"无常之风"，现在不是还在"飘荡"吗？五年后的 2001 年，她又结合自己的体验，给第七期会刊发去了题为《致高屋的乡亲们》的文章：

> 过去我同年级同学的家离森近家很近，所以我们经常在他家的院子前面玩，也认识运平的妹妹荣子，不过当时我们完全不知道那里就是运平出生的地方。(中略) 不禁令人感觉运平像是被封闭在了高屋的地底下。(中略) 成仁后被从监狱的不净门送出来的运平回到了其本就应该回来的故乡，却没有得到故乡的接纳。但是，当时高屋人的心中对他肯定也有一种难以割舍的心情。(中略) 或许当时故乡的人们也必须接受世间对他们进行的"规训"。

今川对故乡没有接纳运平一事很生气，但是她也体谅故乡因为此事件的迫害所遭受的长期的痛苦，当时从高屋出去的商人在其他地方受到人们的嫌弃，货都卖不掉。写完这一段之后，今川随即继续拷问至今仍然保持沉默的家乡人的心灵："面对'大逆事件'，面对森近运平，我们的视线为什么必须移开？这究竟说明了什么？我想现在我们每个人都必须认真地想一想。"

令人稍感意外的是，运平被处死半个世纪之后，随着复审申请的提出，当地的情况也出现了变化。在"讲述会"的努力以及其他因素的作用下，2005 年刊行的新的《井原市史·近现代通史编》用了九页的篇幅详细记述了有关运平的内容。在 2008 年市教育委员会分发给所有家庭的、面向市民的《井原历史人物传·生于故乡的伟人》中，也提到了森近运平。在县的层面，在冈山商工会议所编辑、2006 年刊行的《"冈山测试"官方认定教材：冈山文化旅游测试考试教材》等材料中，也出现了运平的名字，而这些材料是用来培训官方认定的观光导游的。凡此种种，综合起来看，在战后六十多年中，"大逆事件"及其受害者森近运平回归社会的步子，像蜗牛似的一点点地在往前挪，今川读小学时的那种让人感觉处于迷途之中的沉寂和黑暗似乎正在消失，天色像是已经开始发亮，至少我是这样认为的。但是今川并不这么认为，她关注的是，在故乡高屋的人们的意识中是如何看待运平和"大逆事件"的。在她看来，在她读小学时就已经感觉到的那种深沉的缄默与黑暗，即使到现在也没有发生大的变化。

给运平扫墓的日子快到了，井原市内和原来的高屋町中贴满了宣传广告，全国各地关注"大逆事件"的人们也得知了这一消息。我也参加了 2008 年 4 月 29 日举行的扫墓活动。那天，在满眼鲜嫩欲滴、正在发芽的新绿以及莺莺天籁般的鸣叫声中，来自全国各地的约五十人各自表达了对被国家惨无人道地夺去了生命的森近运平的怀念。但是——"今年已是第十七次了，高屋本地的人迄今为止只来过一两次，而且好像只来了一个人。……最近几次已完全不见人影。给他们发过活动的通知，但是连反应也没有。"说话者是久保武的妻子久保富美子，她在丈夫突然离世后接替丈夫承担了"讲述会"的事务性工作，她也深切地感受到了纪念运平活动在当地所遇到的阻力之大。

> 我也几乎每年都参加扫墓活动，但却没有来自高屋的人参加。我回到娘家，人家问我，你要去哪里？听到我说要去运平先生的墓，对方的脸色就不大对劲了，似乎在说为什么要去那种地方。现在还是这样，和我小时候相比没有变化。我想，想去那里的人应该也有，恐怕是顾忌周围的人怎么想、担心被周围的人说什么才没去吧。我感觉当时"大逆事件"不仅把运平先生，也把高屋所有人都卷了进去，但是时至今日，这一情况似乎依然没有变化。我感到还是因为运平先生被国家处死这一事实的影响，当地是很封闭落后的，这种事情的影响很深远。我强烈地感觉到，有一种与运平先生正直的生活方式和思想无关的东西在冻土里，不，在冻土之下死死地冻结着。

"冻土之下"，这一比喻让我陷入了凝思。即使判明该事件是一起冤案，在当事者的老家，谋害天皇的"逆贼"这一国家烙印所带来的黑暗仍然像漫漫长夜难以迎来黎明吗？在那里，"大逆事件"仍然继续被视为"大逆"吗？

20 世纪 60 年代中后期，森长律师为了鼓励遗属走出悲伤，详细探查了死于非命的罹难者的墓地等，他将自己参拜墓地的记录汇集成了一本不到六十页的手写的小册子，题为《风霜五十余年》。这本只制作了两百本的小册子尽管篇幅很短，但分量很重。1997 年左右，我从"大逆事件真相揭示会"召集人大岩川嫩那里借来看过。在序言中森长这样写道：

　　如果不搞清楚由于大逆事件以及当局的迫害和官僚政府的宣传，众多被告人的家属以及免于死刑的被告人是多么痛苦，他们是怎样忍受那种痛苦的，就无法把握"大逆事件"的本质。一想到在五十多年后的现在，遗属们的痛苦部分地还在延续，我再次痛感"大逆事件"乃世纪大案。

森长指出，受到连坐的人们的遗属和家属所受的苦难现在（即1967年）仍在持续，他这番话令人想到，这些遗属和家属所遭受的苦难并非仅仅来自当局的迫害，也有来自社会环境可怕的压力。据说森长的这本小册子出来之后，有遗属发来了"事到如今不要再挖了"的声音，那也许正是被社会压得喘不过气来的遗属和家属们的悲伤的呼喊。那些从日俄战争前开始，追求自由、平等、博爱，觉醒于社会主义，倾向于无政府主义，一时间同情，甚或有时以革命为理想的人以及受牵连者，还有他们的遗属、家属以及周围的人，无论是生是死，在该事件发生之后，都一直处于大范围的、长期肆虐、冰冻刺骨的凛冽寒风中，受尽磨难。无论是那些被处刑者的遗属和家属，还是那些虽被减为无期徒刑却死于狱中者的遗属和家属，以及那些得以活着出狱的人们，都受到警察不断的纠缠，其罪名就像被用黏着剂粘在了身上一样。有人在失意之中贫困交加而亡，诸多家属、朋友、恋人因此而离散。有的宗教团体站在国家一边，非但不向被强行连坐的本门僧侣伸出援手，反而抛弃他们，甚至到了战后仍然对他们所受的冤屈置之不理。

　　《风霜五十余年》问世至今，已经过去了四十多年，从事件发生时算起，将近一百年了。

　　森近运平预想到自己被处刑后家人会受到迫害，被处刑前的三天，即 1 月 21 日，他在给妻子繁子的信中刻骨铭心地写道："一想到此我心都要碎了。""后世的史家会为我们搞清楚事件的真相。"在这封信的末尾，他伤心地向七岁的女儿菊代告别："你的父亲回不来了，他将在狱中死去，个中原因你长大后会知道的。"繁子和菊代后来大概知道了"真相"和"原因"。

　　运平所说的"后世的史家"绝非仅仅指专门的研究者，在更大范围内，也包括我们的社会吧。

# 第一章 悲哀的"恐怖分子"

宫下太吉

乘上从松本开往长野的 JR 筱之井线，沿着犀川行驶十五分钟左右，第二站就是明科站。这是一个用木头建造的车站，小巧玲珑，里面有小小的候车室、小卖部以及卖饮料的自动售货机等。车站边，面馆门上的暖帘在微风中轻轻地摆动着，完全是一番地方小站的景致。面向车站的左手边有一块站牌，上面竖写着"明科站"三字，右手边则竖着一块标牌，上面横写着"欢迎来到安云野"。向西望去，透过远处的白云可以望见常念岳等北阿尔卑斯群山秀丽的山顶。

筱之井线历史悠久，它是 1902 年开通的，那一年日本与英国签订了日英同盟协约，协约的签订最终导致了日俄之间的对立。铁路开通后，明科町（现在的安云野市）变得人来人往热闹了。"当时车站的房子已经被重修过，但是房子的骨架没有变化，还是明治末年宫下太吉在的那个时候的骨架。"望月明美拿被视为事件源头的中心人物的名字，结合"时间和场所"向我作了简短的说明。明美住在明科当地，曾经长期和已故的父亲画家望月桂一起调查"大逆事件"。

当时宫下就在明科站前的国营明科制材厂工作，听说现在的车站的房子和当时几乎没有变化，我感觉像是回到了一百年前。当然，那个位于明科站前、占地达二点五公顷之广的明科制材厂现在已经没有了。宫下几度搬来搬去住过的旅馆和简易出租屋也不在了。

这里就是信州的明科，20世纪初那起"大逆事件"的发源地。在该事件中，反对日俄战争，希望建立自由、平等、博爱的社会的人们及其思想遭到了国家的野蛮镇压。

2007年7月下旬，梅雨时节刚过，我和"大逆事件牺牲者表彰会"成员以及冈功等人一起来到了这里。"表彰会"是和歌山县新宫市的一个市民组织，一直致力于为在事件中被处死的来自纪州、熊野地区的六名受连坐者恢复社会名誉，冈功则是出生于和歌山县东牟娄郡请川村（现在的田边市本宫町请川）的成石平四郎的外孙。除了望月明美，同行并兼做向导的还有大岩川嫩。

明科站前竖着一块铁皮制作的导览图，约有三叠大小，上面写着"明科文化遗产地图"。导览图上厚厚的颜料有的已经剥落，但是在编号为"⑩"的地方写着"大逆事件炸弹试验地"，宫下太吉制作的炸弹的试爆地竟然被列入了"文化遗产"。

我们乘坐的面包车沿着一条弯曲的小道，几乎是擦着对面开来的车辆爬上了陡坡，到达了一座小山的顶上。因为是夏季，周围郁郁葱葱，长满了杂草和树木。这个地方的位置在明科站的东边，直线距离约一公里。

"那个就是事件发源地的标柱。"

来自"大逆事件思考会"的一名成员手指着道路左侧一根用白色的木头制作的标柱说道，这个人和望月一起从几年前就开始在当地开展事件相关调查了。标柱上用大大的黑色字体写着"大逆罪（加害皇室）发现之地"。标柱宽十厘米，高约一点五米，看上去还是新竖的。柱子左侧有简短的说明：

明治四十二年（1909）11月20日夜，在此附近的河边，出生于甲府、当时就职于国营明科制材厂的宫下太吉与数名无政府主义者共谋，试爆了为暗杀明治天皇而制造的炸弹。以此次试验为开端，二十四名无政府主义者和社会主义者被逮捕并受到处罚。

这一说明与事实不符，首先，实际被逮捕和受到处罚的不是二十四人，而是二十六人，此外，在这段文字中，没有说明这一事件其实是国家制造的一起冤案。望月等人所在的"思考会"曾在2004年向教育委员会提出过自己的标柱方案。在这个方案中他们建议，在标柱的正面写上"大逆事件发端之地"；至于侧面的说明，因为事件当时没有进行现场勘验等，具体时间和场所不确定，所以他们建议写："明治四十二年（1909）11月某日夜，在此附近的会田川边，时任国营明科制材厂职工长的宫下太吉试爆了为实施炸死国家元首（天皇）计划而制作的炸弹。响彻峡谷的爆炸声不久扩大为震惊世界的所谓'大逆事件'。"这也许是在有限的空间中最妥当的说明。但是没过多久，"思考会"的成员在松本一带发行的地方报纸上看到了有关"大逆罪发现之地"标柱竖立起来了的照片，发现有关方面并没有理睬他们的建议。明科町是在2005年10月与相邻的四个町村合并为安云野市的，而这个标柱是町教育委员会在合并前不久的7月28日竖起来的。

町教育委员会竖立的标柱正面写的是"大逆罪发现之地"，而望月他们建议写的是"大逆事件发端之地"，在如何传递事实方面，两者完全不同。"大逆罪发现"这一表述，延续了一百年前国家制造的"绝对不能原谅的"这一话语，它是战败前或者事件发生后不久时的说法。而"大逆罪"后面括号里的说明虽然也可以理解为是想要通俗地说明该罪名已被废止、在现在的法律上已没有了，但是，将括号内的说明和"某某罪发现"这一表述连在一起，这种做法让人完全看不出它是 21 世纪竖立的标柱。

让我们将时光回溯到一百年前。

日俄战争结束后过了四年，1909 年 11 月 3 日，那一天是明治天皇五十七岁生日——天长节。当天，在松本举行了"庆祝烟花大会"，"砰、砰"，响彻天空的烟花爆炸声在大约十五公里之外的明科时而也能隐约地听到。有二百六十名左右员工的国营明科制材厂这一天也放假。晚上 7 点左右，机械装配工宫下太吉悄悄地离开了位于明科站附近的简易出租屋。直到半年多之前，他还在位于爱知知多半岛上的龟崎。与那里不一样，信州地处阿尔卑斯群山环抱的山地，秋天的夜晚相当冷。宫下的身体紧张得有点僵硬，因为他偷偷地拿着五个小铁皮罐，那些铁皮罐每个长约六厘米，直径约三厘米，里面装满了炸药和小石子。这些炸弹是他好不容易研制作出来的，现在要拿去试爆。宫下来到了距离车站大约一公里左右的大足山会田川边，算准时机向着十米开外的山崖投出了铁皮罐子，"轰"的一声，炸弹冒出了白烟，发出了蓝色的火光。震耳欲聋的爆炸声响彻山谷，人像是要被气浪掀起来一样。宫下只投了一颗炸弹。虽然不知道威力如何，但是感觉很顺利。于是他急急忙忙像逃跑似的回到了出租屋，此时时间是 8 点左右。他把剩下的几个装着炸药的铁皮罐处理掉了。"我的夙愿实现总算起了头。"宫下努力克制住兴奋的心情，给在东京千驮谷平民社的管野须贺子写信，告诉她炸弹制造得很顺利。

宫下太吉于 1875 年 9 月出生于山梨甲府的一个刀匠的家庭，是家中的次子。十六岁那年他离开了家乡，先后在东京、大阪、名古屋等地的工厂里当学徒、做工。二十七岁，也就是 1902 年左右，他来到位于爱知县的龟崎铁工厂做工，并在那里结婚、安顿了下来。根据神崎清编的《大逆事件》等资料，此时的宫下已成为一名熟练的机械装配工，工厂对他也很信任，安排他当了"出差员"。宫下好像是在其接触到 1907 年 1 月创刊的《平民新闻（日刊）》后开始受到社会主义影响的，不过他留下的文字极少。

在此，我想先简单地提一下当时的社会主义报纸的盛衰与"大逆事件"之间的关系，是这些报纸培育和引导了日本的早期社会主义（者）。

1903 年 10 月 12 日，在朝报社发行的《万朝报》上发文反对日俄开战的社会主义者堺利彦和幸德秋水，与基督徒内村鉴三一起宣布退出朝报社。朝报社是黑岩周六（泪香）主办的。在这天的报纸上，内村单独一人发表了《致泪香兄的备忘录》，堺和秋水则联名发表了《退社之辞》。

《退社之辞》以"余等二人不幸于对俄问题上与朝报意见相左"开头，接着这样写道：

> 余等依据平等社会主义之立场与观点，向视国际战争为贵族、军人等之私斗而多数之国民乃被迫为其牺牲者，此读者诸君必已见诸本报者也。然于余等意见宽容至此之朝报，念及近日外交之局势紧迫，以为战争恐终不能避，既不能避，

则应举国一致无条件帮助当局,此亦读者诸君必已见者也。

余等身处朝报社本应对此保持沉默,然自思,若永久沉默,不语己之所信,则有失志士之本分及对社会之责任,故余等不得已乞求退社。(后略)

是年三十三岁的堺和三十二岁的秋水写下了如此格调高远的文字。这篇《退社之辞》还造就了另一名社会主义者,那就是荒畑胜三(寒村)。10月12日中午,在横须贺海军工厂当学徒的荒畑胜三一边吃着便当,一边无意地展开先前包便当盒的《万朝报》,映入他眼帘的便是《退社之辞》。当时十六岁的少年胜三感觉"自己受到极大的冲击,眼前火花四射"。他被那两个离开《万朝报》的人所写的《退社之辞》所震撼,当时社会上盛行主战论,而这两个人竟然公开宣布反战。由此荒畑寒村决心终身做一名社会主义者。寒村后来在自传中写道:"明治三十六年(1903年)10月12日的感激之情,大概永远不会从我心中消失。"

第二年的11月15日,堺和秋水在位于东京市麹町区有乐町三丁目十一番地的租来的房子中创立了平民社,作为社会主义活动的据点。这个地方在现在的有乐町 MULLION 商业中心的斜对面。在这里,他们高举法国革命中的自由、平等、博爱的旗帜,创办了日本最早的社会主义报纸《平民新闻(周刊)》。

日本的社会主义运动始于1900年社会主义协会的成立。次年,也就是1900年的5月,协会的核心成员秋水、片山潜等人成立了社会民主党。但是该党成立仅仅两天就遭到禁止,于是,他们再次通过社会主义协会开始启蒙活动。为了通过反对日俄战争来壮大社会主义运动,平民社办起了报纸。《平民新闻》首期先是印了五千份，之后又立即加印三千份，总共达到八千份。当时不要说电视，连广播也没有，因此，出现一家讴歌新的社会主义思想和否认属于国家专有权力范围的战争的"反战"主张的活字媒体，不仅令人感到新鲜，也是划时代的事件。堺后来写道："日俄战争中反战论的出现，是日本社会主义运动最初的一大飞跃。"《平民新闻》具有相当大的影响力，其印数通常在三千七百份至四千五百份，从当时报界的发行量来看，这是一个不小的数字。刊登有翻译的《共产党宣言》的第五十三期和创刊号一样，发行量达到了八千份。尽管如此，在罚款、禁止发行，甚至将发行人、印刷者以及执笔人投入监狱等持续不断的严厉镇压下，1905 年 1月，《平民新闻》在发完用红色字体印刷的第六十四期后停刊。之后，虽然出过《直言》《光》等出版物，但都没有长期延续下去。

在此期间，从 1905 年 11 月开始，秋水到美国去了半年。他在旧金山遇到了无政府主义者，思想发生了大幅转变，立场变得激进。他回国后，在 1907 年 1 月 17 日创办了《平民新闻（日刊）》，这份社会主义的报纸每天面向全国发行。秋水在《平民新闻（日刊）》第十六期（1907 年 2 月 5 日）上发表了《余之思想的变化》，文中写道，只有采取直接行动才能实现社会主义。这一观点与片山潜、田添铁二等主张通过议会斗争实现社会主义的议会政策派的主张形成鲜明对立。随着秋水的直接行动主义的提出，日本的社会主义运动发生了很大变化，在 1907 年 2 月 17 日召开的日本社会党（1902 年 2 月建党）第二次大会上，两派的对立达到顶峰。随着《平民新闻（日刊）》直接行动派色彩的增强，当局也加强了镇压，该报于创刊四个月后的 4 月 14 日，在发行了七十五期之后停刊。

此后，片山潜于 1907 年 6 月创办了《社会新闻》。与此同时，在大阪，森近运平在来自宫武外骨的资金支持下，创立了大阪平民社，地址在大阪市北区上福岛北三丁目（现在的福岛区福岛七丁目"城市之塔西梅田"附近），开始发行《大阪平民新闻》（后改名为《日本平民新闻》），每个月出两期。运平的立场与堺利彦相同，介于直接行动派和议会政策派之间，但其所办报纸的直接行动派色彩浓厚。同样在 1907 年 6 月，松尾卯一太和新美卯一郎等人在熊本市创办了《熊本评论》（每月两期）。但是，上述两份出版物相继受到镇压，1908 年 8 月，《日本平民新闻》被迫停刊，同年 9 月，《熊本评论》也不得不终止发行。接下来是在群马县的高崎市，1908 年 5 月诞生了宣传社会主义启蒙思想的月刊《东北评论》，但是因为其第三期（10 月 1 日发行）被勒令禁止发行导致最终停刊。第三期的印刷人新村忠雄入狱两个月，出狱后他寄宿于东京的平民社。

1907 年 12 月 8 日，片山潜等人主办的《社会新闻》第二十八期刊登了只有一百九十个字的宫下的来稿，题为《来自尾张龟崎》。宫下很少写东西，在这篇投稿中，宫下在叙述了自己的成长过程和若干经历之后，提到了正在发生劳动争议的横须贺造船厂，宫下写道："（小生）熟知资本家的压迫和欺瞒手段，读贵报第二十六期关于横须贺造船厂共济会的报道，深感由权力阶层把持的工会只会损害职工的利益，绝不会给他们带来好处。事实确实如此，职工们不仅受到工资的束缚，还受到共济组合或消费组合的束缚，像是被两把大锁锁着。"

宫下之前辗转于各地，亲身经历了极其辛苦繁重的劳动，在工会运动还未充分发育的时代，他对工人解放的性质和方向的认识是激进的。宫下看了《平民新闻》之后，尤其赞赏直接行动派的主张。在自己的来信被《社会新闻》刊登后不久，12 月 13 日，宫下利用去大阪出差的机会首次造访了平民社，见到了森近运平。交谈过程中，宫下询问了森近对皇室的看法："森近先生，您对皇室怎么看？"

他俩是第一次见面，而且森近比宫下年纪小六岁之多，面对如此对象突然问一个关于皇室的问题，宫下的无畏和直率的性格可见一斑。

确实，对于社会主义，尤其是对于否定一切权力和权威的无政府主义来说，如何对待皇室是一个深刻的课题，宫下似乎当时也面临这一问题，因为他看过当时早稻田大学教师烟山专太郎写的《近世无政府主义》（1902 年刊行），那是一本关于无政府主义的介绍，里面介绍了一些当时社会主义者所解读的俄国无政府主义者的活动，这本书使宫下深受刺激。宫下是个急性子，见到森近后便问了这个问题。被问的森近运平读过当时古代史研究者久米邦武写的否定有关日本诞生的神话以及天皇神话的《日本古代史》，已经开始有了自己对皇室问题的认识："宫下先生，我并不认为日本皇室能够逆世界大势而继续保持其特别的地位。另外，纪元两千五百年是错的，橿原宫即位[1]的历史也是不可信的。"

宫下心中对于皇室的疑问越来越大。第二年，1908 年 1 月 18 日，宫下又问了来东海地区做宣传的片山潜对皇室的看法："片山

---

1　据日本古籍《日本书纪》记载："辛酉年春正月庚辰朔，天皇即位于橿原宫，是岁为天皇元年。"但这只是传说，并非信史。据推算，辛酉年春正月庚辰朔是公元前 660 年 2 月 11 日。明治维新后，日本统治集团为确立神道教的国教地位，于 1889 年在奈良县橿原市修建了橿原神宫，并将 2 月 11 日定为纪元节。二战后，纪元节被废止，1967 年改为建国纪念日。

先生，有无可能取消皇室?"

片山答道："如果社会主义者在议会中取得了多数，宪法也是可以修改的。为此首先要实现普选，这是前提。"

片山的这一回答让宫下感到失望，干啥要向议会政策派的论客提出这一问题呢? 根本没有必要。次月，宫下在去奈良出差之时再次到大阪见了森近。对于此时的宫下，森近在 2 月 5 日出版的《日本平民新闻》上给予了高度评价，他写道："这是一位掌握着用铁锤和螺丝刀装配机械技术的人，其头脑之明晰为帝国大学的先生们所不及。"直率，技能优秀，头脑清晰，并且注重行动，这就是宫下给运平留下的印象。不过，运平后来也告诉过秋水，这个人"很单纯"。他的这一评价也是恰如其分的。不过，除了上述因素外，对宫下的皇室观影响最大和最深的是他与《入狱纪念·无政府共产》这本小册子的邂逅。

1908 年 11 月 3 日，宫下收到了一个包裹，寄件人不明。打开包裹，里面只有五十册很薄、印刷很粗糙的小册子。封面上用红底白字横写着"无政府共产"，另外用红色字体竖写着"入狱纪念"。在封面的中央还印有一面红旗，红旗上用白色字体标出了"革命"。红旗虽然

愚童秘密出版了一千本小册子的复刻本。(柏木隆法提供)

不大，但是即使用现在的眼光来看也很有感染力。翻开封面，里面跳出了一行字来："佃农为什么这么苦？"这就是这本小册子的标题。

仔细看一下，书上写着，佃农之所以困苦在于其被三种"迷信"所束缚：一是以为向地主交租是当然的；二是以为纳税的义务是当然的；三是以为服兵役的义务是当然的，因为没有军备就会被外国人所杀。在《无政府共产》这本小册子中，作者呼吁消除政府，建立没有天子这一政府头领的自由国家。在书中作者还告诉读者，天子什么都不是，更不是什么"神之子"，人们只是受了小学老师等的欺骗，等等。就其写法而言，这是一本近似于宣传动员用的小册子。这本只有十五页的小册子浸润了宫下的心田，迄今为止折磨着他的疑问一下子冰消雪化，"太好了！"他差点叫出声来。小册子的开头写着："你为何贫穷？如不知道原因，就应该问一问。天子、有钱人、大地主，都是吸人血的坏蛋。"这些通俗的话语一下子撼动了他的心灵。很久以后宫下才知道，给他寄来这批小册子的是位于箱根大平台的曹洞宗林泉寺的第十代住持内山愚童（生于 1874 年），而当时他与愚童从未相识。

尽管当时宫下并不知道小册子是谁送的，也不知道作者是谁，但是小册子中的内容还是引起了他的共鸣。一周后的 11 月 10 日，当他得知天皇乘坐的"专列"将经过大府站，便向厂里请了假，带着小册子来到车站，一边说着"天皇大人什么的，没什么了不起的"，一边向前来恭迎的人们分发。但是人们的反应很冷淡，这大大出乎宫下的意料期待。他觉得这样下去社会主义是不可能实现的。他开始坚信，必须让人民知道，天皇也是人，和我们是一样的，否则对天皇的迷信就不会消失。"必须造炸弹，让人民知道，天皇和我等一样，也是会流血的人，以此来打破人民对天皇的迷信。"直性子的宫下认准了这一点后便一下子走上了恐怖主义的道路。或许他将自己的行为与《近世无政府主义》中所介绍的俄国革命党的行为结合在了一起。宫下认为，要实现自由、平等、博爱以及社会主义，就必须打破对天皇的迷信。他的这一直觉朴实而敏锐，作为天皇制社会基础的社会意识确实存在问题，但是宫下过于性急了，他的想法是粗浅的，并非是在对天皇制国家这一强大的政治系统进行冷静分析后所形成的思想。

当宫下开始认识到要打破国民对天皇的迷信就必须杀掉天皇，他就进一步开始行动了。一直以来宫下就是一个体力劳动者，对他而言，言语与行动两者之间恐怕很难分开，就像石川啄木在诗歌《一勺可可》中所写到的那样，"我明白，恐怖主义者的，悲哀的心灵，对他们而言，话语和行动难以切分，就像他们的心，唯一而难以切分（后略）"。

1909 年 2 月 12 日，宫下为安装制材厂制造的机器，出差前往东京，期间他顺便去了位于巢鸭的平民社，在那里第一次见到了秋水。

"我认为，只要把炸弹投到天皇身上，大家就会明白他和我们一样是人，迷信就会被打破。我觉得只有这样才行。"

宫下告诉了秋水，自己决心用炸弹暗杀天皇。但是秋水并不完全赞同，他说："这种做法或许也有必要，但那是以后的事。"

关于秋水暂且不说。宫下接着又去见了运平，运平当时因为《日本平民新闻》被迫停刊，关掉了大阪平民社，搬到了东京生活。宫下对运平说了同样的话，但是运平明确拒绝道："我有家室，不行。"一个月后，也就是 3 月，运平和妻子一起返回了老家。

但是之后，宫下通过写信结识的管野须贺子（1881 年出生，号幽月、须贺），得知年轻的社会主义者新村忠雄（1887 年出生）抱有与自己相同的想法。宫下利用调换工作至明科的机会，中途再次去了东京，在平民社和管野见了面。见面时管野向他推荐了两个人，一个是前面提到过的新村，另一个是当时经常到平民社来的无政府主义者古河力作（1884 年出生），他当时是位于东京泷野川的草花园艺场的一名园丁。后来在狱中，力作吐露了当时的实情：当管野动员他参加用炸弹暗杀天皇的行动时，平时喜欢说大话的他一方面不好意思说"不"，另一方面想反正自己随时都可以脱身，于是就消极地答应了。就这样，得到二人或者说三人支持的宫下就赶快去造炸弹了。情况就是如此，但是并没有迹象表明，这三人或者四人曾经凑在一起，反复商量、制订周密的"暗杀计划"。宫下和古河两人甚至连面都没见过。至于后来在管野寄宿的简易出租屋内练习炸弹的投掷，以及用抽签的方式决定投掷炸弹的顺序等，更是如同儿戏，实在谈不上是为实施"大逆"所作的阴谋和准备。

宫下在明科的山里进行试爆后大约过了半年，即 1910 年 5 月过半，当地的警察一下子忙乱起来了。宫下来到明科后不久，长野县警察部即根据来自山梨县警察部的情报，将其作为社会主义者列入了需要监视的人员名单中，明科派出所的巡查小野寺藤彦紧盯宫下不放，甚至在他工作的制材厂里也安插了两个密探。结果，他们发现宫下让其同事新田融（1880 年出生）等人制作了二十多个铁皮罐，怀疑其在制造炸弹。宫下和管野、新村的交往，警方当时也已经掌握。因此，小野寺等对宫下寄宿的出租屋进行了搜查。但是，在这次搜查中，警察未能发现制造炸弹的关键材料及药碾等物品。于是警察继续进一步打探，得知宫下将铁皮罐等存放在其部下清水太市郎那里。

5月25日，长野县警察部的搜查一举取得突破。

早上6点多，在小野寺等审问清水的过程中，清水交代，宫下计划于今年秋天用炸弹袭击天皇，听说新村和管野也参与了这一计划。获得这一"证言"四小时后，上午10时许，搜查人员突击搜查了明科制材厂，收押了被认为用来制作炸弹的铁皮罐子、药品以及书信等。但是在搜查中并没有发现最关键的物品——炸弹。中午，宫下被作为违反《爆炸物管制处罚规定》的"准现行犯"逮捕。接着，在长野县屋代町（现在的千曲市）的新村被作为共犯逮捕。深夜11点多，忠雄的哥哥（比忠雄大六岁）善兵卫（1881年出生）被以向宫下提供被认为是用于制作炸弹的药碾等为由，作为共犯遭到逮捕。以上三人均被押送至松本警察署。在东京的管野当时正因与幸德秋水一起创办《自由思想》刊物一事受到处罚，刊物被禁止发行，罚款尚未缴纳。5月28日，她被更换罪名，投入东京监狱。

随着搜查的进一步展开，从被扣押的宫下的笔记本中发现了在东京府北丰岛郡泷野川村（现在的东京都北区泷野川）"康乐园"从事花卉栽培的园丁古河的名字，于是他被当作了共犯。宫下为何会记下自己根本不认识也从未见过面的古河的名字甚至其住址呢？这只能说他做事粗疏。28日，松本警察署派小野寺巡查等二人前往东京，将古河带回调查。29日早晨，在长野地方法院检察局将其逮捕。接着，6月2日，宫下原来的同事、协助其制作铁皮罐的新田也被作为共犯逮捕。当时上述人员的罪名都是涉嫌违反《爆炸物管制处罚规定》。新田的被捕同样说明了宫下的粗疏。新田既不是社会主义者，也不是同志，只不过是职场上的部下，但是宫下却让他参与了与炸弹有关的重要物品的制作，甚至还可能向他泄露了暗杀天皇的打算。对此水上勉也感到愕然，他在《古河力作的生涯》一书中写道："本该是慎重缜密的大阴谋，却那么粗疏和马虎。"

宫下调换工作时，他的妻子拒绝一同前往明科。好像期间经过几次协商，但最后两人还是离婚了。也许是因为这个空隙，5月初起他与清水的姘妇有了关系。但是当时宫下又不想与那个女人的"丈夫"清水摊牌，于是心烦意乱的他将这件事告诉了年轻的新村，并且与之商量。这里的事情微妙而复杂，但是它暴露出了一个更加重大的事实：当时正在通往恐怖分子的道路上疾行的宫下未能战胜孤独，似乎掉入了"陷阱"之中。或者也许应该说，没有名气的社会主义者宫下太吉，还没跑到终点就被"绊脚石"绊倒了。神崎清编的《大逆事件》第一卷的照片页上有宫下的照片，1910 年 5 月 15 日拍摄的，也就是在即将被捕之前。照片上的他，两眼直愣愣的，脸绷得很紧，虽然表情看上去很精悍，但实际上却……

长野县警察部下属松本警察署接到小野寺巡查等人的报告后，即与长野地方法院检察局联系，将其作为违反《爆炸物管制处罚规定》的案件开始进行调查。[1]但是，在松本警察署的警官们5 月 25 日制作的文件中，除了宫下和新村兄弟俩之外，幸德秋水也被列入了名单之中，尽管当时并无证据表明幸德也参与了此事。

1 根据 1890 年公布的相关法律，日本在法院内附设检察机关（但并非作为其下属机构）。战后，1947 年，制定和公布了新的相关法律，检察机关和法院分别单独设置。

该文件说他们"密谋的结果，以加害于他人为目的"，制造了爆炸物。接到有关逮捕宫下和新村兄弟、对他们的住处进行搜查的情况以及有关清水的情况的报告后，长野地方法院检察局检察长三家重三郎于5月27日一早匆匆赶往东京，见了检察总长松室致、司法省次官河村兼三郎、司法省民刑局长兼大审院次席检察官平沼骐一郎等人，向他们进言，此案并非违反《爆炸物管制处罚规定》的案件，而像是适用于《刑法》第七十三条的案件。不过此时松室态度较为慎重，他认为仅仅根据"清水证言"就下此判断依据并不充分，指示先作为违反《爆炸物管制处罚规定》案继续进行调查。尽管如此，考虑到该案可能适用《刑法》第七十三条，他急派东京地方法院的检察官小原直携带处理长野地方法院检察事务的委任状前往当地，调查内容包含"大逆罪"。

27日，松本警察署将宫下、新村兄弟三人移交给长野地方法院检察局。在相关材料上，不仅有上述三人的名字，还有秋水、管野、古河、新田的名字，共计七人。

到了5月31日，案件性质大变。因为在29日，宫下和新村向东京派来的小原和长野当地的副检察长和田良平"自供"：制造炸弹的目的是要杀害天皇。于是，长野的检察长三家在当天将该案作为应由大审院管辖的违反《刑法》第七十三条案呈送检察总长。检察总长松室接到报告后认为这七人"阴谋危害至尊（意即天皇），且制造行动所用之炸弹，准备遂行阴谋"，向大审院院长横田国臣申请对这七人进行预审。

虽然当时的预审大致相当于现在的起诉环节，是就是否应该移交法庭审理对被告人进行的事前调查，但是实际上等于是为证明被告人有罪而进行的调查。在被申请进行预审的七人中，有关宫下、新村和管野等涉嫌违反《刑法》第七十三条的证据并不完整，而新村善兵卫和新田明显是被卷进来的受害者。

至于秋水，当时参与案件处理的神户地方法院检察长小山松吉后来在思想系统检察长联合会上这样说道："当时相关官员一致的意见是，幸德传次郎与此案不会没有关系。松室总长认为，管野须贺是其姘妇，新村忠雄和宫下如同其弟子，均受到幸德鼓吹的无政府共产主义的影响，幸德与此案不可能没有关系。既然松室总长也认定幸德是共犯，所以虽然当时有关他的证据比较薄弱，但还是对其一并提出了起诉。"这个案件就是这样，一开始就以预断和推测为跳板，然后使用包含捏造在内的手法一直弄下去，最后成案的。

宫下被捕后仅仅过了一周，发生在信州明科的制造炸弹案的性质就变成了触犯《刑法》第七十三条案。本来，从天皇制国家这一角度来说，不应该，也没有理由存在"大逆"，因为当初1882年施行的旧《刑法》第一百一十六条首次写入"大逆罪"时就有反对意见，认为作为日本国民，这一规定本身就是一种"不敬"。既然如此，此案件的处理就没有必要硬搬出《刑法》第七十三条来。但是，当时国家的目的是要消灭社会主义和无政府主义思想，对于国家而言，要实现这一图谋，没有像第七十三条这么方便、这么易于捏造的法律了，因为在适用《刑法》第七十三条的案件审判中，一审即终审。

其实，当局之所以认为管野、新村等人支持了宫下用炸弹暗杀天皇这一激进做法，就其背景而言，与当时的思想镇压以及政治氛围有很大关系。

1908 年 7 月，桂太郎继西园寺公望之后掌握了政权，他是按照当时政界的元老、最高权力者山县有朋的旨意上台的，在其组阁时发表的"政纲"中，公然提出了要遏制与社会主义有关的出版和集会等的思想镇压方针。山县是一个绝对拥护皇室的人，他对社会主义极为恐惧。1907 年 11 月 3 日，在美国旧金山的日本社会主义者向各地发送题为《给日本皇帝睦仁君》的材料，主张对天皇开展恐怖行动，并且将这一材料秘密地发往日本国内。山县对此大为震惊，他写信要求各方加强对思想的管制。山县断言，之所以发生此事是因为西园寺对社会党取缔不严，他还向天皇诉说了此事。在这样的背景下，发生了"赤旗事件"。

位于神田的锦辉馆是当时关东地区最早播放幻灯片电影的场所，1908 年 6 月 22 日下午 1 时起，在那里举行了一场欢迎因笔祸入狱的山口义三（号孤剑）出狱的活动。欢迎会上既有评书，又有萨摩琵琶，还有剑舞，煞是热闹，参加人数达到七十人左右。在活动进行过程中，大杉荣、荒畑寒村等年轻充满活力的直接行动派人士，挥舞起事先带入会场、写有"无政府共产"等字样的手制红旗，走上街头开始游行。事先等在那里的神田警察署的警察立即采取了严厉的镇压行动。"把旗帜收起来！""不收！"双方发生了激烈的争夺。警察一下子逮捕了十四人，其中有荒畑、大杉以及前去劝阻的堺利彦以及山川均等人，还有包括管野在内的四名女性，并将他们关押在神田警察署。大杉等人在警察署里依然大吵大闹，拒绝接受调查。恼怒的警察们则对他们踢打踩踏，施以暴力。大杉和荒畑被警察扒光了衣服，再加上被拖来拖去，几乎晕死过去。深受侮辱的大杉气得嚎啕大哭。寒村后来在回忆这一时刻时写道，这是他第一次看到大杉哭。事件发生后，山县等人激烈批评西园寺政权，认为事件产生的原因在于政府在取缔社会主义方面过于手软。在他们的压力下西园寺内阁被迫下台。这就是"赤旗事件"的经过。不过，也有一种看法认为，这一事件是在受山县指使者的挑衅下发生的。

被捕的十四人均被以涉嫌抗拒官吏罪、违反治安警察法遭到起诉。当时正是取代西园寺内阁的桂内阁上台后不久，在审判中，只有管野和神川松子二人被判无罪，其余十二人被判处刑期不等、最高达两年半的监禁。对这类事件做出如此严厉的判决，史无前例，极大地超出了人们的预料，法院被当作了镇压的工具。虽然按理说在当时司法是独立的，但实际情况并非如此，而是明显地以山县和桂的意志为转移。

包括法院做出的重判在内，"赤旗事件"给当时的社会主义者带来了巨大而深刻的冲击。随着桂政权强化对思想、言论的镇压，社会主义者开始从早到晚受到跟踪，他们即便隐藏起自己的思想和信仰也找不到工作，很多人的生活逐渐陷入困境。管野觉得在这一事件后自己被逼入了极端，她意识到，只有走极端，做一个无政府主义者，采取革命的手段，除此之外没有其他办法。她的这种焦虑和走投无路的感觉，与宫下那种不杀掉天皇、人民就不会发生变化的想法产生了共鸣。愚童之所以在林泉寺须弥坛的草棚里印制《无政府共产》，也与"赤旗事件"的影响有关。

翻译过克鲁泡特金的名著《面包与自由》[1]的秋水，因患结核

---

1　该书的日文本名为《麺麭の略取》（中文直译为"《面包的略取》"）。考虑到巴金将该书译为《面包与自由》（有商务印书馆 1982 年版），为方便理解，将该书日文本书名改为《面包与自由》。

此时正在老家高知的中村（现在的四万十市）养病。"堺被抓，速归"，一封关于堺利彦遭逮捕的电报飞到了他的脚下。秋水抱病起身，于1908年7月21日乘船从高知县幡多郡的下田港出发，前往东京。途中，他去了新宫，在那里住了两周左右，大石诚之助医生对他的病情做了诊断。其间，他和熊野的社会主义者及其同情者一起愉快地在熊野川抓虾什么的，这件事后来也被作为捏造罪证时的素材。在从纪州熊野去东京的路上，秋水参拜了伊势神宫，并且顺便去了箱根的林泉寺，与愚童进行了推心置腹的交谈。伊势神宫是皇室宗庙，秋水去那里参拜一事似乎让人得以窥见其天皇观。

再说大审院院长横田。5月31日，他决定开始预审，并任命来自东京地方法院的潮恒太郎、原田矿、河岛台藏三人为预审法官。这一"人事"安排系根据平沼骐一郎的意思。平沼在其《回忆录》中得意洋洋地记述了当时自己的想法："预审在大审院进行，但是让大审院法官审的话我不放心，于是通过东京地方法院院长铃木喜三郎，让大审院下令，由潮恒太郎担任预审法官。"而且，平沼在得知信州的事件后即刻指示："秋水定是魁首。须首先逮捕幸德。据说其在温泉地，为防止其逃脱，我已派认识他的警官前往。"将这段话与前边小山松吉说的话加以对照，就清楚地可以看出司法当局的意图，他们从一开始就将目标对准了秋水。根据上述事实可以得出以下结论：因为当时秋水是无政府主义和社会主义的象征，司法当局为了遏制无政府主义和社会主义思想的传播，才利用宫下案启动了"大逆罪"这一罪名。当然，这一点并非只是以平沼为代表的司法当局的意思。这一事件是在桂内阁执政时期发生的，桂内阁秉承山县有朋的旨意，在其"政纲"中

幸德秋水（左）与管野须贺子

就提出了要镇压社会主义。此外，司法官僚之所以利用宫下案启动"大逆罪"，也是为了自己升官，平沼自从知道这一案件后，便开始每天早上6点钟向首相报告全部情况。

秋水于1909年年初与妻子师冈千代子分手，不久与寒村曾经的妻子管野走到了一起，此事在他的同志中间引起一片哗然，受到广泛批评。加之秋水日常处于警察的严密监视之下，受到严酷迫害，生活也很艰难，所以除了警察之外，他的同志几乎谁都不去位于千驮谷的他和管野同居的地方了。时而到访的社会主义者吉川守圀看到秋水衣衫褴褛、袜子上满是窟窿的穷困样子，以及屋子里那些曾经放满了书籍、如今却空空如也的书架，一时间话都说不出来。秋水的"刎颈之交"、当时在做投机倒把生意的小泉策太郎（号三申）实在不忍心看到秋水生活在如此困苦的环境中，在他和其他人的安排下，3月下旬开始秋水住进了位于汤河原的旅馆"天野家"，在那里一边静养一边写《通俗战国史》。期间还发生了一件事，5月9日，因"赤旗事件"服刑一年半、期满离开千叶监狱的寒村，在得知秋水和管野两人的事情后，怀揣手枪去袭击这两人。但是这天两人正好偶然一起去了东京，结果才得以幸免。

被指名担任预审法官的潮，在决定开始预审的那一天——5月31日的夜里，立马向幸德秋水发出了有关讯问涉及《刑法》第七十三条案的传票。6月1日早晨，原本一边静养一边想着要重新开展活动的秋水离开了"天野家"，来到了靠近汤河原的轻轨门川站。秋水刚一到达，即被手持传票的横滨检察局大田黑英检察官等逮捕，时间大约在上午8点半左右。此时的秋水，只有三十八岁。

《大和新闻》晚刊抢先报道了秋水被逮捕的消息。这天，来大和新闻社校对部上班的吉川守圀突然被在门口等他的同事，也是他的"隐蔽的同志"拦了下来，那人将他带进了报社里的厕所，在将门从里面反锁之后贴着他的耳朵小声地问道："你看了晚刊了吗？"

"不，还没有。"

"是吗，幸德被抓了。晚刊已经登了。不过，你决不要在别人面前看晚刊。"

大吃一惊的吉川来到校对部，装出一副若无其事的样子，将一份晚刊放入怀中，随后去附近的商店买香烟。在店里，他悄悄地翻开晚刊一看：

《社会主义者被一网打尽》《幸德秋水被抓获！——头等大阴谋暴露？》

超大标题跳了出来。

坂本清马是在群马看到《大和新闻》的独家报道的，他也感到十分惊讶。他将秋水尊为自己的导师，后来因为一些小事而吵架分手。当时清马正在各地游历，当他为了确认此事而返回东京时，不知何故，自己也成了被调查的对象。

在宫下上班的国营明科制材厂西南约一公里处，有储木场和矿车轨道的遗迹。从那里再往西，沿着犀川，坐落着明科历史民俗资料馆。在这一公共设施里边，设有一个"大逆事件之角"，这在全国也是唯一的一家，很稀罕。在那里展示着事件相关年表、明科的地图、关于事件的若干说明，还有宫下、幸德、管野等人的照片，以及药碾和外形看上去有点奇怪的炸弹模型等。

令人印象深刻的是，展览中有很多表扬小野寺巡查的内容。小野寺巡查当时受到赞扬，说他为防止"大逆"实施立下了巨大功勋。不仅明科当地，而且周边的町村、县议会、警察署等都竞相称赞其为"我等家乡之荣耀""忠君爱国"的警官，对其进行表彰，向其发出感谢信、赠送纪念品。文字的内容多为不眠不休，防"大逆"于未然；不仅救了陛下，也救了我等国民，让我等感到放心；您乃我等长野县警察部之光荣，等等。"长野县巡查小野寺藤彦　鉴于右者于犯罪搜查中功劳卓群，依据明治四十三年（1910）第四百三十八号敕令，授予警察官吏及消防官吏功劳记章……内务大臣正三位勋一等法学博士男爵平田东助"。小野寺巡查是警察官吏功劳记章制度设立后的第一个受到表彰的获奖者，而这一制度正是以"大逆事件"为契机设立起来的。数了一下，展示角里展示的给小野寺的感谢信有七封之多。当时对小野寺的赞扬性报道非常热，报纸上充斥着类似于这样的文字："桂首相、西园寺侯爵及河村司法次官等因公途经明科站，彼等特意于该站下车，径直看望了小野寺巡查，感谢其功劳。"（《信浓每日新闻》1911 年 1 月 27 日）。不仅在宫下被捕的地方，就是在出了连坐者的熊本，经《九州日日新闻》等的报道，小野寺也成了"时下之名人"。

"大逆事件之角"宛如小野寺巡查事迹资料室，而时间也好像停留在了 1910 年至 1911 年。我问了一下，回答说这个资料角建于 1981 年，也就是宫下被处刑后七十年。面对国家话语之根深蒂固及其传承力，我再次无语。"大逆罪发现之地"这一标柱在其建立后过了四分之一世纪即 2005 年，也还照样竖在那里。

6 月 1 日傍晚，当局根据报纸法下令禁止刊登相关报道。当时在内务省、司法省已经成立了记者俱乐部，在某种程度上已经出现了通过操控信息来压制言论的状况。4 日，禁令被部分解除。同日发行的《东京日日新闻》传达了政府的方针："当局表示，其方针乃彻底铲除，直至可向世界骄傲宣告已无一名无政府主义者。"与此同时，该报也传递了东京地方法院检察局小林芳郎检察长关于"案件不大"的谈话："此次阴谋确实令人恐惧，然余确信本案相关者仅以上七人，不会连累其他人。"接着，5 日发行的各家报纸报道了内务省有松英义警保局长的谈话："此次被拘捕之被告人仅七人，案件所涉范围极小。"这话听上去像是在说，通过七个人的"炸弹案件"这一件事情就可以彻底镇压无政府主义。

但是，实际上建立在预断和推测基础上的"大逆事件"愈演愈烈，进入了下一个阶段。1909 年 3 月被东京朝日新闻录取为校对工的石川啄木，在得知"阴谋案"的报道后全身颤抖、深感震惊，他阅读起了有关社会主义的文献。啄木 1911 年写的日记中记有上一年（1910）发生的要事，在那里他写道："6 月，幸德秋水等阴谋案被发现，余之思想发生大变化。"

# 第二章 被绞杀的思想

前排左起为大石诚之助、峰尾节堂、玉置真吉，后排左起为崎久保誓一、高木显明、新村忠雄。在这些人中间，只有玉置未遭连坐。（摄于1909年左右。新宫市立图书馆提供）

在一个小小的楼梯跟前，母亲在和寺院里的人三言两语地说着话。不一会儿，她转过纤细的身子，带着木屐的声响回来了。母亲拽住义雄的手，使劲儿地拉着他迈开了步子。

"说是'没关系'！算了，走吧！我们和这里的缘分结束了！"

母亲的声音听上去很生气，她好像哭了。

从名古屋出发，一路上火车、轮船、马车，费了很长时间总算来到了靠近纪伊半岛东端的新宫，结果母亲却说要回去了。这个地方义雄是第一次来，也不认识，只能按照她说的话去做。当时已是黄昏时分，天都快暗了，义雄紧紧抓着母亲的手，强打起精神走着。

在火车上，不，好像是在马车上，年纪刚过三十的母亲什么话也不说，一直在哭，看上去非常伤心。

他已经想不起来那是什么季节了，当时义雄还只有九岁或者十岁，时间是在昭和初年，当时法西斯主义和战争脚步已经临近。

当天晚上，也可能是第二天晚上，母亲带他去了白浜温泉，那里有漂亮的大海。那是义雄第一次去温泉。在那里，义雄也没有问，母亲就开始断断续续地说了起来：

已经快二十年了。那时候妈妈我年纪还很小，大概和现在的义雄差不多大。我的爸爸名叫"高木显明"，在新宫的净

泉寺里当住持。因为被牵连进了一个案子，给警察抓去，送
进了监狱，后来就再也没有回来。被判死刑后不久，他死在
了秋田的监狱里。人家说他是国贼、逆徒，但是爸爸绝对没
干过坏事，他是一个好人。所以，他不是罪犯，我们一点也
没有什么对不起别人的。

　　母亲说的，大致就是这些。此刻义雄才第一次知道作为自己
外祖父的那个人的名字。虽然此时他还不知道"显明"两字的写
法，但其发音已深深地印入了他的脑海中。外祖父是寺院的住持，
被捕后被判死刑，死在了遥远的北方的监狱中，他不是坏人，没
有什么对不起别人的，那些话语像是散布在谜语中的零散的线索，
它与其说是讲给孩子听的，不如说更像是说给自己听的。在那个
夜晚，母亲大概向他说了很多话，但是年代久远，加之当时的义
雄年纪还小，记忆太模糊，他想不起来了。外祖父是一个怎样的
人？他为什么被抓？为什么被判死刑？疑问一个接一个地涌上心
头，但是记忆中在那个晚上，到寺院去拜访结果却像是被赶了回
去一样的母亲，哭个不停，非常伤心。在义雄的脑海中，各种回
忆此起彼伏，他的心情看上去很不好。自那以后，直到1972年
去世，他的母亲再也没有去过新宫。

　　那是和母亲一起去新宫之后大约过了十年，也就是高木义雄
（1920年出生）二十岁左右的事。当时，日本军队越来越深入到中
国内地，侵略中国的战争好像已经没有撤退的选择了。一天晚上，
已经知道"显明"就是高木显明的义雄，试探着问当时坐在长方
形火盆前小口地抿着酒的母亲加代子："外祖父是怎样的人？"义
雄的母亲加代子在名古屋、丰桥等地做过艺伎，大家都说她长得

漂亮，小时候义雄和母亲一起在外边走路总觉得很神气。那时，加代子在浜松的元浜町经营着一家料理店，已经当上了老板娘。她很照顾店里的年轻的女孩子，尤其是被作为艺伎"卖"来的女孩子。像是借着长夜的酒劲。母亲的讲述滔滔不绝：

　　我是六岁的时候被他从其他地方带回来的。我和养父"显明"一起生活只有三年多一点，但是对我来说，他就是爸爸。他是个好人。他不收穷人的布施。我那时虽然年纪还小，但爸爸经常拉着我的手去访问施主。他帮助那些受到歧视的人，给他们施舍。我还听到他说反对战争。那是明治快要结束的时候，夏天，当时我还是新宫普通小学四年级学生，发生了一件事，说是有人要暗杀天皇，警察抓了很多无政府主义者和社会主义者，新宫也有六人被逮捕，爸爸突然不见了。不过，当时我完全不知道出了什么事，只是见不到爸爸了，就是这样。

　　"大逆事件"，那是很久以后才听说的。爸爸被捕之后，我晚上睡觉很害怕，夜里很黑，什么也看不见，有人扔拳头大小的石头，把玻璃窗都砸碎了，当时我想我大概要被杀了。在上学的学校里，也受到别人的言语欺负，我只好低着头，缩紧身子。在新宫街上，也可以听到"逆徒的寺院""非国民""国贼"之类的恐怖的话语。过了不知道多久，我把身边的东西塞进包袱里，和养母多子妈妈一起离开了净泉寺，像是被赶出去一样。那天外边刮着寒风。我们要去多子妈妈的妹妹出嫁后住的地方，在名古屋。在路上走到第三天，随身带的食物吃完了，于是就一边走，一边在所到之处接受别人的施舍。走了多少天，我不记得了，反正走啊走啊，走了很多很多路。

阿姨家的生活很艰难。她小学刚毕业就被卖到了艺伎屋……我是住在阿姨那里的时候知道爸爸被判死刑的。后来不知道什么时候，听说他在秋田的监狱里用腰带上吊了。再后来听人家说，他是大正三年（1917）6月24日死的。我不知道爸爸为什么自杀，但是爸爸没有做过坏事，他是冤枉的。他是个好人，我们没有什么对不起别人的。

母亲讲述的内容比义雄原来想的要简单得多，但是她的话好像分量很重，压在了义雄的心头。义雄觉得"大逆事件"这一表述中带着某种令人讨厌的东西。听着母亲的讲述，义雄想起了过去发生的、当时难以理解的一些事情。有时候，浜松的警察会到店里来，看上去好像也没什么事情，待很长时间，和母亲说一些无关痛痒的话，然后就回去了。有的时候，义雄和母亲一起被带到警察署的柔道场，在那里也没什么事情，只是被长时间地留置在那里。后来一想，那肯定是"天皇陛下和皇族等经过浜松的时候"。听着母亲的讲述，显明的事、死刑判决、他的死亡、母亲她们像被人扔石头赶出家门的野狗一样离开新宫、警察的眼睛，以及母亲的出身，等等，笼罩在义雄心头的迷雾一点点在散去。

之后，加代子也不时地会说，"显明爸爸"是好人，他是冤枉的，所以没有什么对不起别人，等等，像是要让义雄牢牢记住。但是一直到最后，她的话都只是片断的，没有具体内容。这恐怕也没办法，毕竟她当时年纪小，而且是养女，和显明一起生活的时间不长。至于那时和她一起离开净泉寺、过着穷困日子的养母多子，母亲则什么也不愿说，只要义雄一问起"多子外婆在做什么"他的母亲便皱起眉头，声色俱厉地打断他："别再提我妈的事。"与对养父的无比尊敬相比，加代子对养母的看法很冷淡。加代子是在 1907 年 3 月成为显明及其妻子多子的养女的，当时，显明和他妻子结婚才两个月，1901 年出生的加代子六岁。显明是 1910 年 6 月因"大逆事件"被捕的，也就是说，加代子和她的养父一起生活只有三年多一点。而且，加代子在自从出生之后就被送给别人家去做养女了。想到母亲不幸的身世，以及她小小年纪就被卷入根本没有想到过的"大逆事件"中，十几岁又被卖到了艺伎屋等坎坷经历和苦难命运，义雄觉得，她对养母产生别扭的感情恐怕也很自然。

　　我是在 1997 年至 1998 年间从高木显明（生于 1864 年）的外孙义雄那里听到这些事的。帮我引荐的泉惠机是真宗大谷派的僧侣，担任过大谷大学的教员，他从 20 世纪 80 年代就开始发掘当时已经被历史埋没的显明的事迹，本书关于加代子身世的记述在很大程度上也依据了泉的研究。义雄身材有点瘦小，眼睛大大的，目光炯炯，散发着一种很强的忧国之士的气息，说话语气也很有力量。我见到他时，或许是因为他已经年过七十五岁，说话稍微有点乱，讲述时常常脉络不清。即使关于自己的身世义雄也不愿意多说，但在谈话中可以感觉到他对加代子的感情非常深，深到让人插不上嘴，同时，他对经他母亲塑造的显明也非常尊敬。加代子一直到死也没有向周围的人透露自己是显明的女儿，义雄也是在 1997 年才告诉别人自己是谁的。这一事件就像永无尽头的黑夜，不知隐藏着多少秘密。

显明怎么会被牵扯进"大逆事件"的呢？让我们再次回到 1910 年 6 月之前。

检察当局的调查，从信州延伸到了熊野。熊野地区位于纪伊半岛的扇形部分，以潮岬为尖端，西起和歌山的田边，向东跨过河面宽达百米的熊野川，直至三重县熊野市附近，新宫就在其中。这里道路险峻难以通行，即使到了近代也还属于僻远之地。纪势西线是 1932 年通到田边的，随后一路向东，一路向西，直到 1959 年才实现全线联通。但是，被深山峻岭从背后拥抱的熊野，却拥有绵延不断、富有变化、受到黑潮冲刷的海岸线。尤其是新宫，那里面向辽阔的太平洋，有着深厚的接纳新人和新思想的风气与土壤。

当局是瞄着大石诚之助（1867 年出生，号禄亭）来的，他在新宫町当医生，是当时为数不多的社会主义者之一。他从很早开始就和幸德、堺等社会主义核心人物来往，资产殷实的他还向平民社提供过资金援助，"禄亭大石"的名字在那个圈子里广为人知，正因为如此，他被当局盯得很紧。大石之所以进入以明科事件为开端的《刑法》第七十三条案的搜查视野，主要是因为当时已被逮捕并申请预审的新村忠雄在 1909 年 3 月底后的约五个月内，作为药房实习生住在大石的医院，加之忠雄被逮捕时，他的哥哥善兵卫曾经试图通过邮寄明信片将此事告诉大石等人。

6 月 3 日上午 8 点，东京地方法院检察局派来的检察官高野兵太郎等人带着大批警察，突然搜查了位于新宫町船町的大石的医院以及他的家，在搜查了约一个小时后逮捕了大石。接着，警察又搜查了位于净泉寺的大石的外甥西村伊作（1884 年出生）的住宅，以及位于熊野川对岸、三重县牟娄郡市木村（现在的御浜町市木）的原报社记者崎久保誓一（1885 年出生）的住处。下午，位于新宫町仲之町的日本基督教新宫教堂（牧师冲野岩三郎，1876 年出生）等五处地方遭到搜查。此外，住在熊野川边上的东牟娄郡请川村（现在的田边市）、正在收拾草药种子的杂货商成石平四郎（1882 年出生）也遭到搜查。位于距离新宫约一百二十公里的西牟娄郡田边町的地方报纸《牟娄新闻》（社长毛利清雅，号柴庵）的编辑部也从早上开始受到搜查。遭到突然搜查的都是与大石有亲密交往的人。

在入室搜查和调查中，当局扣押了大量书信材料等，但是没有发现任何可以与“大逆罪”挂上钩的东西。在搜查成石平四郎家的时候，查获了四包炸药和导火索，但那是平四郎从矿工那里买来抓鱼用的。在大石家被扣押的书信中，有一封 1909 年 8 月下旬新村忠雄离开熊野时，在将要上船之际，从新宫的海上门户三轮崎港寄给大石的一张明信片，上面写着“四个半月的逗留将是暴风雨前的静寂”等内容，当局认为其中“包含某种深意”，但是“其确切的意思当时并不清楚”（小山松吉）。尽管如此，当局还是怀疑大石，以其涉嫌触犯《刑法》第七十三条为由于 6 月 5 日申请对其进行预审，并立即将其押往东京。在熊野的强行搜查也是建立在预断和推测基础上的。

大石生长在一个医生、学者辈出的家庭。1890 年，他二十三岁时前往美国，进入俄勒冈州立医科大学二年级学习。在学期间他取得了医师执照，于是一边学习一边在波特兰开业。毕业后他去了加拿大，在蒙特利尔学习外科学，还在哥伦比亚省开过诊所，据说是个不管到哪里都受欢迎的人。但此时老家要其回国的催促越来越强烈，于是 1895 年 11 月，他回到了新宫。次年 1 月，他拿到了内务省发的医师执照，在仲之町开办了诊所，竖起了"道克特大石"的牌子。[1] 当时新宫的人们第一次听到"道克特"一词，不知道它的含义，以为这个医生是治疗梅毒和胎毒的"克毒"医生，于是亲热地称其为"毒克特医生"。

大石骨子里就是一个无拘无束的人，他醉心于坊间情歌（都都逸），后来被师匠莺亭金升授予这一领域最高的雅号禄亭永升，还得到允许成了宗匠。大石求知欲旺盛，1899 年年初，为了研究传染病，开业刚满两年的他去了当时英国的殖民地印度，到孟买大学留学。在那里，他甚至研究过脚气病。在印度的经历对他的一生影响巨大，在那里，他了解到了残酷的种姓制度所造成的巨大的贫富差距，遇到了从英国传入的社会主义。这样，在原先就具有的反叛精神的基础上，大石的精神世界中又被注入了社会主义新思想。1901 年，大石回到国内。这次他把诊所移到了船町，在那里重新开业，不久，他就自称社会主义者，当时他三十三岁左右。秋水等人是 1900 年 1 月成立社会主义协会、开始活动的，由此可见，不要说在纪州的熊野，即便在日本全国，大石也可以说是很早就成为了社会主义者。1903 年，《平民新闻（周刊）》一问世，他即成为其赞助者，还开始向该刊投稿。与此同时，大石在自己家的对面开了一家名为"太平洋食堂"的西餐馆，店名是

---

1　此处的"道克特"为日语"ドクター"的音译。日语中的"ドクター"一词乃英语"doctor"的音译，意为博士、医生。日语中"道克特"的发音与"毒をとる"（去毒）的发音相近，故当时人们以为大石诚之助是治疗梅毒和胎毒之类疾患的"毒克特"医生。

用日文假名书写的，名叫"ザ・パシフィック・リフレッシュメント・ルーム"（The Pacific Refreshment Room 的日文音译——译者按）。这家店好像是他和比他小十七岁的外甥西村伊作商量后开办的。当时正好是日俄战争开战的时候，"我们反对战争，是和平主义者，英文叫'pacifist'，所以我们将这家西餐馆起名为'Pacific'，太平洋。当然，起这个名字，也因为新宫正好面对着太平洋"。西村这样解释给餐馆起这么一个时髦名字的原因。西餐馆开张后好像生意不怎么样，新宫市立图书馆藏有大石等人在餐馆前拍的照片。

为了让年轻人能够接触到社会主义的报纸和出版物，大石还在位于仲之町的《熊本实业新闻》记者、俳句诗人德美松太郎（号夜月）的家中设立了报纸杂志阅览处，据说当时年纪还轻的佐藤春夫等人也时常出入于此。大石喜欢新事物，只要觉得新事物好、有趣，他就会轻易地越过既有的观念和门槛，好奇地去尝试。其实大石是一个才能出众、多彩多姿的自由人。大约十年前，我在新宫市立图书馆的一个角落，看到过他在海外旅行时所使用的大行李箱（宽四十五厘米，长七十五厘米），一只外面用铜制配件加固的浅棕色大行李箱。当时我想，曾经塞满这个大行李箱的，不仅有医学，还有社会主义等新思想吧。

在留下的照片中，他给人的印象大多是剪着短发，留着与那张白净的脸很般配的漂亮胡须，拿着手杖，戴着异国风情的帽子，穿着时尚的衣服，脸上总是带着微笑……实际上当时身材高挑的大石就是那样大步地走在新宫街上的。但是，就是这样一个人，他公开反对日俄战争，和显明等人一起反对县里设立公娼制度，他的对权威、权力进行抗争的生活方式在当时也是很前卫的。大石交游广泛，涉及社会各个层面，其中有宗教人士，有包括反战人士在内的社会主义者，有关注社会歧视等问题的人士，还有文人等。

当地名人大石遭抓捕和起诉后，当局为了将事件升级，围绕他继续编造故事。毕竟当时看上去和"大逆罪"有联系的物证，只有警方扣押的与宫下有关的铁皮罐子和制造炸药的原料，因此，要将大石和"大逆罪"挂在一起，就需要从他在预审时的供述中获取编造"故事"的线索。在"大逆事件"的审判中，不仅不公开、不传讯证人，而且记有被告人在法庭上的供述等的审判记录"公判始末书"都不知去向，简直不可思议——根据当时的《刑事诉讼法》，法庭负有保存该记录的义务。至于检察官审讯记录[1]就不用说了，预审本来应该是中立的，但是在"大逆事件"中，因为检察官是带着要判其有罪的意图讯问当事人的，所以预审笔录的内容需要特别留意，更何况该笔录是在讯问结束后由法官肆意取舍选择汇总而成的问答记录。在此，为了了解当局是如何以信州发生的事件为由头、将其扩大为"大逆事件"的，我们来看一下 1910 年 6 月 8 日在东京地方法院进行的预审法官潮恒太郎对大石的第一次讯问，这里抄录的只是讯问的开头部分（要点）。

问：幸德也主张无政府主义吗？

答：好像是的。

问：幸德打算用什么方法实行这一主义？

---

1　此处的"检察官审讯记录"就是"预审笔录"。作者指出，该事件中的"公判始末书"不知去向，而留存的"预审笔录"其内容不足信。

答：（明治）四十一年（1908）11月中，我去东京的时候，
两次到巢鸭的平民社见了幸德。第一次去的时候我
们聊了各种主义，那时幸德认为在日本也有必要像
俄国、法国那样进行暴力革命。隔了两三天我再次去
见幸德的时候，他讲了法国公社的事，说如果有五十
名决死之士，给他们炸弹及其他武器，占领破坏法
院、监狱、市政府和其他官厅，还有富豪的粮食仓
库，用暴力控制社会力量的话，非常有利于实现革命
的目的。

大石是1908年11月10日有事去东京的，他在那里一直逗留
到26日。期间，他在巢鸭的平民社给秋水做了检查，诊断为肠结
核。当时各地的社会主义报纸遭禁，"赤旗事件"也刚发生不久，
桂政权正在进一步加强思想镇压，在此背景下，即便两人在交谈
中提到希望或者必须打破封闭的状态，也没有什么不可思议，甚
至可以说很正常，因为他们都是看重自由、平等、博爱的人，更
何况那些话只不过是些杂谈和随便说说的大话，并没有策划什么
东西或者凝结成具体的行动计划。

但是，对当局而言或许可以说是正中下怀，而对大石等人而
言非常不走运的是，在警视厅的跟踪记录中发现，松尾卯一太
（1879年出生）在同一时间来到东京、访问过秋水。松尾是《熊
本评论》的核心人物，而该报在"赤旗事件"中批判当局最为激
烈，最后被勒令停刊。虽然松尾是因为其他事情来东京见秋水的，
但是当局还是将松尾的访问和大石在预审中的供述连在一起，写
出了这样的故事："通过审讯得知，熊本的名叫松尾卯一太的社

会主义者和大石诚之助于同一时间来到位于巢鸭的平民社。熊本的头目和和歌山的头目两人同时访问了幸德"，他们一定"商量了某种破坏安定的事情"。这里的"破坏安定的事情"指的是他们策划招募"决死之士"以进行革命。这就是检察官小山松吉后来透露的整个捏造的大致情况。更加不巧的是，此时来自已经休刊的大阪《日本平民新闻》的森近运平正住在巢鸭的秋水那里（平民社），他是9月下旬来东京的，在秋水那里一直住到11月26日。此外，高知出生的坂本清马作为寄居在秋水家的书生，此时也在平民社。如此，秋水、大石、松尾、运平、清马，尽管他们不是一起而是分别来的，但是，11月，他们都在平民社，于是位于巢鸭的平民社就被当作了当局所说的"十一月谋划"的绝佳场所，这一凭空捏造出来的"谋划"导致了一场大悲剧。

在大石预审笔录出现的、据说是秋水讲的为了革命的"决死之士"一词，实际上是司法当局造出来的。在进一步扩大"大逆事件"的过程中，它将被作为重要的关键词。大石从东京回去时，顺便去了京都，与从新宫移居到那里的牙科医生山路二郎，以及一起开设报纸杂志阅览室的俳句诗人、京都出生的报社记者（时任《日出新闻》记者）德美松太郎等进行了恳谈，向他们披露了东京的严峻情况。11月底，大石到了大阪，投宿于西区和歌山人经营的"村上旅馆"，这家旅馆是他来大阪时经常住的地方。12月1日晚，他和大阪平民社成员，从事金属雕刻业的武田九平（1875年出生）、公司职员冈本颖一郎（1880年出生）、铁皮匠三浦安太郎（1888年出生）等人一起喝茶聚会。这些活动后来也在当局对大石的调查中被掌握，并且被认定为是在推进"大逆"计划。由此"十一月谋划"的范围被进一步扩大。

回到故乡后的大石，于次年、1909 年 1 月下旬的旧历新年期间举办了新年会，成石平四郎，高木显明，位于三重县南牟娄郡野谷村（现在的纪宝町）的泉昌寺的驻寺和尚、临济宗妙心寺派的峰尾节堂（1885 年出生）以及崎久保誓一四人参加。但是，就连这么一个新年会也被当局视为实施"十一月谋划"的宣教活动。

同年 7 月初，在纪州熊野一带以魔鬼检察官而知名的武富济（后来担任过五届民政党众议院议员）被派往新宫，在他的强制调查和强硬威逼之下，新年会的参加者一个接一个地被"大逆罪"网了进去。7 日，高木、崎久保、峰尾分别遭到拘捕和起诉。接着，10 日，没有参加新年会的平四郎的哥哥、从事草药育种的勘三郎（1880 年出生）也因涉嫌"大逆罪"遭到起诉，理由是，1909 年 7 月 1 日，他因生意上的原因去新宫，在一家名叫"养老馆"的老字号料亭请弟弟新村忠雄及大石吃饭，席间，听大石讲了一些东京当地的事情，乘着酒兴喊过"该干、该干"，此外，他还受其弟弟之托试制过炸弹（未成功），等等。而他的那个被查获持有炸鱼用的炸药的弟弟平四郎，虽然被短时间放出来过，但是在 6 月下旬，因涉嫌违反《爆炸物管制处罚规定》被重新拘押，并且因为朋友的模棱两可的"证言"，硬是被改为涉嫌触犯《刑法》第七十三条并于 7 月 14 日被申请交付预审。

熊野地区风灾、水灾、火灾比较多，而 1910 年初夏的熊野，更是狂风肆虐，这六人及其家属，以及他们周围的人的命运瞬间发生逆转。时任和歌山县知事的川上亲晴在 7 月 20 日给内务大臣平田东助的题为《关于社会主义者阴谋案逮捕始末的报告》中点到了包括大石在内受到入室搜查的四十人的名字，作为证人遭到传讯的人就更多了。

7 日，显明遭到起诉。他出生在爱知县西枇杷岛町（现在的清须市），1899 年三十五岁时当上了真宗大谷派净泉寺的住持。当时，净泉寺的门徒约有一百八十户，其中有一百二十户人家来自受歧视部落[1]，他们遭受着被人歧视的痛苦。作为宗教人士首次接触到歧视的实际状况的显明，在与门徒的接触中，他自己原来带有歧视性的感情和意识也逐渐发生了变化，开始关注消除"部落歧视"的问题。大约从 1906 年开始，在净泉寺举行过多次关于部落歧视问题等的谈话会，大石以及 1908 年在从中村前往东京的途中来到新宫的秋水等人，都在会上做过讲演，显明自己也是谈话人（顺便说一句，1922 年全国水平社成立之后，显明有关解决歧视问题的实践引起了人们的关注）。显明当时还和大石等人一起反对设立践踏女性尊严的公娼；作为佛教徒，他还从非战的立场出发反对日俄战争，秉持一种与积极支持战争的本山大谷派相反的生存态度。他拒绝参与开战时出现的狂热的战争胜利祈祷，反对建战争胜利纪念碑和忠魂碑等。用现在的话说，他介入了反歧视、反战和争取人权的社会实践。显明的所有这些活动，都是在真宗教义的引导下进行的，并且得到真宗教义的支撑。他不是一个内向、封闭型的宗教人士，而是一个积极介入社会生活的佛教徒，也因为如此，他被町里那些不介入社会的矛盾与问题、只做国家的优秀同行者的宗教人士所疏远。不过，新宫教堂的牧师冲

---

1　日本古代社会有身份等级制度，除了"武士""町人"等等级外，还存在"秽多""非人"等"贱民"，他们多聚居于条件恶劣的特定部落（村落、社区）。明治维新时期，日本政府为建构天皇专制主义的"国民国家"，于 1871 年发布了"废止贱民令"，但是原来"贱民"聚居的部落及部落出身者（被称为"部落民"），在社会上仍然受到各种歧视。

野岩三郎与他交往却很密切,在事件发生后冲野写的一些作品中,就不时有以显明为原型的人物出场,当然用的是假名。虽然冲野在其给辩护人平出修的信中介绍显明时,说他"极为单纯、正直,易于冲动和感情用事",但这是冲野在用他独特的措辞评价他人的人品,并无恶意,同时这些评语也确实反映了显明性格的一个方面。

显明既没有给《平民新闻》投稿,也没有给同情社会主义的《牟娄新报》投稿。管野须贺子和年轻的寒村在田边待过一段时间,当时他们给后者投过稿。人们没有发现他在狱中留下过文稿,也没有发现他写的狱中手记之类的文字以及给家属的书信。在狱中,他只给平出和堺利彦各发出过一张简短的明信片。显明就是这样一个人。他在新宫时期留下了记述自己作为一个真宗佛教徒的生存方式和思想等的贵重文稿。6 月 3 日,警察在搜查他的住所时扣押了他写的《余之社会主义》,这篇文稿大概写于 1904 年 4 月,即日俄开战后不久。在这篇不到四千字的短论中,他以真宗的教义为核心,敏锐地抓住当时社会上高涨的欢呼战争的实情,讲述了具有实践性的和平及平等思想。让我们来看一下由泉惠机校订的《余之社会主义》的内容吧。

在序言中显明写道:"余之社会主义,并非秉承卡尔·马克思之社会主义,亦非服从于托尔斯泰之反战论。余亦无如片山(潜)君、枯川(堺利彦)君、秋水君给予科学解释并鼓吹于天下之见识,然余有崇高之信仰、不断实践之思考,故试作此文。"

显明接着写道,真宗教义的核心"南无阿弥陀佛",乃"暗夜中之光明""绝对平等之守护";"余以为南无阿弥陀佛意为平等之救济、和平、安慰云云"。

他围绕着平等强烈地批判佛教教团的主战论，呼吁和平：

> 余聆听南条（文雄，梵语学家，真宗大谷大学第二代校长）博士有关死于极乐世界之演讲有二三回之多，感觉其在激发敌害之心，岂不哀哉。
>
> 余未闻极乐世界有侵害他国之事，亦未闻有为义而发动大战之事。余乃非开战论者，向以为战争非极乐世界人们之所为。
>
> 我等栖息于牺牲一般国民以获取名誉、爵位、勋章之社会，在此……贫者被视作富豪之牲畜，因饥饿而哀嚎之人有之，因贫而卖身之女有之，露宿街头日晒雨淋之小儿有之。富人和官吏视之为玩物，迫害之、苦役之而以为快……此实乃浊世、苦界、黑夜。
>
> 拯救此黑暗世界，传播光明、和平、幸福之道，乃我等之大任。愿诸君今且停止把玩战胜、呼喊万岁之事，与我等共诵此南无阿弥陀佛。

如同《余之社会主义》一文标题所示，显明所理解的社会主义其实就是这种"真宗特色的社会主义"。

建立在反战、平等基础上的显明的思想，与禅僧内山愚童的思想之间似乎也有某种联系，后者当时生活在贫穷的箱根太平台地区，远离天皇制国家和社会。像显明这样一个人竟然也被以"大逆罪"起诉，这件事表明明治国家不允许反战和平等的思想存在。

突然被拘押的显明等人又为何会被以"大逆罪"定罪呢？辩

护人今村力三郎记录下了显明在法庭上讲的一番话："我在接受从田边来的检察官的调查时，好像是一个姓林的警官，他用扇子抵住我的脖子大声喝道：'你这个该死的东西！'我想这样下去我会被杀掉的。"可见，调查过程中使用了强迫的手段。这些老实的僧人，从未有过同以警察、检察官为代表的国家权力直接打交道的经历，对于他们而言，警察和检察官的盘问太恐怖了。在瑟瑟发抖中被迫承认搜查当局捏造的情节的，并非只有显明一人。神崎从战争时期就开始秘密追踪"大逆事件"的真相，在他偶然发现的数量庞大的"狱中手记"中，有峰尾写的《我的一段忏悔》。它就像照片的底片一样，只要对着光线，人们就可以从中看到那些被逮捕的无辜者是如何在审讯过程中被一步一步地陷害的。让我们通过"狱中手记"来追踪一下峰尾的例子吧。

峰尾当时二十五岁，结婚不久，还处于兴高采烈之中。当他从报纸上得知在大石家当药房实习生的新村忠雄及其他一些人被抓时，感到不可思议，"大概是因为啥事被抓进去了吧"。他万万没有想到，这件事情会波及自己身上，因为他认为自己当时已经脱离了社会主义。7月8日深夜，被关在田边警察署的峰尾被检察官武富叫了过去。从审讯一开始峰尾就感到自己被一双"犀利的眼睛""狠狠地瞪着"，他感到害怕。

"你从新村那里听到过要做掉老大（指天皇）的事吧？"

"我没有听到过那事。"峰尾答道，他的声音有些嘶哑。

"不老实交待的话，我要定你伪证罪。"

"我确实没有听到过此事。而且我已经不和社会主义来往了。"

"从大石、幸德那里听到过要集中四五十个人打砸、焚烧官府的事吧?"

那么一说,峰尾一下子想起来了,在去年(1909)1月的新年聚会上,大石作为花絮,介绍过在东京见幸德时听到的一些高谈阔论。不过,对那些话当时谁也没有当真。

"是的,听到过。"他回答道。

于是武富立即追问:"你交代,当时谁说了什么?某人说了什么?"

"我忘记了。"

"不可能忘记。这么重要的秘密被抖出来,你居然说不记得!不要要滑头,我不会相信的。那个人到底怎么说的?"

"真的说不出来。"

"撒谎!那么大的事情,怎么会没什么说的呢?"

峰尾并不觉得那是什么大事,他不知道该怎么回答。

"你一方面说自己已经脱离社会主义,但另一方面还在隐瞒,可见你是一个坚定的社会主义者。你光是嘴巴上说脱离了,我已经不能相信你了。"武富一边说一边狠狠地瞪着峰尾。峰尾一下子崩溃了。

"别人说了什么我记不得了,不过我说了'干'。"

"你总算交代了。好的,你说了'干'。"武富立即用笔记在纸上。然后继续审问:"新村说要搞掉老大,你也听到了,对吧?"

"不,我没有听到他那么讲,但是他说过尊崇皇室是迷信。"

在上面这段对话中,我们可以看到案子是如何在密室中被制造出来的。

显明和峰尾当然不是特例。古河力作在狱中手记中也写了关于预审笔录时的情况。尽管他和大石之间既没有见过面，也没有书信往来，但还是被讯问大石是不是无政府主义者。他回答道："我不知道他是什么主义者，不过……"因为古河过去一直看大石在报纸、杂志上写的东西，所以他说，大石对天皇和国家"好像没有感激之情"。就这句话，在审讯笔录中变成了古河说大石是一个"重要的无政府主义者"。

法庭审理开始后不久，秋水给今村力三郎等三名辩护人寄去了一封长信（即"陈辩书"），落款日期为 1910 年 12 月 18 日。这是一份非常重要的书面资料，它有助于我们正确理解秋水的无政府主义革命观及其运动的性质，而这一革命观和运动性质被当局当作该案的关键。如同以下所见，在这封陈辩书中，他特别加了一段话，提醒辩护人注意检察官审讯记录和预审笔录中的杜撰及危险。

"检察官的审讯记录里边写了什么，无从知晓。我受过检察官数十次调查，开头两三次算是把审讯记录读给我听了，但是后来的审讯记录都是我不在场时制作的，也没有读给我听。"在预审法庭上，时常会宣读检察官的审讯记录，秋水每次听到宣读的内容就会发现，和自己在审讯中所讲述的几乎都不一样，大概是检察官把他自己当时说过的"大概是那样"的话，"当作我的陈述记了下来"。秋水推测，"多数被告的情况大概都是这样"。他写道，预审法官到底重视什么？是检察官的审讯记录？还是被告人的陈述？这"实在是关系重大"。

检察官的审讯方法也有很多是"以话套话"，如果没有识破这种话语圈套的能力以及与检察官来回讨论的抗辩力，就会按照检察官说的话供述。他担心，检察官"对来自其他地方的年轻人恐怕更加不讲理"。秋水写道，面对狡猾的"以话套话"，很多人都会上当，"如果你陈述说'既然那个人这么说，那么或许有那回事吧'"，就会被记载为"有那回事"，就像你确定过一样，然后你的这一陈述又会成为"逼问的工具"，用来对付其他被告。所以秋水断言，检察官审讯记录"是通过歪曲事实、牵强附会制造出来的"。

他还指出，即便预审法官是公平的，那么不管其如何公平，预审笔录事实上也是不完整的。因为笔录不是通过速记记录，而是在听完被告陈述之后根据法官的想法制成的问答文，存在着被告陈述的大部分内容被漏掉，插入一些被告没有说过的话的情况，而且，记录的订正也很困难。即便把写好的记录读一遍给被告听，但是"因为受过长时间的审问，脑子已经十分疲劳，加之读的速度又很快，能够听清楚就已经很不容易了，即使感到和自己说的有点不同，但转瞬之间也判断不出来。正当你正在想的时候，那边又在继续滔滔不绝地往下读，最后读了什么都不知道"就结束了。在这种情况下，即使有几十处错误，"能够指出并得到订正的，也不过一两处"。而且对那些不大识字的人来说，订正更加困难，"写的人说，'这么写不是一样吗？'多数情况下他们是争不过来的"。连秋水都说，自己"在很多情况下也没办法去一一要求改正，觉得大体差不多就算了"。

秋水最后写道，包括他自己在内，几乎所有的被告都以为预审只是初步的调查，并不那么重要，以为在法庭审理时可以订正，现在回过头来看，才知道预审笔录非常重要，是决定性的。秋水叮嘱今村等人，预审笔录是杜撰出来的，完全靠不住，"希望为了诸多可怜之地方青年等"，对这一点多加留意。

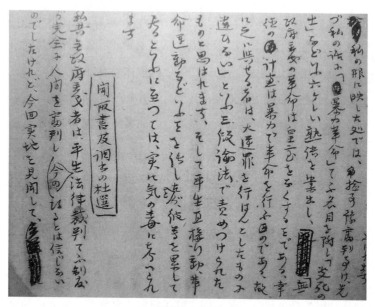

幸德秋水的陈辩书

　　在他的信中，我们像是看到了现在冤案的原形。

　　显明等五人是 7 月被起诉的，在此之前已有两人遭到关押和起诉，一个是森近运平，另一个是奥宫健之（1857 年出生）。森近原来是冈山县官厅的职员，日俄战争时曾呼吁人们不要购买战时国债，后因受到县知事逼迫，要求其放弃社会主义，而于 1904 年末辞职。在堺利彦的引导下，他于次年离开冈山前往大阪、东京等地，参加了那里的社会主义运动。但是由于当时社会主义受到镇压，其活动和生活都非常困难，加之不满秋水与管野须贺子走到一起，于是在 1909 年 3 月中旬前后、即将春暖花开之时，与妻子繁子、女儿菊代一起回到了思念已久的故乡高屋，此时距离他离开家乡已有四年。出身于农业学校的运平回乡后便积极投身到了新型农业之中。他在朋友的支援下，在距离老家稍有点距离的笠冈（那里是高屋的中心）建起了两座加温式温室，开始从事先进的高级农艺，种植欧洲引进的葡萄、草莓、西红柿、茄子、黄瓜等，这些东西在当时还没人种过。他在乡里的生活逐渐上了轨道，阔别已久重新接触到土地的运平，当时大概已经切身感受到了自己的归宿所在。然而没过多久，运平一家宁静、平和的生活被打碎了。6月14日早上6点20分左右，运平正在温室附近的临时居所中吃早饭，突然外边来了九辆人力车，来自冈山地方法院的约十名检察官开始搜查他的住所。下午1点左右，运平被捕，然后被押往东京。

实际上，在三天前的11日，运平就被以"大逆罪"起诉。在内务省警保局的调查资料中有关于此时的运平的报告，说他"极为平稳，无任何可疑行为"。那么运平为何会被捕并被以"大逆罪"起诉呢？二十年后，小山松吉在思想领域检察官的聚会上得意洋洋地说道："森近一直声称'自己有父母、有妻子，没想过要造反'……那只是他挂在嘴边的话。出于某种原因我们觉得，虽然当时好像没有得到什么特别的线索，但是只要把他抓起来就能够得到线索。"他们就是出于如此暴虐的理由起诉运平的。

接着，6月28日，曾经的自由民权运动斗士、来自土佐的奥宫被起诉。他当时五十四岁，是受牵连者中最年长的。奥宫被指控在不知道炸弹使用目的的情况下，接受同乡幸德的要求，教其制作炸弹，但是他和其他受牵连者一样，按照"大逆罪"来论处按理说是不够格的。他的长兄正治时任宫城上诉院检察长，因其弟弟的这件事而下台。

以被视为"头目"的松尾为线索，从熊野开始的调查也延伸到了与《熊本评论》有关的人员。在这里，"决死之士"同样成为关键词。熊本评论社的新美卯一郎（1879 年出生）遭到起诉，理由是他从自东京归来的松尾那里听到了秋水关于召集"决死之士"的高谈阔论，并且表示了同意。同样遭到起诉的还有平日出入于熊本评论社的飞松与次郎（1889 年出生），以及当时属于净土真宗本愿寺派的即生寺（现已脱离本愿寺派）住持的三子佐佐木道元（1889 年出生）。飞松在其老家附近的熊本县鹿本郡来民町当小学教员时读过秋水写的《社会主义神髓》，并倾向社会主义；《熊本评论》创刊后，他一直是该报的热心读者。《熊本评论》停刊后，他还成为了作为《熊本评论》继承者创刊的《平民新闻》（1909 年 3 月创刊，第一期发行后即停刊）的发行人兼编辑。至于佐佐木，他只是对社会主义有所兴趣而已。三人遭到起诉时，松尾因其所办的《平民新闻》违反《报纸法》被判一年徒刑，刚进熊本监狱服刑，但是 7 月 20 日，他被以涉嫌触犯《刑法》第七十三条为由移送东京监狱，并于 8 月 12 日遭到起诉。

在搜查从纪州向熊本延伸的过程中，曾经短时间担任过《熊本评论》记者的坂本清马被以"游荡罪"[1]为由遭到东京芝地方的警察署的关押，在关押期间，8 月 9 日，因其与秋水的关系以及被怀疑参与策划"十一月谋划"，被改以"大逆罪"起诉。

随着夏日的结束，搜查的范围扩展到了关西地区。8 月 28 日，大阪的武田、三浦、冈本三人被起诉，他们曾经见过东京回来途中、路过大阪的大石，听过他讲的话。就在他们遭到起诉的第二天，29 日，日韩合并条约公布，韩国成了名副其实的殖民地。9

---

1　1908 年日本内务省发布的《警察犯处罚令》第一条第三款规定："无固定居所或者生计、四处游荡者处以三十天以下拘留。"该款所涉犯罪行为俗称"游荡罪"（日语"浮浪罪"）。该处罚令在日本战败投降后的 1948 年被废止。

月9日，啄木写下了诗歌："瑟瑟秋风，给地图上的朝鲜国涂上了浓浓的黑墨。"

搜查延伸到了神户。9月28日，神户梦野地区海民医院（或许就是后来的凑川医院）职员冈林寅松和从事养鸡业的小松丑治（两人都生于1876年）因涉嫌"大逆罪"而被申请预审。两人在高知上小学时是同学，从日俄战争爆发之前就支持反战论，他们阅读《万朝报》，成立神户平民俱乐部，举办有关社会主义的研讨会。在对两人的起诉中，涉及了内山愚童。当时愚童已于1909年5月因违反《出版法》（包括秘密出版《帝国军人座右铭》及《无政府主义道德不承认论》），以及在警察搜查其住处时发现炸药（不是炸弹）、涉嫌违反《爆炸物管制处罚规定》而被逮捕，并在1910年4月被判七年徒刑，正在横滨监狱（根岸）服刑。在被逮捕前的1909年春，愚童结束了在永平寺的修行（为期约一个月）之后，去名古屋、大阪等地，见过那里的社会主义者，他还去了神户，见了冈林寅松、小松丑治。虽然是初次见面，但一见面他就把《无政府共产》的小册子送给了这两人。愚童被指控在见面时说过"用革命活动来加害于储君（皇太子）的做法比较有效"之类的话，还谈到过炸弹的制作方法。虽然两人并不赞同愚童的意见，也没有就制造炸弹的原料说过什么出格的话，但是，他们还是被捏造成对愚童的意见"表示了赞同"，并将制造炸弹的原料名称告诉了愚童等，遭到起诉。在这里人们也可以清楚地看到，当时是如何任意起诉社会主义者以及被怀疑是社会主义者的人的。1910年10月18日，正在服刑的愚童被以触犯《刑法》第七十三条为由遭到起诉，至此，"大逆事件"的搜查阶段告一段落。

在事件范围不断扩大的同时，文部省向全国的图书馆发出训令，禁止阅览社会主义方面的图书，并指示，对提及该主义名称的教职员、大学生、中小学生给予解职或开除的处分（1910 年 8 月 4 日）。9 月初，五种社会主义文献被禁止出售，尚未出售的被扣押，之后每天都有数种社会主义的书籍被禁止发行。在《东京朝日新闻》做校对工作的啄木每天都会接触到思想镇压的信息，他在《日本无政府主义阴谋事件经过及其附带现象》（1911 年 6 月）中记载道："有的只因标题中有'社会'两字便受牵累……令人哭笑不得。"

1910 年 11 月 1 日，潮等三名预审法官向大审院院长横田国臣提交了意见书，认为全部二十六人均触犯了《刑法》第七十三条。接到该意见书后，大审院特别刑事部（审判长鹤丈一郎）听取了检察总长松室致的意见，于 11 月 9 日决定交付大审院审理。同一天，《东京每日新闻》抢先发出号外，标题为"二十六名社会主义者或处死刑"。这二十六人中的大多数，在国民不知道的黑幕中遭到抓捕、起诉，被牵扯进检察官、法官编造的故事中，并且硬被安上了各种角色。这是一幅个人思想被一步步暗杀的恐怖景象。从这一天开始，社会将给这些被牵连的"反战、和平之徒"贴上"不可饶恕之逆徒"的标签。就社会整体而言，这一标签像是用胶水粘上的一样，难以剥去。

大审院的审理定于 12 月 10 日开始，而以鹤审判长为首、担任特别审判的所有七名法官就是先前做出应该以有罪为前提将被告人交付法庭审理的决定的那些法官。

显明刚被交付法庭审理，11 月 11 日，就受到了来自本山的解除其住持一职的处分。大谷派自中日甲午战争后就奉迎国家，此时它抛弃了本派的僧侣显明。大谷派本山的这一举措也等于否定了显明的和平与平等思想。然而对显明而言，这还不是最残忍的，在此之后，还有更加残酷的命运在等待着他。曹洞宗对愚童的处分更早，1909 年 7 月 6 日，在其被以"大逆罪"起诉之前就下令免去了其林泉寺住持一职，并且在预审法官的意见书尚未提出之前，就于 1910 年 6 月 21 日给予其"清除出宗"这一最重的处分，剥夺了他的僧籍。妙心派也于 11 月 14 日对峰尾节堂做出了开除处分。

显明的外孙义雄于 2002 年过世，我是从泉惠机写的题为《高木义雄两三事》的悼念文章中得知此事的，该文刊登于《大逆事件真相揭示会通讯》第四十二期（2003 年 1 月）。得知义雄去世后，我翻出了一张照片，说得夸张一点，那是一张与日本近现代民众的历史联系在一起的照片。在东京代代木的正春寺，埋葬着在"大逆事件"被处死的十二人中唯一的女性管野须贺子。每年 1 月 24 日即这些人被处死的那一天（唯有管野一人是 25 日）前后的星期六，来自全国各地的相关人士都会在这里举行追悼集会。我手中的照片，就是 1998 年 1 月 24 日集会结束后在正春寺本殿前拍的。照片中央、身着黑色大衣的是义雄，还有一位戴着毛线织的帽子、穿着厚厚的驼色大衣、看上去个子很高大的男子。照片上他俩好像互相用胳膊搂着对方的背。与表情严肃只是稍稍露出浅浅的笑容的义雄相比，那个大个子男子的表情看上去似乎很享受这一瞬间，他就是"横滨事件"的受害者之一、新宫出生的木村亨。在亚洲、太平洋战争最激烈的时候，神奈川县特高警察[1]

---

1　全称"特别高等警察"。1911 年 8 月，受"大逆事件"的影响，首先在东京警视厅内设置，后来在其他地方相继设置。一开始是专门搜查、镇压共产主义者、无政府主义者等所谓"政治犯"的机构，后来扩大为监视和镇压所有反战人士和反战团体等的机构。1945 年日本战败投降后解体。

捏造试图变革天皇制国家体制、重建共产党等谎言，以违反治安维持法为由，囚禁了大约六十人，其中有官僚、企业家、编辑等，后来他们半数被判有罪。这些被判有罪者中，大部分是在战后被判决的。在这一事件中，有五人在狱中死于特高残酷的刑讯。木村也受到刑讯，他被迫承认自己参与了其实根本没有参与过的重建共产党的活动，在战败后的横滨地方法院被判有罪。战后，他一直在控告特高的暴力，主张自己是无辜的，要求复审。而在"横滨事件"中对受牵连者进行暴力刑讯的特高警察，正是以"大逆事件"为契机在全国设立的。

　　"大逆事件"受害者的外孙与"横滨事件"的直接受害者站在一起的照片，世上大概只有这一张。在我的耳旁，至今还回响着拍照之前、木村在"大逆事件"追悼集会上用很大的声音像是叫喊一样地说的话："各位不够愤怒。"在木村看来，"大逆事件"是国家犯罪的"先例"，但这一事件在法律上一直没有被确定为无罪，他对此非常焦虑。2005年，"横滨事件"申请复审的沉重的大门终于开启，此时距离法院对该案作出有罪判决已经过去了半个世纪。木村没有能够听到这一喜讯，他在正春寺正殿前留下纪念照后过了七个月，即1998年8月就去世了。合影后过了四年，义雄也成了不归之客。

# 第三章　向海而生

中央大学毕业时的成石平四郎

一男一女两个卖唱的艺人不知从哪里来到了舞台。男的拉着提琴，女的一边唱歌一边在台前和观众席之间穿来穿去，售卖歌本。

蝉在鸣叫……

在舞台的一角，一名年轻的女性蹲下身子，换掉了木屐上的屐带，然后站了起来。

再次传来蝉的鸣叫声……

那个女的倾听着那个男艺人拉的提琴的音色，微微一笑，撑起白色阳伞，飒然而去。

此时，光线突然变暗，接着，悲伤的音乐铺天盖地般地开始笼罩整个演出大厅，舞台正面像是银幕一样的纱幕缓缓落下，上面映现出了大大的报纸号外的字样……在此瞬间，坐在观众席第二排中间的一位六十来岁的瘦小女人突然发出了叫喊声，那声音既不是尖叫，也不是惨叫，而是像动物一般的嚎叫。坐在她边上的三十岁不到的男子被叫喊声吓坏了，他担心地在那个女人的耳旁轻轻地说道：

"妈妈，没关系吗？……要不我们出去吧？"

女人像是一下子恢复了意识，她摇摇头，小声，但是坚定地回答道：

"不，没关系……看到结束。"

女人发出的异样的叫喊声像是被震耳的音乐及其余音吸收掉了，坐在每日剧院里的数百名观众似乎都没有注意到，于是男子轻轻地吐了一口气。

　　大约已是四十年前的事了，细节已经忘记，但是那个戏开场时母亲发出的叫喊我至今都好像还能听见。那种叫喊声之前从未听到过，以至于当时我都在怀疑，这是我母亲吗？真的吓了一大跳。当时我有点后悔，想一开始不带她来就好了。……但是母亲说要看到结束，所以只能继续看下去。不过我只有半个脑子在看演出，还有半个脑子一片空白。看完戏之后总算把她带回家了。

1971 年 3 月 16 日夜晚，"大逆事件"宣判六十周年，曾经担任过大阪府立和泉工业高中教员的冈功（1943 年出生）和母亲意知子（1908 年出生）一起去看大阪工人演剧协会演出的《美丽的传说》（作者宫本研）。意知子是在该事件中被处死的成石平四郎（1882 年出生）的唯一的孩子。她的父亲来自熊野山区，为了实现当律师的人生目标，进了中央大学，靠着平日里踩缝纫机的婶婶登美资助的学费，用了五年时间从中央大学毕业，后来蒙受不白之冤被处死刑等等，意知子就是听着这些话长大的。当平四郎的人生在二十八岁被画上句号时，意知子只有两岁。因为母亲眼睛不好，所以冈功订了每日剧院前排的座位。同时考虑到母亲有上述经历，为了不让其受刺激，冈功事先让母亲看了报道死刑判决的报纸号外的复本。但是演出开始后不久，母亲的身体状况便远远超出了儿子的想象，反应之激烈连她自己都不能控制。在现实中,当时的意知子并没有接触到报道父亲死刑判决的报纸号外,但是当她一看到舞台上出现的号外便浑身颤抖,就像自己在现场一样。

1988 年去世的剧作家宫本研,创作有系列戏曲"革命传说四部曲"。按照宫本自己的讲法,意知子和冈功观看的《美丽的传说》是用连接符连在该系列第一部作品《明治之枢》后的第二部作品。这是一部蕴涵深刻的戏曲作品。作品并没有直接讲述"大逆事件",但是它反映了从事件前后开始、日本早期社会主义受到残酷镇压而处于窒息状态时期的情况。在剧中,在"大逆事件"发生时,因为此前的"赤旗事件"正在坐牢从而得以幸免的堺利彦、大杉荣、荒畑寒村,以及当时突然跃上历史舞台的年轻的女性活动家伊藤野枝以及松井须磨子这样的演剧界人士等,纷纷登场,通过他们之间进行的反复、热烈的讨论,将当时那种"凛冬季节"和社会状况呈现在观众面前。

意知子在观众席上发出异样叫喊的开头的那一幕,根据原剧本,是在演出刚开始、进入序幕的时候:

　　　　纱幕从舞台顶端缓缓降下,幕布底边的圈圈微微晃动着。
　　　　纱幕上出现"大逆事件"的新闻报道、被告们的一张张脸。

当时映现在舞台纱幕上的,大概是 1911 年 1 月 18 日发行的《熊野日报》的号外,它是最早并且身临其境地报道死刑判决的媒体。冈功这样回忆道:

　　　　虽然我是平四郎的外孙,但那时我对"大逆事件"的认识也很有限，也就像是教科书上的一页。不过听到母亲的大声喊叫，我意识到了母亲的心里充满了从事件发生的那个年代熬过来的辛酸。外祖父平四郎受不当事件牵连死去，我觉得，当时母亲的叫喊就像是外祖父在失去生命时的那一瞬间从心底里发出来的声音。母亲经常说，我只要一看到"平四郎"三字，一听到"平四郎"的名字，眼泪就会夺眶而出。

　　冈功给我的名片上印着"堺蛙圣·冈功"，这好像是他的全名。在他寄给我的书信等上面也大大地写着"堺蛙圣·冈功"这几个字，笔锋刚健，力透纸背，让看的人为之倾倒。"蛙圣"是其外祖父平四郎年轻时的号，而"堺"不仅表示居住地，也是当时与在狱中的外祖父有交流的堺利彦的姓。

　　那是母亲因病入院、卧床不起时对我说的话："我想，从今天开始，你就用你外公的号吧。"说这话时，母亲原本因为生病而显得毫无生气的面容，突然兴奋得有了血色，她抓住床的两边挣扎地坐起来，紧紧地握住我的手说："这个事情就交代给你了。"当时母亲说的话以及她的声音，听上去她不是一个人，而像是在和平四郎一起嘱托我。母亲讲这些话的时候距离那次看戏将近二十年，大概她觉得这一天已经来了。

　　1988 年 5 月 9 日，母亲迎来了八十岁生日，就在这一天，我们向外祖父报告了我继承他的号的事。

　　外祖父平四郎的墓在位于和歌山县本宫町（现在的田边

市）请川的成石家墓地，我第一次跟着母亲去那里是在 1956 年的暑假，当时我是初中一年级学生。母亲告诉我，这是你外公的墓，他因为"大逆事件"被判了死刑。墓小得像路边的石头，上面刻着"蛙圣成石平四郎之墓"，没有戒名。虽然在读小学的时候，有时也听到母亲说过，你外公如何如何，但当时还是有点不明白。自从那次去扫墓之后，"大逆事件"就印在我的脑子里了。平日里母亲全部精力都放在了抚养五个孩子上，不大说事件和外祖父平四郎的事，但是我有几次听她说过，事件发生后，她经新宫教堂的牧师冲野岩三郎先生的介绍下在东京上班的时候，见过大石诚之助的太太英子，当然那时她也在东京生活，她鼓励我母亲说："他们是无辜的，所以我们要挺起胸膛坚强地活下去。"她还告诉我母亲，自己从不在别人面前掉眼泪，要哭的话就躲到浴室里去哭……母亲说那时她自己十来岁，高小毕业，正是在学习如何做人的时候。

　　我的父亲名叫寿一郎，和母亲一样，也出生于请川。他们结婚五十年的时候，准确地说是昭和五十五年（1980），父亲突然对我说，小功啊，我告诉你，我当时真的不愿意和你妈结婚，她是在事件中被处死的人的女儿啊，结婚后，父亲我出去也会被跟踪，生出来的孩子连当兵都不行，你知道吧？当然，那是时代造成的，所以我觉得我父亲那么想也很正常。哦，当然，他说这些话的时候我老妈不在场。

在意知子的记忆中大概并没有 1910 年年末发生的事，那时，平四郎和其他二十五个人几乎每天都被迫来往于东京监狱里那寒冷刺骨的只有三叠大小的单人牢房与大审院之间。

那是 12 月 10 日星期六，东京市中心从前一天夜晚开始就急剧降温，到第二天早晨洗手盆里的冰已有三厘米之厚。早晨 5 点多[1]，从位于市谷的东京监狱的里边那道门出来了一列马拉囚车，每辆囚车由两匹马拉着，一辆，两辆，三辆……总共八辆。车轮碾碎了路上的冰霜，发出"嘎吱嘎吱"的声响，打破了拂晓的寂静。天气太冷了，从马的鼻孔里呼出的白色的气息也好像要被冻住了。

平四郎等二十六名被告被分别关押在单人牢房中，每天早晨 5 点被叫起来，吃完早饭后 6 点，被押上囚车送往大审院。大审院就在司法省的旁边，一栋红砖建造的房子（在位于霞关的东京地方法院院内，二战中因空袭烧毁）。八辆囚车中的六辆为一人一辆，分别关押着幸德秋水、管野须贺子、大石诚之助、奥宫健之、森近运平、新村忠雄，这些囚车前后两头罩着铁丝网的窗上遮着白布。另外一头一尾两辆马车上乘坐着担任警戒的警察以及看守长等。在远处，有一个年轻的女子冒着刺骨的严寒不安地注视着这队马车，她就是大石的妻子英子（时年 28 岁）。得知法院开始审理的日期后，她立即从和歌山的新宫町赶到东京，几乎每天都去探望丈夫，给他送东西。

从东京监狱出发的这八辆马车，带着车轮的嘎吱声和马蹄敲打路面的声响，沿着谷町大街驶上了陆军士官学校前面的坡，然后右转从护城河边到了四谷见附，在那儿向左，顺着麹町街六丁目然后右转，经过大横町、纪尾井町，沿着霞关一路下去（以上

---

1　原文如此。根据后文，此处的时间应为早晨 6 点多。

均为当时的地名），抵达了大审院的后门，这时的时间是 7 点 05 分不到一点，路上花了差不多四十五分钟。此时太阳已经出来了，冰封的天穹格外晴朗，但是警察和便衣像篱笆似的站在路边，空气紧张得令人毛骨悚然。抵达大审院后的囚车，马上又返回东京监狱，载上剩下的二十名被告，再次驶往法庭。

"奇怪的大阴谋""史无前例的大阴谋""令人恐怖的大阴谋""大逆无道"——当时报纸是媒体的中心，全国各地，无论是什么地方的报纸，都将其作为可恶的案件而持续、大肆报道，没有给社会留下一丁点怀疑此案是否是国家制造的冤案的空隙。为了旁听特别审判，从这天凌晨 3 点半左右就有人在大审院门口排起了队，早晨 6 点开始发放的一百五十张旁听券被一抢而空。上午 8 时许，大审院的铁门打开了，旁听者开始进入院内，在身上物品等经过反复检查之后，他们终于得以进入法庭。《时事新报》描写了这一奇怪的场景："一个一个地，仔细检查旁听者的身体。十分罕见的异常景象。检查之细，从两袖、衣服内侧、裙裤、外套一直到帽子的内胆，凡带有金属制品者一律禁止入庭。"

去往大审院二楼一号大法庭的通道很复杂，先要上到二楼，然后经过三楼，再回到二楼。现在去最高法院大法庭的话，通道也很复杂，或许在这一点上现在的最高法院也继承了过去大审院的传统。在大审院的旁听席上，麹町警察署长等近三十名警察排成一排，眼中露出警惕的目光。9 点半多一点，穿着饰有用粗线织上去的黑色鱼子橘花纹的和服短褂、戴着手铐的秋水入庭，接着是森近、宫下、奥宫等人，最后是管野。当时的报纸像说书似的描绘了二十六个人入庭的样子，刻画出了"逆徒"的形象："幸德传次郎……慢悠悠地走进来，看着旁听席露出了笑容，他向四周的人点头致意，但是脸上却流露出轻蔑的表情。……其中绽放异彩的是内山愚童和古河力作，前者穿着一身旧囚服，后者则穿的像一寸法师[1]。……管野须贺子梳了一个银杏叶式的发型，身上穿着饰有箭矢花纹的和服……外套一件淡紫色五纹双层裙子，嫣然微笑着凝视着全场，苍白的脸上显示出的淡然和毫不在意的神情，看上去令人胆寒。"（《神户新闻》）。在法庭内，二十六人被分成四排分别坐在四条腿的凳子上，每个人的两旁都站有看守以将其与其他人隔开，像是为了防止他们相互交谈。坐在面向法官席第一排右侧的是幸德，管野坐在第四排的左端。厅内燃着暖炉，暖洋洋的，从窗户外射进来的冬天的阳光洒在二十六人的后背上。大约过了一个小时，10点半过后，身材微胖、下巴留着浓密的胡子的审判长鹤丈一郎以及左右各三名陪审法官落座，接着长着一张长长的洼抠脸的总检察长松室致、在政治主导下办妥了一切的司法省民刑局长兼大审院副检察长平沼骐一郎，以及板仓松太郎等检察官入庭。在十一名为被告辩护的律师中，既有当时屈指可数的知名律师花井卓藏、矶部四郎、鹈泽总明（他们三人也是当时的帝国议会的议员）以及今村力三郎，也有平出修等年轻律师。

　　10点10分，书记员宣读二十六人的名字，特别法庭开庭。审判长鹤首先进行"身份核实"，讯问被告人的地址、姓名、身份、职业等。当轮到第二十个对象、身着红色囚服的内山愚童时，审判长问道："你是僧侣吗？"当时已经被曹洞宗革出门户的愚童答道，"我很高兴"受到了革出门户的处分。当时的报纸也报道了愚

---

1　"一寸法师"是日本一童话故事中的主角，个子矮小。

童对曹洞宗斩钉截铁的回复，说他的回答让旁听者为之一怔。

所有被告"身份核实"结束后，审判长宣布，"鉴于本案有危及秩序稳定之虞，禁止公开"，将包括记者在内的所有旁听者赶至庭外。

虽说这次法庭审理的是涉及《刑法》第七十三条的第一案，所涉案情严重，而且一审即终审，但是整个过程从开始到结束，却是在瞒着国民的情况下进行的。报社记者虽然进到了法庭前，但是他们只能用以下的形式进行报道："禁止公开后的审理情况根本无从知晓，据泄露出来的消息……"（《时事新报》）；"审理依旧秘密进行，据以下传闻……"（《东京朝日新闻》）。

成石平四郎的哥哥勘三郎（1880 年出生），年龄比他大两岁，在被移送至东京监狱之后，就患上了急性关节风湿症，发烧，全身疼痛，起卧、如厕都很困难。在法庭审理开始的这一天，他被特别允许在医生的陪同下不戴手铐进入法庭。勘三郎在写于东京监狱的《回忆所感》中，讲述了其对法庭审理第一天就宣布的禁止公开的不安：

"秘密审理，不许向一般人公开，这样做无论从哪方面看都对被告不利。……不公开，则不清楚罪状之由来，于是社会上只知其恶，一点都不知道其有值得同情之处。"

勘三郎的不安直击"大逆事件"审理存在的问题的核心，这一审理是在与社会隔离的环境中进行的。如前所述，原本按照《刑事诉讼法》应予保存的"公审始末书"找不到了，极为关键的被告们在法庭上的发言内容几乎搞不清楚。人们只能通过今村和平出两名律师留下的当时的法庭审理笔记和法庭备忘录上记载的法庭记录片段，以及他们写的批判这次审判的《刍言》（作者今村）

和小说《逆徒》(作者平出),依稀了解幽暗的法庭以及诡异的审理情形。让我们从两位律师留下的宝贵的笔记中,简单地看一下审理开始时公诉方的事实陈述吧。

在审判长宣布不公开审理后,第一次审理开始。整个上午,松室总检察长以篇幅庞大的预审笔录等为基础就公诉事实作了简单的开场陈述。首先他说道,幸德以下二十六人,除一二人例外,均长期主张无政府主义,并且"计划想要在我国实现之",即指出事件产生的根源在于思想。随后,他断言,在无政府主义思想指导下,幸德、大石、松尾卯一太以"十一月谋划"为起点,与森近一起,招募"决死之士","实施了大逆罪阴谋"。接着,松室有选择地陈述了一些公诉理由:在大阪,武田九平、三浦安太郎、冈本颖一郎三人听到大石"传达阴谋"之后,表示了"同意";随后,大石在1909年1月新宫的新年会上透露了"阴谋"一事,平四郎、显明、峰尾和崎久保表示同意当"决死之士",熊本的松尾向新美卯一郎等人讲述了这一企图,并且商量在《熊本评论》的读者中招募"决死之士"等等。开场陈述建立在两个前提的基础上:一是断言二十六名被告几乎都是无政府主义者;二是预断、独断和推断"大逆"系无政府主义思想所致。在开场陈述中,具体的宫下太吉一案被当作了背景,公诉方没有从在明科进行的炸弹实验出发建构"大逆事件",公诉方之所以这样做,是因为实在缺乏事实依据,根本拿不出具体的证据。

第一次法庭审理开审后的下午,进行了有关宫下和新村两人的事实审理。之后的审理速度极快,就像是当初已安排好了似的。第二次审理在12日一天就完成了,第三次13日,第四次14日,第五次15日,第六次16日,通过连续的事实审理完成了对所有二十六个人的事实调查。在 16 日进行的第六次事实调查完成之后，审判长就想进入质证环节，但是由于辩护人等的反对，在休息了两天之后，从 19 日至 22 日，用了四天时间，对被告进行了补充讯问。

在 23 日举行的第十一次法庭审理中，辩护方申请传唤新宫教堂牧师冲野岩三郎、松尾的妻子静枝等人作为证人出庭，但是在 24 日举行的第十二次法庭审理中，法庭驳回了有关传唤证人的所有申请。这一审判简直太残忍了，所依据的法条只有死刑这一个结果，对多达二十六名被告问罪，审理过程又极为简短，期间一名证人也不许出庭。被告们在法庭发言据说倒是自由的，但是这样做其实更加残酷，因为它让当事人对法庭还抱有期待。


在 25 日进行的第十三次法庭审理中，检察方发表了论罪求刑意见。上午先由平沼发表总论，下午，平沼和板仓两名检察官分别作了详细阐述。今村在"法庭审理摘要"、平出在"大逆案特别法庭备忘录"中，分别对平沼的论罪求刑发言作了笔记式的记录。

今村的记录很简洁："被告人奉行无政府共产主义，为遂行其信念，谋划大逆罪，其动机者信念也。"

平出的记录则略微详细一些：

一、要求本法庭审理的案件是预谋大逆罪。本法庭的被告人多数信仰无政府共（产主义）。

其进行的谋划推断是为了遂行其宗旨和信念。

二、动机在于信念。

三、其思想不仅与当今国家组织不相容且必然破坏当今
之国家组织。

平沼的论罪求刑发言与总检察长的开场陈述一样，都以二十
六名被告几乎都是无政府主义者这一并不符合实际的所谓的事实
为前提，认为所有被起诉者都犯有"大逆罪"、必须以"大逆罪"
予以追究。以此为前提，他的论罪求刑发言的核心观点是：无政
府主义这一信念即思想本身就是问题；以这一思想为基础，为遂
行这一思想，准备和谋划了"大逆"。平沼在发言中进一步认为，
无政府（共产）主义为了实现其目的，以暴动、暗杀等作为手段，
近期更是使用了炸弹，他们从"信念"出发，"无视国体，主张推
翻皇室"。具体的，如茶话会、新年会、欢迎会，甚至 1908 年夏
天秋水在因"赤旗事件"去东京的路上与大石等人在纪州熊野川
钓虾都被视为在商量"谋逆"等，将其与遂行"信念"的准备和
阴谋活动挂上钩。

今村和平出两名律师都注意到并在笔记中记下了"动机在于
信念"这句话，因为他们当时已经看出，"大逆罪审判"是国家对
个人的思想的审判，这才是该案件的核心。

在两名检察官做了论罪发言之后，松室总检察长做了总结
发言：

应依据《刑法》第七十三条加以判处。该条乃特别之法
律。自大宝律以来具有长久之历史，"是（针对天皇、皇族
之）加害行为"，包括准备、谋划。

检方要求判处死刑。

辩方的辩护发言被安排在了27日至29日三天。28日，也就是中间那天，平出修做了辩论发言，时间达两个小时。平出修是冲野岩三郎通过与谢野宽请来为高木和崎久保两人辩护的，与谢野宽是冲野在文学上的前辈。平出的辩护内容广泛，涉及到了整个案件。今天，人们可以从他留下的超过一万五千字的《〈刑法〉第七十三条相关被告案件辩护记录》中看到这次辩护发言的内容。

平出抓住支撑平沼立论的两个问题展开了批驳。首先，他对平沼作为立论前提的对无政府主义的理解提出了批驳。

平出指出，平沼对无政府主义的认识是浅薄的，"忽视了在无政府主义的历史上，根据时间、地点、人物的不同，其表述和运动的方法不同"。平出阐述了对于思想的认识，他说："从传统思想的角度来看，新思想当然总是危险的，因为新思想是对旧思想的反抗或者破坏。所以，新旧思想谁胜谁负，取决于哪一方符合人的本来的性情，这是社会进化论认可的规律。由此可见，思想本身并非危险的东西。平沼检察官好像忽视了这一道理，他笼统地认为社会主义是危险的，无政府主义应该引起恐惧，但却没有论及日本的社会主义、日本的无政府主义到底有多大程度的危险，他们又是以实行到什么程度作为他们的信条的。"

平出批评平沼的论罪发言忽视了无政府主义和其他所有的思想一样，在不同的条件、环境下，其色彩、形态、表现方式也不同这一本质。"如果我们承认依据时间、地点、人的不同，其色彩和感情也不同，那么平沼检察官所设立的第一点假设，即日本的无政府主义是以暴动为手段的危险思想这一观点就会被驳倒，随之，平沼检察官建构的总论的第一根支柱就会坍塌。"

平出驳斥的第二点是平沼在其发言中所做的关于被告的无政府主义"信念"导致其进行准备开展阴谋活动这一断定。平出说道："如果我们能够说本案被告并无此信念，则该断定将失去其基础。"平出具体阐述了"大多数"被告并无此"信念"的事实。平出还对作为案件构成大前提的"事实"提出了疑问，这些"事实"包括在东京，幸德和大石以及来自熊本的松尾进行的所谓"十一月谋划"，以及在这一谋划基础上，他们在大阪、新宫、熊本这些地方得到支持、召集"决死之士"。平出指出："既然大石在纪州向其同志讲述此事时，他已经在大阪得到了那里的同志的同意，那么，作为一般的顺序，其势必会向纪州的同志介绍自己在大阪如何讲的，又是如何得到大阪的同志的赞成的等内容，但是在本案的记录中，却一点都没有这方面的记载。""如果被告当时确有东西呼应、谋划侯机不轨这一实施意思的话，则必然会通过大石与东京、大阪、九州方面联系，其事实也必然会在本案记录中有所反映，但是我翻来翻去，一点看不到这方面的记录，难道会有如此愚蠢的阴谋吗？"平出对检方的控告嗤之以鼻。

三十二岁的律师平出把断言此案产生于无政府主义这一"信念"的"平沼论罪发言"驳得体无完肤。最后，平出以如下一段话结束了长篇辩护：

"法律的精神，被告的情况，犯罪事实真相，还有刑事政策的角度，无论从哪一方面讲，都不应对其二人（高木、崎久保）以第七十三条论处。这与其说是作为他们的辩护人的我所说的话，不如说是实际上是来自日本帝国忠良的国民舆论的呼声。"

顺便提一下，虽然平出是一位自由主义者，但他却自认为是"忠君爱国之士"。来自无名律师平出的充满热忱的长篇辩护，不仅震撼了将审判视为闹剧的管野、新村忠雄等人，也让包括秋水、平四郎在内的许多被告深受感动，他们从狱中给平出本人以及今村，甚至堺利彦等发去了感谢信。尤其是管野，她似乎特别感动。在时间落款为新年后的 1 月 9 日的给平出的信中，她用了很长的篇幅谈了自己的感想。她写道："君之高论充满力量，尤其对我而言，得以聆听君之长篇法律论已甚高兴，何况还有思想论。甚是喜欢，以至于回到临时监舍后即将君之发言告诉了并无交往之看守。……聆听君之高论，平日淤积于胸中之郁闷豁然消解，谨再次拜谢。"让我们想象一下，如果在这个法庭上的辩护人队伍中加入一直活跃到战败之后的那位热血沸腾的人权派律师布施辰治会怎样？实际上布施是平出在明治法律学校（现在的明治大学）时的同学，比平出高一届。据布施的长子柑治说，本来已经有人请布施担任管野的辩护人，但是被他的恩师矶部四郎拒绝了，矶部对布施说："你在法庭上发言恐怕会惹事。"无奈之下，布施只能作为律师参加特别旁听。

　　遗憾的是，平出这一精彩的辩护在当时社会上一句也听不到。即使我们能够理解因为是非公开审理，当时的报纸不能直接刊登被告人的发言，但还是无法理解当时的报纸上竟然连传递如此具有感染力的律师平出的发言的努力痕迹都没有。如果当时的社会能够听到哪怕是一点点平出的观点，其对"大逆事件"的看法也一定会有所不同。当时的国家屏蔽了法庭与社会之间的联系，这或许是一个理由，但是不能否定的是，国家制造的事件和当时的媒体在传播这一事件时的做法，对于社会出现的对那些被迫受到连坐的人们的迫害以及"逆徒"认识的形成，对于那种对社会主义和无政府主义思想充满偏见的社会意识的形成，以及对国家认识、天皇（制）认识的形成，都产生了很大的影响，而且可以说这些影响一直延续至今。

这一天，来自美国和德国大使馆的官员被特别允许参加旁听，他们应该也听到了平出精彩的辩护。从法庭审理开始之前起，世界各地对日本政府的做法的批评就不断高涨。11 月，在旧金山等地发生了社会主义者和无政府主义者的抗议行动，日本政府收到了几百封抗议信。不仅是美国，抗议活动也蔓延到了欧洲。这些情况通过外务省等渠道传递到了日本国内，政府也感到神经紧张，于是考虑如何应对。之所以允许美、德两国大使旁听，其背景中想必也有上述国际舆论动向的影响。

29 日，辩方的最后辩护一结束，审判长鹤即宣布法庭调查结束，当时的时间是晚上 9 点左右。

历史上首次适用"大逆罪"的审理，从开始审理不到半个月就落下了帷幕，更换了场景。这场审理的结果从一开始就可以看得很清楚。精明强干的律师今村仰天叹道："法院如同奔马般急于完成审理，连一名证人都不许出庭，此乃余最为遗憾之点。"

身处牢狱的二十六名被告中的大多数，从被拘留开始到此时，被关押的时间已超过半年，他们思念故乡、思念家人。对于他们中间的很多人来说，这是人生中第一次受到审判，更何况是在大审院进行的"大逆案审判"，他们的心志已经动摇，甚至连曾经一起说话、一起讨论，也一起欢笑过的同案犯，相互之间也产生了怨恨和猜忌。自己为何必须遭此厄运？他们不断地反省和后悔，时而自责，情绪低沉、失去斗志。他们对自己在毫不知情的情况下被蛮不讲理地拖入"大逆罪"一事感到无比愤怒，同时他们知道，"大逆罪"一旦被定罪就是死刑，所以当时与其批判国家的所作所为，他们更多想的是如何保全自己的生命。他们被关押在面积不足三叠大小的单人牢房中，与外部世界的接触受到限制，不安、绝望、希望以及微弱的期待，每天，不，时时刻刻地交替袭来。

从成石平四郎写的狱中记《无题杂感录及日记》中可以看到这些人当时的心情。12 月 3 日，已经被关了约五个月的平四郎收到了外甥寄来的一张明信片，他的外甥在明信片上写道，他会代舅舅尽孝的。"尽孝之事勿担心，请保重身体"，平四郎看到这句话后潸然泪下，他想起了母亲于里乃、妻子梦惠和两岁的女儿意知子，很是自责。他写道："因有此舅父，其大概会在学校遭受同学之欺负与辱骂。此人之舅父进了监狱，此人乃笨蛋叛贼之外甥。鸣呼，吾妻女所受之侮辱与辱骂恐将更甚。此皆吾种下之恶果，未有罪孽深重如我者。"充满担忧的平四郎已经感觉到这是一个政治事件，在法庭审理过程中的 12 月 17 日，他写道："吾甚忧将受到何种判决。吾虽于从去年（1909）起已完全抛弃社会主义，却仍遭此厄运，就此观之，此非仅从法律角度可以考虑之问题。"但是与此同时，他又怀有某种期望，他写道："吾本以为此案从一开始业已定罪，法庭审理乃形式而已，然审理极为仔细，出乎意料，就此观之或将有符合事实之判决。"平四郎是大学毕业的知识分子，后来成为熊野川上的船员。他受到社会主义的吸引，带领几十名船夫组织工人运动，要求自由。他原本性情豪爽，喜欢豪饮，充满反叛精神，被人称为熊野的快男儿，但是，从他写的《无题杂感录及日记》中可以看出，即便是这样一个人，入狱之后心志也出现了动摇。尽管当时他对判决结果还抱有一丝期望，但是这微弱的期望也很快被碾碎了。

　　判决的宣布被定在了过年后的 1 月 18 日。在宣布判决的三天前，即 1 月 15 日，外务省向日本驻外使馆发送了有关"大逆案审判"的说明，同时内务省将该说明的英译本送给了国内的英文报纸。该材料告诉世界和舆论，审判是严格依法进行的，并无不公不正。

　　之所以这样做是因为当时一些国家对该案一审即终审以及不公开审理的批评越来越强烈。但是这封说明信的内容很奇妙，信中写道："多数被告均属无政府共产主义者，为了普及其主义，作为手段之一，竟敢阴谋于本年秋季对皇室行大逆，并暗杀国务大臣、放火抢劫，恐怖至极。此事实已经多数被告之交代、炸弹之存在及其他证据所充分证明。"石川啄木从文中"本年秋季"一语中看出，该说明信在前一年即 1910 年就已经准备好了，并且从内容中看出，"政府在判决之前已预断被告有罪"。

　　1911 年 1 月 18 日是宣判日，那天的太阳像是被蒙上了一层轻雾。上午，皇宫中有"诗会开幕典礼"，法庭被安排在下午 1 点开庭。和第一次法庭审理一样，这一天特别法庭也向社会公开，但同样戒备森严。从凌晨 1 点半左右开始就有人在法院门前排队领取旁听券，人数达到二百三十四人。二十六名被告在法庭上的座位顺序，和法庭审理时相同。不过平沼没有来，他在和首相、司法大臣等讨论减刑的事。

　　下午 1 点 05 分法庭开庭，审判长先是宣布判决书的主要部分将放在后面宣读，接着指示二十六名被告坐下，然后开始宣读判决书中的理由部分。首先提到的是秋水，大致内容是，"被告幸德传次郎凤来研究社会主义，明治三十七年（1904 年）前往北美

合众国游历，与当地持同一主义者深入交往，遂至于信奉无政府
共产主义"，在"赤旗事件"及其判决之后，无政府主义者们作为
报复，为了破坏国家，将矛头指向了元首。在叙述各被告具体定
罪理由之前，审判长依据帝国宪法第五十七条"司法权由法院以
天皇之名义行使之"这一规定，特意加了这样一段话：

　　"帝国国体之尊严冠绝宇内，列圣之恩德光照四海，被告身为
帝国之臣民却灭绝大义，欲对神圣不可侵犯之圣体逞旷古未有之
凶逆……（中略）其逞凶谋逆被发现之始末如下……"

　　光是这段话就足以让人预想到判决书的主要内容。判决理由
的内容几乎和预审阶段的意见书一样。已经预想到自己会被判处
死刑的管野须贺子本来好像还有些许的期待，以为那些与此事无
关的被告中大概会有一些人被判无罪，因为她听到过被告们在法
庭陈述中揭露审讯笔录是捏造的，平出律师在法庭上的辩护也提
到了这一点。但是，当她听到审判长在宣布判决结果之前所宣读
的那些理由时，心中原本那些期待一下子消失殆尽。她在狱中记
《黄泉路边的小草》中写道："连一直信其无罪者亦被强行联结至
第七十三条，无法至极之牵强附会益甚，故此时我心中之不安如
同海啸般逐渐扩大，然而即便如此直至判决为止我仍然……"管
野聚精会神地听着审判长的宣读，生怕漏掉一句。鹤审判长读了
四十七分钟，读完之后，他立即命令全体被告起立，在喊出一声
"主文！"之后，一口气读完了以下内容：

　　"分别判处被告幸德传次郎、管野须贺子、森近运平、宫下太
吉、新村忠雄、古河力作、坂本清马、奥宫健之、大石诚之助、
成石平四郎、高木显明、峰尾节堂、崎久保誓一、成石勘三郎、
松尾卯一太、新美卯一郎、佐佐木道元、飞松与次郎、内山愚童、

武田九平、冈本颖一郎、三浦安太郎、冈林寅松、小松丑治死刑，判处被告新田融有期徒刑十一年，判处被告新村善兵卫有期徒刑八年。"

秋水等二十四人被判死刑。原本那微弱的希望也像玻璃一样一下子被击碎。听着判决，管野的身体在颤抖，已经无法控制，因为这一结果"太出乎预料，极为愤怒"。"暴虐的判决。"管野好不容易才自言自语地发出声来，但就在此刻，她的头上突然被扣上了犯人戴的斗笠，法警催着她离开法庭。"各位，再见了！"她不由自主地喊道。"再见！""多保重！"有人回答道。接着又有人喊道："无政府党万岁！"那是来自大阪的三浦发出的声音，许多被告也一起呼喊起同样的口号。"无政府党万岁！"就像平出后来假托小说《逆徒》所说的那样，这一呼喊是被告们对这一不法判决的竭尽全力的抗议。

平出在判决后立即草书了《后记》一文。

他在文中尖锐地指出，预审笔录本身有问题。他写道，"如以预审笔录本身作为证据断罪，则所有被告均具有犯所谓大逆罪之主观故意及实施该行为之自觉，悉当死罪。但若离开笔录之文字，静思事情之真相"，则仅宫下、管野、新村三人有所企划并略微表现出实施之姿态。平出无比愤怒地斥责道："二十四人悉数死刑！此为何事！此乃事实之真相？此乃时代之解释？此乃自由平等之爱？此乃智识？迎合？公正？抑或神经错乱？"面对暴虐的判决，平出没有屈服，他写道："余之信念未因此判决而有丝毫之动摇，余所见之真实依然为真实。若记录文字本身即为所有之事实，则讼诉于预审终结之时便可一并终结。"在该文的最后，平出昂然挺胸地结束了话语：

"彼等作为行使国家权力之机关作出判决，确定了事实，然此不过是彼等认定之事实。即便绝对之真实因此或被错误传播、案件于真相未向世人公布之时便已结束，但真相仍将存在而不会消失。余乃此真相之发现者，此发现千古永存。余于今日须保持缄默并满足于此。"

新田融和新村善兵卫不是以"大逆罪"，而是以违反《爆炸物管制处罚规定》为由分别被判处了十一和八年徒刑。既然如此，根据该罪名，他们两人的案子不应在大审院进行终审，而应该退回至下级法庭审理，但是在狂涛似的大量判处死刑的背景下，司法的这一错误被掩饰掉了。

"二十四人被判死刑"这一消息通过报纸的号外传遍全国，国民差不多在宣判的同时就知晓了。新宫町当地报纸《熊野日报》的号外用很大的字体标出了其中八个人的名字，他们是幸德、管野再加上熊野的六名受牵连者。新宫町贴满这一号外，大石家附近的米店墙上也贴了一张。很多人聚集在那里，其中有大石的两个孩子：一个是六岁的女儿鳞子，一个是四岁的儿子舒太郎。19日，即宣判死刑后的第二天，十二人被恩赦减为无期徒刑，他们是武田九平、冈本颖一郎、三浦安太郎、冈林寅松、小松丑治、佐佐木道元、飞松与次郎、高木显明、峰尾节堂、崎久保誓一、成石勘三郎和坂本清马。"还算好，不管怎么说命保住了。我流下了眼泪。"坂本清马后来在自传中真实地记载了当时自己的心情。其他十一人的心情大概也一样吧。但是，为何是十二人？为何其他人没有被减刑？准确和详细的理由不明，社会上只是留下了天皇隆恩的印象。连"逆徒"都得到了"恩赦"，这一做法成功地掩盖了无辜者被判死刑这一错误。"圣恩降及逆徒"（《纪伊每日新闻》）、"圣恩如天，唯有感激涕零"（《琉球新报》）、"圣德浩荡无边"（《九州日日新闻》）、"心中惟念圣主之仁慈"（《东京朝日新闻》）等等，全国各地的报纸纷纷将"逆徒"和"圣德"加以对比，不断进行报道，而不去追求事件的真相。在天皇制国家进行精彩表演的同时，被安排到地狱门口走了一遭的这十二个人则从宣判后的第三天即 21 日开始，被分别移送至秋田、千叶以及长崎的谏早监狱服刑，这些人以及那两个被判有期徒刑的人而后的人生绝对谈不上平静。

最终被确定死刑的十二人中，有十一人在 24 日，即宣判后不到一周就被处刑，管野一人在 25 日被绞死。在此，让我们来听一下成石平四郎的声音吧。

被判死刑后，平四郎给妻子梦惠寄了一封信：

"收到此信时，你大概已经知道我等被判死刑之事了。接下去我将安静就死，不会提出任何要求。我没关系，但是对哥哥来说，真是太可怜了。这一切只能说都是命中注定的吧。我已经接到死刑判决，不过距离死亡还有一点时间，有什么事情要和我商量的话可以对我说，不过关于后面、再后面的事情，一切都由你来决定吧，无论怎样都可以。我死后你未必要守着我，如果遇到好人就再嫁了吧。（至于意知子）如果你想自己抚养的话就自己抚养，如果有人家要的话送给人家也可以。一些熟人的妻子和亲戚好像要来看我，但在这种情况下绝对不要让他们来看我。这件事情要事先明确地告诉他们。即使他们来我也不会见的。不要因为看到这封信而想不开，人总有一死，不要太伤心。我先走一步，在极乐世界占半个莲花宝座等着你，所以你在世上要尽量做善事，小心不要误入地狱。关于被判死刑之事就和你说这些。南无阿弥陀佛。"

　　平四郎这封信的落款时间是 1 月 24 日。在这一天上午，从幸德开始执行，他是第四个被处刑的，死亡时间是上午 10 点 34 分。也就是说，当他的妻子收到他的信，浑身颤抖、惊愕不止之时，平四郎已经被绞死。

　　登上位于东京监狱东北角的绞刑台之前，平四郎托典狱官向母亲转告口头遗言。从东京监狱送达的时间落款为 2 月 3 日的文书上有这样一段："将骨灰葬在居村佑（祐）川寺，不喜欢戒名，碑上刻'蛙圣成石平四郎之墓'。此外，不要在墓石上刻写生前履历等。"平四郎的外孙冈功少年时代看到的墓碑上没有戒名，原来是根据平四郎的遗愿。

　　我是 1998 年首次到访平四郎和他的哥哥勘三郎的墓地的，记得当时是研究佐藤春夫的辻本熊一带的路。后来我又去过几次，不过第一次与冈功一起去是在 2007 年 8 月。成石家的墓地在本宫町请川，靠近横跨熊野川支流大塔川的成石桥桥头。墓地里有二十六座墓石，平四郎的墓石高五十七厘米，大致位于墓地的中央。1911 年 2 月 19 日骨灰被堺利彦送回来时，警察既不许白天埋葬，也不许建墓，连吊唁活动都不允许。他的遗属只得在 20 日夜里把他的骨灰悄悄地埋了，建了一块小小的墓石。1967 年 3 月，在平四郎死后五十六年，他的遗属在墓地的深处立起了一块高一点六米、用御影石[1]制作的纪念碑——"蛙圣成石平四郎兄弟之碑"。

---

1　御影石是日本神户市东滩区御影村出产的花岗岩，以花纹美丽、硬度高而闻名。

在明治政府捏造的子虚乌有的大逆事件中，平四郎、勘三郎兄弟亦受到牵连，均死于冤罪。平四郎留下绝命诗"我是一滴水，大海是我的归宿"。风霜至此已五十余年，今为两兄弟竖碑以凭吊无告之幽魂。

碑上的铭文是荒畑寒村写的。平四郎的绝命诗写在1月24日他给妻子梦惠的信后面所附的给母亲的附言中。直到纪念碑建立起来为止，平四郎等人一直被称为"逆徒"，即使在纪念碑建立起来之后，仍然有人这样称呼他们，但是他们的遗属等相关者为了给他们平反，进行了艰苦的斗争，他们的努力就像平四郎绝命诗中所说的水滴，一点一滴地汇向"平反"这一大海。

冈意知子于1990年5月10日，也就是我从冈功那里听到"蛙圣"这一名字后过了两年，结束了她八十二年的坎坷生涯。

2009年3月16日早上，在新大阪站的月台上，我接到消息，平四郎的外孙堺蛙圣·冈功倒下了，他失去了意识。

# 第四章　亡者的声音

在大逆事件中被处死的松尾卯一太的妻子静枝
及长子奚司郎（坂田幸一郎提供）

"您看到过吗，这张照片？"

坂田幸之助拿着照片问我。照片上一位穿着和服的女子坐在椅子上，她的身边站着一位穿着长裤的少年。

照片已经变成暗棕色了，让人感到年代久远。这张照片贴在有边框的卡片纸上，一看就知道是在照相馆照的——拍照用的椅子，两人面对相机的目光，背景，少年的脚上穿的像是编织的鞋子，但女子穿的却是看上去有点不协调的木屐——照片上的这一切也在证明这一点。这种照相馆现在几乎已经见不到了。看上去这是一张表现母子安康的纪念照。照片里的人是谁？我快速地回忆着脑海中保存的"大逆事件"相关者的照片，但是还是想不起来。当然，我看过的相关照片也没那么多。

我的目光移到了照片的左侧，上面写着："谨呈伯父留念松尾奚司郎摄于大正九年（1920）1月5日。"松尾？难道是松尾卯一太（1879年出生）的遗属？松尾卯一太命运悲惨，他被强行指控谋划"大逆"，蒙冤并遭处刑。我向坂田确认，他那张被太阳晒黑的脸露出了微笑，说道：

"左边的那位女子是松尾卯一太的妻子倭久（人们都叫她'静枝'），右边的男孩是长子奚司郎。照片是在釜山的照相馆拍的。奚司郎当时已经过继给了亲戚德永右马七。这张照片我是从德永的儿媳那里得到的。她说'我拿着也没什么用，还是送给你吧'，于是我就收下了。那已经是四十年前的事了。"

　　在此之前，我知道的静枝（1886 年出生）照片只有两张，那两张照片收录在当地的研究者上田穰一和冈本宏编辑的《大逆事件和〈熊本评论〉》一书中。那两张照片也都拍摄于事件发生之前，那时静枝还很年轻。坂田给我看的这张照片上的妇女和少年，是卯一太被处死后的静枝和长子奚司郎吗？我再次凝视贴在厚厚的卡片上的那张照片。

　　2008 年 5 月初至 6 月，我在熊本县寻访受事件牵连者的足迹和墓地等。1928 年出生的坂田是一位乡土史家，他手头有一些事件发生后的遗属的照片。坂田的家在玉东町木叶，这个村子在松尾的老家玉名郡丰水村川岛（现在的玉名市川岛）东边约六点五公里的地方。

　　我再次仔细地看了照片中的男孩，发现他很像《大逆事件照片集》中年轻时的卯一太。他的父亲卯一太是在东京游学期间接触到社会主义的。1904 年，卯一太结束了在东京的游学回到家乡，办起了养鸡场并开始发行月刊《九州家禽杂志》。卯一太的养鸡场规模很大，在当时的九州地区也是数一数二的。奚司郎也是在这一年出生的。静枝的老家在宇土町（现在的宇土市），与熊本市南部接壤，她是卯一太就读在济济簧中学时的朋友佐佐木常人的妹妹。静枝从熊本的尚䌼女子学校毕业后即与卯一太结婚。坂田给我看的照片上面写着拍摄于 1920 年 1 月，那就是卯一太被处刑后的第九年，那一年静枝三十四岁，奚司郎十六岁。静枝曾是公认的美人，但是照片上的静枝看上去要比她的实际年龄老，或许是事件折磨所致。但是为什么是在釜山呢？事件发生之后，静枝他们到底遭遇了什么？……让我们顺着时间稍微回溯一下。

卯一太赞成幸德秋水等人提倡的自由、平等、博爱，成了社会主义者。他将此事告诉了在济济黉读书时的朋友新美卯一郎，他们高举"自由"的旗帜，于1907年6月设立了熊本评论社，创办了《熊本评论》，该报每月发行两期。一开始，这份报纸上也不都是社会主义的文章，熊本当地国权主义政治氛围比较强烈，报纸刊登了许多批判熊本当地的秩序和体制的报道。尤其是在营业牌照价格问题引起的人力车夫的抗议活动中，《熊本评论》发表文章支持车夫们的要求，在人力车夫同盟会成立（1908年2月）过程中发挥了很大作用。据说在相关活动中新美的表现尤其活跃，引人注目，得到了车夫们的赞扬。但是1908年5月大阪的《日本平民新闻》停办之后，随着激进的坂本清马的加入以及"赤旗事件"的发生，《熊本新闻》加强了对政府的批判，虽然只是一家地方性报纸，却担负起了面向全国的无政府主义报纸的作用；当局不时根据报刊法等进行镇压，最终迫使其在创刊一年零三个月后停刊。此后虽有《平民新闻》代之而起，但该报只出了一期就被消灭。过了大约一年零四个月，卯一太等人被牵扯到"大逆事件"中，他们的命运突然发生逆转。

《平民新闻》因违反报刊法受到追究，发行人卯一太被判一年监禁。如前所述，当时正在狱中服刑的卯一太又因所谓的"十一月谋划"被追加了"大逆"罪名，于1910年7月20日被送至东京监狱。松尾的住宅遭到搜查，静枝写的日记和书信等也被扣押。当时的静枝对自己的丈夫被牵扯到了"大逆事件"中并被移送到东京之事一无所知，但是她不仅被传唤到熊本区法院，而且还被扣留了五天，受到检察官等无休止的讯问。期间，其六岁的长子奚司郎和五岁的次子同太郎（1905 年出生）以及年老的公公又彦留在家中无人照料。公公又彦也被当作证人两次受到审问。检方对时年二十四岁的静枝的审问异常严酷，强迫其做出对丈夫不利的证言。感到自责的静枝于 8 月 10 日（印戳为 12 日）给卯一太发了一封信，表示对不起。这封信也在被扣押的证据中。

"（前略）7 月 30 日，因法院传唤去警察署，在彼处被拘五日，父亲大人亦于 8 月 3 日被拘两日，并被告知因何案进行调查，两人均受到审问。如夫君所知，我平素愚钝，有关主义之事从未过问，亦全然不知。起初我如实告知不知此事，但时日太久，心中虽为不愿，念及爱儿、老父大人，加之思及事已不可改变，遂有要何回答作何回答、不知之事亦装作知晓而作答之处。夫君若在东京接受调查被问及此事，心中定会责备竟有如此之愚妇，思及于此深感不安，但愿夫君念及我思虑老父大人及二子之愚心，勿予深责。……再次祈愿夫君 11 月必定出狱。（后略）"

多么令人悲伤！读着这封信我不禁流下了眼泪，官府竟然如此逼迫一个一无所知的妻子，我难以抑制心中的愤怒。静枝不仅在熊本，还被传唤到东京地方法院接受预审法官的讯问。在当地甚至流传起她和盯梢的警察有关系的闲言碎语，这也是导致年轻的静枝精神崩溃的重要原因。

卯一太从东京监狱寄给静枝的书信共有七封。他在信中关心在家中照看幼子的妻子，不断地鼓励她，充满了爱意。

"今天乃 18 日，宣判之日。……天气酷寒。会否死刑？……应不至于。不过本人已做好准备。不论发生何事均不要害怕。爱乃永远，永远。"

从信中人们可以感受到，他一方面不认为自己会被判死刑，但同时又担心和害怕，他像是在极力安慰妻子和自己。但是，判决结果出来了，死刑。减刑名单中也没有他的名字。卯一太入狱之后，牧师的影响或许也是一个原因，他脱离了唯物论，渐渐地进入了宗教的境地。判决出来后的第三天，1月21日，他给静枝寄出了最后一封信，这封信也是他的遗言：

"（前略）不要惊慌，你身边尚有需照看之父亲大人及幼儿。我今此为神所唤，但你尚有未完之事。……我虽为无罪受刑，但请勿怨恨责备。此处有神，有如来，我会得到拯救。万勿来京。来京见面之想法徒然无益，反而扰乱彼此心境。……不知尸体会否送还。如可送还恐已是骨灰。勿行葬礼。放入柜子抽屉内即可。（后略）"

卯一太知道自己是冤枉的，但是他还是拼命想从宗教的心境出发来平抑自己的愤怒，接受即将到来的死亡。1月23日出版的当地报纸《九州日日新闻》在题为《阴谋者松尾卯一太的父亲和妻子》的报道中，介绍了静枝所说的自己丈夫"和这次阴谋毫无关系"的话，并说她"看上去很哀伤"。透过静枝向记者说的这句话，我想到了她的拼命抗争。

1月24日，松尾卯一太第九个被处刑，时间是下午3点28分。他的遗体由堺利彦的妻子为子取回，在落合火葬场火葬，之后临时存放在位于四谷区南寺町六番地（现在的新宿区若叶二丁目附近）的堺家的壁龛中。几天后，居住于玉名郡石贯村（现在的玉名市石贯）的卯一太的表兄德永右马七去东京，到堺家将骨灰取回，于2月6日落葬于松尾家的墓地。

根据坂田了解到的情况，带着骨灰的德永回来时没有一直坐到玉名站，而是在大牟田的前一站鹿儿岛本线的银水站（位于福冈县）就下了车，然后乘人力车前往松尾家的。葬礼"据说是黑葬礼，即在漆黑的夜里，连蜡烛灯都没有点，完全是在黑暗中进行的"。不过还有一种说法是，"当时不允许举行葬礼"。

2002 年 2 月发行的当地报纸，向现在的人们传递了那时的情景：原本家境殷实的松尾一家，在事件发生后因为审判费用等支出而破产，房子被拆，其宅地被以"逆徒"曾经居住过为由，"表土被挖去了约一尺厚，覆盖上了从别处搬来的泥土"。卯一太的父亲又彦、妻子静枝以及两个孩子共四人之后离开了原来的居住地，在郡内的高濑町借房子住了半年。之后，静枝于 1911 年 7 月带着次子同太郎一起将户口迁回了位于宇土的佐佐木家，也就是娘家。不过当 1911 年 4 月 11 日堺利彦来慰问遗属和家属时，她们还住在川岛，当时警察留下的记录上有静枝说想要替丈夫报仇之类的记载。奚司郎在其祖父又彦去世（1916）后在亲戚的帮助下去了釜山，后来又经中国台湾去了中国东北，战败后回到了伯父德永所在的石贯村。坂田听人说过："据说他和妻子一起在一家名为'红叶馆'的老铺温泉旅馆中给人打杂，那家旅馆现在已经不在了。"据说他在 1975 年的时候还活着。静枝后来离开了娘家，经她哥哥帮助去了釜山，在那里的幼儿园照看孩子，不过她为何去朝鲜以及她在那里的生活情况等不详。

"或许这张照片是奚司郎到釜山后见到在幼儿园看孩子的母亲时拍的纪念照吧。"坂田推测道。静枝在拍完这张纪念照后的第二年即 1921 年的 10 月 24 日下午 3 点，在大阪医科大学医院（现在的大阪大学医学院附属医院）病故，时年三十五岁。当时静枝好像在大阪和次子同太郎一起生活。母亲死后，孤身一人的同太郎去了三越上班，后来作为军属去了中国东北，在中日战争开始前的1935年死去，年仅三十岁（关于家属的移动等情况主要依据《大逆事件和〈熊本评论〉》一书）。

松尾家的墓地坐落在玉名站南边约二点五公里处的川岛，这里四周静悄悄的，都是田地，空气中飘荡着泥土的芬芳。此处距离卯一太和静枝一家人曾经住过、办过养鸡场、有过大房子的地方不远。墓地呈不那么规整的四方形，里面有十多座墓碑，卯一太的墓在墓地的北面，靠里边。他的墓碑比周围的要高，目测一下大概有一点八米。墓碑正面刻着"松尾卯一太之墓"，右侧刻着处刑日期和享年三十三岁的字样，背面刻着长子奚司郎和次子同太郎的名字。据说在骨灰落葬后的若干年中，因为警察的压力，墓碑上什么都不能写，只能保持空白。也有人说当初只是竖了一个木制的墓标。

静枝的墓不在这里。有的说在宇土，有的说在大阪，详细情况不明。她十八岁结婚，六年之后丈夫被夺走，并且很快被杀，之后十年四下漂泊，最后死在了和自己没有什么关系的大阪。静枝，你有过阳光灿烂的日子吗？你有过让你发自内心欢笑的日子吗？还有奚司郎和同太郎，你们大概是从母亲和祖父那里听到的吧？你们怎样看待事件的真相？我所认识的事件受牵连者遗属的数量极少，但是在有关他们遭遇的片段中，我感受到了家人们的悲伤，他们被国家权力、时代和社会肆意蹂躏，亲人离散，四处飘零。

最近，在松尾家的墓地竖起了书有"松尾卯一太之墓"字样的标柱，柱子部分是用水泥，名字部分是用金属板材制作的。"我已经好久没来了，不知道这里已经竖起了标柱。"坂田喃喃地说道，脸上显得有点激动。问了一下川岛当地的人，说这是由接受玉名市财政补助成立的家乡建设委员会于 2004 年建立的。卯一太过去一直被称为"逆徒"，他的墓根本无人理睬，如今终于有一线阳光照到了他的墓上，想到这里，我的心中有了些许安慰。

新美卯一郎与卯一太同年出生，从济济簧时代开始就在一起，后来又一同创办《熊本评论》，直到一起被处死。他在被判死刑后的 1 月 19 日，给事实上的妻子金子德（德子）写了一封信，信中写道：

> （前略）实言相告，小生并未犯有任何罪过，故自初时起便安心如素，听闻死刑实感意外。而今已无办法，唯有安于命运。令我不舍者唯夫人而已。我等一起已有四年，时光非短。如同你我常言，我等二人之理想乃早日成家，作为纯然之良民生儿育女。我等曾天真畅想未来、无比快乐……夫人将小生当作夫君并倾心相待，在此深表谢意……此信乃小生与夫人之离别纪念。（后略）

新美在寄出给德子的这封信之后，吟起遗诗："将死亡之身托付弥陀，此行乃去赏雪。"据说他在上绞架之前将句中"死亡"改成了"消逝"。

新美被处死的时间是上午 8 点 55 分，时年三十二周岁。

在被连坐者中，年纪最大的是曾经的自由民主运动斗士奥宫健之，他也是一个悲剧性的人物。1910 年 8 月 12 日早上，他三十八岁的妻子纱花（人们常叫她"纱和"）因肝病去世，当时他正被关在牢里。奥宫和其他很多被连坐者一样，相信自己无罪。在给姐姐和妹妹的信中，他倾述了自己的冤屈，期待后人为其雪冤："此次被判极刑万分意外……我于此案毫不知情，现今只能听任命运，静待临终，唯信死后此冤必雪……入狱以来，已遇愚妻病亡之世人难以忍受之悲惨，今日再遇如此命运。(后略)"（落款时间 1 月 23 日）。他被处死的时间是上午 9 点 42 分，时年五十三岁。奥宫非常不幸，被杀之后还一直被人怀疑是此案中的间谍。

内山愚童给堺利彦夫妇的信是在宣判后过了两天即 20 日写的，这大概是他写的最后一封书信。他的信是这样开头的："冷啊，太冷了。今天外边下着雪。牢房里没有火炉，寒冷刺骨，在这种地方写信，实在不太有趣。然而本人已接到死刑之恩命，不能偷懒。"信中写道，"先前君（利彦）送来之圣经中有'义朝拔刀求死'一句，此事已定，近期我等二十四人也将拔刀求死，只有幽月例外"（此处的"圣经"指的是袖珍本的《柳樽》[1]）。当时的内山愚童似乎还有闲情雅致写这种夹杂着俏皮话的书信，但是当教诲师问是否要给他戴上念珠时，身为禅僧的愚童想了一下说"不要了"，教诲师问他为什么，他凄惨地笑道："反正我也进不了天堂。"上午 11 点 23 分，内山愚童被处死，时年三十六岁。

被当作事件开端的宫下太吉，在法庭审理开始前不久给内兄山本久七的信中还想着自己能够出狱，当时他写道："此次种种事情随便麻烦你，还让你为我花钱（大概是审判费用等），甚为抱歉。出狱之后必当报恩。不管如何，我早晚会出狱，届时也不会到老朽之年，所以……"但是在时间落款为法庭审理结束前的

---

1　此处的"《柳樽》"是《俳风柳樽》的略称。《俳风柳樽》是日本江户中后期发行的川柳句集，川柳是日本的一种诗歌体裁。

12 月 26 日的信中，他已经意识到自己会被判死刑，此时写道："'若当初想得更清楚一些就好了'之类的，我一点也没有这种后悔，这一点请您放心。"到了判决之后，在一封时间落款为 1 月 23 日、长约一千八百字的信中，宫下太吉详细地交代了遗体火葬、墓地、遗物处理等后事，并且提到了自己很喜欢用的、好像是他母亲给他的一只手提包："从被警察逮捕一直到监狱，一直跟着我，和我缘分很深，请将它和我埋在一起。"下午 12 点 16 分，宫下太吉被处死，时年三十六岁。

大石诚之助的信中引人注目的是他对妻子英子的牵挂。这不仅反映在他给妻子的信中，也可以从他给与他关系密切的牧师冲野岩三郎的信中看出。为了让妻子放心，他在法庭审理结束后写信给英子，告诉她姐姐并手睦世来看过自己。信中写道："（姐姐）说她在我的（判决）结果出来后回去，虽然现在不知道以后的事情会怎样，但是相信那时候我也可以一起回去。"但是，宣判的那天早晨，他写给诗人和贝彦太郎的信中所附的四首诗中的一首，却暴露了他的心境。和贝彦太郎出生于新宫，当时在平出修的法律事务所上班。这首诗是这样写的："已被命运之手俘获的我，却还要隐忍着活下去。""也许会成为我的不祥之物，正在茫茫的天空中翱翔。"他的内心感到恐惧，但是他不想让妻子看到。判决出来后的 19 日，他在给英子的信中写道："有人说，'不管遇到多么难过的事，那天，最晚第二天都要吃东西，那是走出来的第一步'。你到时也不要深陷其中，而最好梳好头发，穿上和服，去亲戚、熟人家玩，听听看看世上的事情。那样的话心情也就会平静下来……或许过几个月、过几年，会出来个特别恩典啥的……一定要振作精神（后略）"。他在被处刑前三天即 23 日给平出的信中写道："一句话，感到空寂、毫无意思——这就是小生当下之心情。"关于案件本身，他向平出表达了自己的期待："从法律、政治学、犯罪学进行研究之人……除阁下外再无他人。"判决出来后的第三天即 1 月 21 日，大石对前来探望他的堺利彦说："此案真真实实是出自谎言的真实，人生归纳起来大概就是这么回事吧。"他在狱中手记中也记载了自己向堺利彦认真解释"人生出自谎言"的含义的事，他是在借歌舞伎中的台词讲述自己的命运。"十一月谋划"是典型的"谎言"，国家却由此出发制造出了一个大案，大石的这句话既是对国家的批判，也是对将谎言当作"真实"的死刑判决的批判，在这句话中也可以看到作为文人的大石对于人生的达观。大石的死亡时刻是下午 2 点 23 分，时年四十四岁。

新村忠雄痴迷于幸德秋水思想，用神崎清的话来说，是"最激进的无政府主义者中的一员"。判决前一天，他在给堺利彦的信中毫无恐惧地写道："（前略）明天是去听死刑宣判的日子。之后得以有短暂的时间悠然读书、思考，我很高兴。我根据主义判断一切、批判一切，因而内心平安之极，敬乞安心。（后略）"意志如此坚定的忠雄唯一牵挂的是其被牵连进来的哥哥善兵卫的结局。在 1 月 19 日的狱中日记中他这样写道："我向兄长谢罪。使兄长获刑八年者是我。兄长应怨我。请保重身体……如兄长之老实人定会有假释之恩典。而我则将反抗到底。"新村忠雄于下午 2 点 50 分被处死，时年二十三岁。

古河力作，身高一米三八，个子长得像个孩子。他是位于东京丰岛郡泷野川村种植花卉的"康乐园"的园丁，从事西洋花草栽培，老板名叫印东熊儿。力作的老家在福井若狭的小浜，他十七岁离开家乡，先是在神户的花店干了两年左右，十九岁到"康乐园"就职，在那里被卷入了此案。从留下的照片看，他相貌聪明、可爱，像是一个常年与花花草草打交道的青年人。力作是从购买、阅读平民社成员西川光次郎（光二郎）和山口义三等人1905年秋天创办的社会主义报纸《光》开始接触社会主义的，这家报纸的前身是《直言》。他大约从1907年起成为社会主义者，具体经过不明，可能是从出入于社会主义者川田仓吉主办的社会主义俱乐部"爱人社"开始的，这家俱乐部就在"康乐园"附近。后来，他认识了秋水，接着又认识了管野、新村等人，并自称是无政府主义者。力作人品很好，但是喜欢在他人面前说些豪言壮语，这个癖好使其陷入悲剧之中。

12月23日，法庭审理即将结束，力作给辩护人今村力三郎写了一封"解释信"，在信中流露出了自己的真实想法。他这样述说道：

"我是一个园丁，每天和大自然亲密接触，自己也变成了一个心平气和的老实人……尤其是我的专业是花卉栽培，是一桩非常美好的生意，每天看着漂亮的花朵过日子，自然会受其感化，变得像春天的霞光一样温和。在花圃中，看不到像秋霜烈日那样的男人的壮阔野心……因此，我根本没有资格参加什么阴谋活动。（后略）"这段话可以说是力作毫无遮掩的肺腑之言。

判决结果是死刑。"已判死刑。我死没关系，但是想到父母和弟妹放心不下。"（1月20日）他在给叔父的信中这样写道。在给从平民社时代开始就认识的同志冈野辰之助的信中，他诚实地加了一句："不知是今天还是明天，我每天都提心吊胆等待着……死亡真是可怕。"

小浜时代的古河力作,十六岁左右,但是容貌仍然像个孩子。(若州一滴文库提供)

力作挂念着弟弟和妹妹。他的弟弟名叫三树松(1901年出生),年纪和他相差十七岁;他的妹妹名叫纲子(1903年出生),比他小十九岁。纲子此前从未见过力作。法庭审理开始后的12月10日左右,他的亲戚带着他的弟弟和妹妹来到东京,但是监狱规定十五岁以下者不许进来探望,因此两人见哥哥的愿望没有实现。

之后,两人给在狱中的哥哥写了明信片。后来在家里整理出来的遗物中有一张印戳为12月16日的明信片,被遗属捐赠给了水上勉的"若州一滴文库"。在这张明信片上有当时年仅七岁的纲子用片假名写的一句话:"我出生之后还没有见过哥哥,所以我想见一下,哪怕只是一会儿。"纲子和三树松最后见到自己的哥哥了吗?宣判后没过几天,东京监狱允许进行特别探望。出门前,母亲八尾叮嘱兄妹俩:"见到哥哥要有礼貌。"兄妹俩来到了东京监狱的门前,在一个像是传达室的地方等着,在他们前面三米左右的地方横着一条铺着木板的走廊。小兄妹俩手拉着手,幼小的心灵中充满了紧张。出来了!头上戴着斗笠、腰上系着绳子的哥哥被看守夹在中间,从走廊的左边走了出来。哥哥像是抬了一下头上的斗笠,将目光投向两人,他没有说一句话,被前后两名看守夹着,消失在了走廊的右端。三树松和纲子两人当时一句话都说不出来，只是按照母亲叮嘱，默默地向哥哥低头行礼。这就是纲子第一次，也是最后一次见到哥哥。当时的情景像是燃烧在远方的火红的夕阳，一直留在三树松的脑海中。但是当他向"大逆事件真相揭示会"召集人大岩川嫩讲述这段回忆时，已是七十六年后的 1987 年 12 月 5 日。

大概与年幼的弟弟、妹妹见面后不久，力作就被处死了。他被处死的时间是下午 3 点 58 分，时年二十六岁。纲子在战后不久，因患肠梗阻去世，时年四十出头。

力作留下遗言，不要墓，也不要戒名，和森近运平一样，他也希望将自己的遗体交付解剖，但是如同前述，因为这一事件，他的愿望未能实现。力作的遗体在下落合的火葬场火化，在堺利彦的帮助下骨灰被葬在市谷富久町的道林寺中，而且还被取了一个戒名。为何会这样？经过情况不明。道林寺后来迁移到了町田市相原町，力作的骨灰不知所踪。三树松曾长期四处寻找力作的骨灰，但是最终没有找到。不过，在力作的故乡小浜青井山的曹洞宗妙德寺里，有一片被树木环抱的"古河氏"墓地，力作的墓静悄悄地坐落在该墓地的右侧深处。妙德寺在一个陡坡的半腰处，路相当陡峭，远处可以看见若狭附近的大海。在墓标的正面，右边刻着"慎道全逸居士"，左边刻着"行山惠力居士"，都没有院号，但是"慎道……"那一边的字体比较大，大概因为右边的是父亲慎一，左边的是力作。力作的父亲慎一在力作被处刑后的第五年即 1916 年的 8 月 23 日去世。三树松的女儿们不知听谁说的，力作的母亲八尾利用这一机会，给丈夫和长子建了一个父子墓。力作的母亲一直活到战后。"祖母八尾经常提到力作，说他是一个聪明、优秀的孩子。不过我想当时要在古河氏的墓地里给力作单独建墓恐怕很难。"三树松的女儿即八尾的孙女多贺沙由美这么认为。虽然是父子合葬墓，但是墓上只刻着慎一的行年，关于力作的什么也没有，只有那些知道他长眠于此的人才知道这是为什么。

三树松是无政府主义者，在战败前经常被警察找麻烦，但他却始终保持着精神上的自由。他活得很洒脱，一直活到1995年，也就是阪神淡路大地震那一年。就是这么一个人，也是从小离乡背井。他一直想去故乡若狭。"在外边只要听到'若狭'两个字，他的心里就会很不平静。不过他是到了战后才得以去小浜的，因为若狭那边的环境，很长时间不接受他。"多贺向我说明道，当时她的声音有点哽咽。

唯一的女性管野须贺子在1月25日被处刑。须贺子从狱中寄出的书信有二十八封之多，它们全都收在了清水卯之助编的《管野须贺子全集（第三卷）》中。此外，她还留下了狱中日记《黄泉路边的小草》，那是从得知判决结果的那天开始写的。尽管写下这些书信和日记时，她已经绝无可能逃脱死刑，但是读了这些书信、日记后，在我眼前浮现出来的依然是一位性格刚烈但又情感细腻的优雅女子的形象，而不是人们常说的"情感放荡的女人"。

和新村一样，须贺子从一开始就意识到自己将被处以死刑，她关心的是其他受牵连者。她在18日的日记中写道："我从一开始就意识到自己是死刑，只是日夜关注其他二十五名被告中能有几人逃脱。"当她的期待被碾得粉碎时，愤怒至极的她"想对不幸的其他被告人说句什么安慰的话，却因愤慨之极竟然一时想不出合适的话语，只是独自反复说道，'暴虐的审判，令人震惊'。"1月24日，不知道十一人已被处死的须贺子在给堺利彦的信中写道："（前略）听说一度被判死刑的其他被告半数以上免除死刑了。（被信件检查者删除数字）无论如何，得知被判死刑者免除死刑比什么都高兴。当事人也一定非常高兴吧。"也就在这一天，厚达一百四十六页的判决书被送到了她这里。在她写的狱中日记《黄泉路边的小草》中的"24 日"下面有这样一段话："看了歪曲事实、强词夺理的判决书，极为厌恶。今天不想写了。（后略）"这就是须贺子的绝笔。1 月 25 日上午 8 点 28 分，管野须贺子被处死，时年二十九岁。

1983 年，在高知县中村市为松公园内靠近中央的地方，热爱幸德秋水的市民们建起了一块石碑，上面有他写的流丽、豁达的"绝笔汉诗"：

> 区区成败且休论
> 千古唯应义气存
> 如是而生如是死
> 罪人又觉布衣尊

2001 年，幸德秋水刑死九十周年之际，"幸德秋水表彰会"（时任会长森冈邦广）又在石碑旁添加了一块牌子，上面书有一海[1]用现代日语所作的译文：

> 细小的失败与成功，今日已无需纠结；

---

1　一海，全名为一海知义，原神户大学教授。

不抛弃人生的追求，才是古往今来之至要；

我如此生存，如此赴死；

成为罪人之后，再次感到人类并无贵贱。

为松公园在中村站西北约两公里处，位于四万十川的东北。2008年2月，我在森冈和现任会长北泽保等人的引导下，来到了为松公园刻有秋水七言绝句的诗碑前。这首被视为绝笔的汉诗是秋水被判死刑后不久，应看守菅野丈惠卫门的请求在牢房内书就的。1977年，菅野将其捐赠给了秋水的故乡中村市。幸德秋水"身高五尺都不到"（石川三四郎），是一位个子矮小的革命诗人、思想家和媒体工作者。他反对战争和思想镇压，为了当时的人们的解放，立志对社会进行结构性改造，从社会主义走向无政府主义；他不顾疾病、贫困和迫害四处奔走。这首汉诗充分展现了三十九岁的秋水面对死亡时从容不迫的生死观。

判决出来后，秋水立即给自创办《万朝报》以来最信任的同志堺利彦写信，信中写道："首先，此乃善人荣恶人灭、可贺可喜之大团圆，我也如释重负。今日我之精神、心灵舒展，筋骨放松。虽不知此后还有数日或数周，但我决定能看则看，能写则写，然后回归为元素。对于世人之所有麻烦义务与责任，当然也将就此得以解除。"他在得知判决后的第三天，在给开办《自由新闻》以来的亲密朋友小泉策太郎的信中开玩笑似的讲述着自己的心境："一切越来越将成为永恒之欢乐。我亦自觉负担减轻。所谓死亡者，如同高山上之云彩，远看似一大怪物，若走近一看，则什么都没有。对唯物论者而言并无其他意义，乃钟摆停止而已。尤其是既无父母也无子女的我，孑然一身，睾丸亦无人牵挂[1]，故请放心。"秋水对蛮不讲理的国家无比愤怒，但其被囚后意志坚定，他在法庭上几乎没有说过自己，而是像管野一样，一心一意想把受牵连者救出去。

"绝笔汉诗"中所呈现出来的秋水的"洒脱的生死观"具有很强的穿透力，我想他之所以面对生死如此洒脱至少有两个背景。一是前面所看到的他给今村等三位辩护人的"陈辩书"。虽然在这篇"陈辩书"的后半部分，他记述了审讯的残酷，但是超过一万字的"陈辩书"的大部分内容旨在消除对于无政府主义的误解。石川啄木从平出修那里借来过"陈辩书"，他在 1911 年 1 月 5 日的日记中这样写道："幸德写有'陈辩书'。书中曰室内无火炉，写时指尖冻僵，笔三度落地。该文对有关无政府主义之误解作了辩驳，陈述了检察官审讯时之不法。根据该文观之，幸德自身绝非敢于行此无谋之举之男人，而此判断亦符合平出君所言法庭调查之事实。"啄木敏锐地判断出这篇"陈辩书"是了解事件本质的极为重要的文献，他将其命名为《A LETTER FROM PRISON（狱中来信）》。

牢房里非常寒冷，人都快冻住了，秋水的"陈辩书"就是在如此恶劣的环境中怀着坚定的信念写就的。"陈辩书"的核心是要消除检察官们所认为的"无政府主义者就是暗杀者"这一误解和"妄见"，因为幸德想把那些被当局以受自己思想影响为由、以"大逆罪"治罪，并且将要被绞死的人拯救出来。这是他写"陈辩书"的直接目的。此外，大概也依稀含有挫败国家利用"大逆事件"、在社会上给无政府主义打上恶的思想的烙印这一目的想法。

---

1　意为没有关系亲密的女人牵挂自己。诙谐的话语显示了幸德秋水面对死亡时的豪放与洒脱。

在"陈辩书"中秋水首先陈述，无政府主义思想"系与东洋之老庄哲学相同之一种哲学，其以为现今依靠权力、武力施行强制统治之制度终将消失，以道德、仁爱结合众人之相互扶助、共同生活社会之出现，乃人类社会进步之自然大势。要实现吾等之自由幸福，须遵从此大势"。接着他极力说明，"无政府主义者必然憎恶压制、厌恶束缚、排斥暴力，世上无其他如其这般爱好自由和平者"。他认为，在这种无政府主义者当中，主张暗杀者只是少数；他还基于古今东西的历史事实直截了当地写道："说到暗杀主义，勤王论爱国思想乃最为激昂之暗杀主义。"

他辩道，回顾历史，"初时多用暴力者，毋宁说是当时之政府有司、富豪贵族，而民间志士、劳动者常受彼等暴力之挑衅，被残酷虐待"，只是于走投无路、迫不得已时才以暴力加以对抗。

秋水还对革命的性质、革命运动、直接行动的意义等进行了说明，并就无政府主义者如何对待皇室一事表达了意味深长的看法。他反问道，无政府主义者希望"实现不受武力权力强制之人人自由之社会"，在其理想社会中"又有何人拥有干预、命令皇室之权力？"他断言，"但使不妨碍他人之自由，则皇室尽可自由、随意地保有其尊荣和幸福"。

最后，秋水强调，无政府主义者不喜好暴力，无政府主义之宣传并非暴力之宣传。他提到，在欧美也有对无政府主义之诽谤与中伤，但其自由受到保障。他批判道，只有在日本和俄国，对无政府主义者"非但横加粗暴之迫害，剥夺并践踏该主义者之一切自由权利，且其生活之自由亦被剥夺"。

"陈辩书"通篇贯穿了完美无瑕的自由思想。在 12 月 22 日的法庭上，秋水好像做了相同主旨的陈述。通过给律师的"陈辩书”以及在法庭上的陈述，秋水得以在因“大逆事件”被囚禁的场所和状态下，以阐述自己的思想的方式来拯救诸多受牵连者，他大概因此而获得了某种“成就感”。

秋水面对生死如此洒脱的另一个背景是他至爱的母亲的离世。法庭审理开始前一个月，1910 年 11 月 20 日，秋水在狱中完成了《基督抹杀论》。八天之后的 28 日，他年已七十、不顾路途遥远从中村来到东京的母亲多治，在堺利彦的陪伴下来探望了秋水。一个月后的 12 月 28 日，回到家乡后的多治突然离世。秋水因为此事受到的打击有多大，让我们看一下他写给堺利彦的信：

> （前略）就我而言，母亲之死毋宁说乃意料中之事。唯其意料之中，故尤为痛苦。十一月末，母亲在君之陪伴下来面会时，若能尽情哭诉，或不至于此。其时母亲强忍悲伤，未落一滴眼泪，个中艰辛定然侵彻身骨……▲二十八日正午休息时，于法庭一隅，花井君与今村君等神情悲伤告知此事，其时我脑中竟思果然如此，一时不知如何作答，见此异态，诸君恐亦愕然。待回到临时监所，端起便当盒时，忽觉心中一阵难受，数滴热泪落于稀粥之中。▲……那日最后告别之时，我说恐以后不能再见，母亲掷言“你亦要振作精神，早日出来”，转身离去。其音容栩栩如生，今又浮现眼前，忆及于此，泪流不止。……而今我在此浮世已无丝毫之牵挂，仅此不孝之罪已当万死。

通过以上这些话语，我们可以感觉到隐藏在秋水的“洒脱”背后的东西。

虽然说自己已毫无牵挂，其实秋水当时还是在写计划由五章构成的"论文"，直至被带往绞架。他自己将这篇论文取名为《死刑之前》。读《死刑之前》，可以看到一个正在与死（刑）进行格斗的秋水。这篇论文，他刚完成第一章就停笔了。

幸德秋水被处刑的时间是上午 8 点 06 分，时年三十九岁。当时在东京监狱担任教诲师的真宗大谷派僧侣沼波政宪后来一直说，包括秋水在内的几乎所有的被告都"从容"就死，但是只要读一下死者们的书信等，就可以发现事实恐怕远非如此。即使他们有"从容"就死的一面，也不意味着他们接受和承认了对自己的毫无道理的逮捕、关押、起诉和判决。

秋水的遗体由堺利彦取回，次日在落合火葬场火化。堺利彦的女儿真柄时年虚岁九岁，她还记得当时的情景："一天，在六畳大小的客厅的壁龛上，排放着四五个白布包裹的盒子，那是明治四十四年（1911）1 月 24 日被处死的大逆事件相关者的骨灰盒。其中一个大概是幸德先生的。"堺利彦在因"赤旗事件"坐牢时就想到过出来后要做生意，"大逆事件"法庭审理结束后不久的除夕，他在自家门口竖起了"卖文社"的招牌，从翻译到撰写广告，只要是和文字相关的，什么活都接。宫本研写的《美丽的传说》的舞台，就是卖文社。

"新宫町民的恐惧"——1911 年 1 月 24 日发行的和歌山田边的地方报纸《牟娄新报》上刊载了以此为标题的报道。报道中写道："大逆一案，新宫町竟有三名大罪人（大石诚之助、高木显明、峰尾节堂），彼等不畏至尊，乃本地之一大耻辱。19 日，町公所之议员及区长等开会商定，于 21 日在新玉座召开町民大会，以表反省之诚意，届时新宫中学教师将就我国国体及历史发表演讲。"
虽然并没有迹象表明"感到恐惧"的町民确实举行过集会，但是
町内的气氛确实越来越凝重。据《新宫市史》记载，判决出来后，
即在速玉神社（现在的熊野速玉大社）举行了町民大会，通过了
《谨向宫内省呈送道歉信之决议》。在该地留存的小学的《沿革史》
中，也介绍了当时官府和报纸传播"恐惧"气氛的情况。

> （前略）此次阴谋大逆乃印刻于我国史之一大污点。吾等
> 臣民深感恐惧，而彼等逆徒之凶恶实令人憎恨。……町民中
> 竟有大石诚之助及承蒙上恩得以免死之峰尾节堂、高木显明
> 之徒，本町之耻辱实无过于此者。奉职于本町小学者尤须觉
> 悟今后自身之责任更加重大……

在"恐惧"笼罩着整个社会的背景下，有一段关于出生于熊
本的新美的访谈记录读来意味深长。新美的堂兄弟中名叫"三郎"
的老三（一说是其弟弟胜三郎）去东京，从堺利彦的住处取回新
美的骨灰，于1月29日抵达熊本。以下文字记录了当时的情况：
"到达熊本站时，大批人力车夫同盟会的人前来迎接。……大家流
着眼泪在地上跪拜。还有人对着拿着白色木盒的父亲说：'请上车
吧。'父亲拒绝道：'我不要车。'但是车夫们说：'请不要客气，
让我们送您吧。'硬是将他劝上了人力车，将他送回了位于（熊本
市）新屋敷的家中。当然，车费啥的都没要。据说当时拉车的车
夫是我父亲同一个年级的同学，名叫津留。"讲得非常具体。这是
三郎的第三个儿子新美一喜从他的父亲那里听到的。从中人们可
以看到人力车夫们对帮助他们建立人力车夫同盟会的新美的感恩

和热爱。

在森近运平的家乡冈山县高屋村，出现了挽救运平生命的活动。森近运平是"大逆事件"受牵连者中唯一一位有人为之发起救命活动的人。宣判后的第三天即 1 月 20 日，运平发信给弟弟良平等人，信上一开头就醒目地写着："死刑！判决完全出乎意料。……实际上直到宣判那一刻我还估计自己大概会判无罪，还想了很多将来的事情。"我过去看到过这封信的复印件。2009 年 3 月，运平的外甥细井让我看了它的原件。信上开头的那几个又黑又粗的大字跨越百年时空，依然在诉说着："死刑！判决完全出乎意料。"

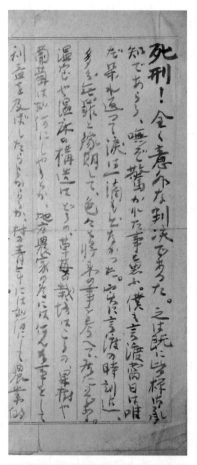

判决出来后不久森近运平写的信(细井好提供)

高屋村的村民对运平被判死刑深感震惊，为了救他，运平的朋友和村里有影响力的人士立即聚在一起，托邻村神道教团金光教的耆老佐藤范雄提交免死祈愿书。佐藤当时深受宫内省的信任，他接受了人们的请求，去东京见了内务省的警保局长有松英义，但是已经来不及了，此时死刑已执行。当然，即使当时死刑尚未执行，国家权力也不会改变主意吧。不过这一过程表明，即便是在寒冷的冬天，在这个保守的村庄里，在"恐惧"的气氛笼罩下，仍然有一些人相信运平，觉察到这是一起冤案，并且勇敢地采取了具体行动。运平在世时已经看出支撑天皇制的本质上只是神话，尽管当时村民们挽救运平的行为并不意味着他们已经意识到了这一点，但是我仍然希望高屋村村民的挽救运平生命的活动能够留在历史的记忆之中。

金光教的耆老佐藤为何会出来援救运平呢？渡边顺一（现任金光教羽曳野教堂教长）在金光教教学研究所从事研究工作时曾经调查过此事的来龙去脉。他说，金光教教祖的出生地金光町（现在的浅口市）就在高屋村所在的艺备地区，这一地区教徒人数也比较多，运平的父母亲也是教徒，而且森近家和佐藤家有远亲关系。日俄战争之后，佐藤作为教监领导教团，注意到运平在当地民众中的影响力以及所受的深厚信任。从1909年春运平返乡探家开始，佐藤就带着使其"思想去极端化"，即放弃原来的主张、皈依金光教的目的开始了与运平的接触和交流。在接触、交流的过程中，佐藤被运平的知识、人格和实行力所折服，开始对他另眼相看。但是，佐藤所持的是家族国家观，他认为此事件是"令人恐惧"的"大不孝"事件，国民应该就此案向"父亲"天皇赔罪。也就是说，他并不认为这一事件是为了思想镇压而制造出来的国家犯罪，也不认为运平是国家犯罪的受害者。即便如此，在该事件发生后，佐藤还是录用运平的堂兄弟到自己担任校长的金光中学当书记员。这在金光图书馆收藏的当时的职员名录中可以确认，运平的堂兄弟在那里工作了十八年。就像后来担任金光町教育委员会主席的内田律而所写的那样，佐藤是"在当时的舆论环境下，尤其是在偏僻的乡下，与大逆罪有联系的一家一族受到世人的指责、根本找不到工作"的情况下录用此人的。佐藤就是这样一个人。他不仅参与了此时的援救活动，而且在运平被处刑十六年之后，再次出来参与了援救受牵连者的活动。

运平被处死之后，当时的冈山县知事谷口留五郎在 1 月 28 日出版的《山阳新报》上表示，"冈山县出了森近运平，令人不胜恐惧"，强调必须从青少年开始取缔社会主义。这表明他已接到文部省给各地知事的通知，该通知中写道，此案"表明对国家、圣明全然不知畏惧，为印刻于日本历史之一大污点。今后须愈加注重教育，致力培养作为日本国民之坚实思想"。

运平被处死了，这一事实像巨石一样压在了原本一直信任运平的村民的心头，他们脑海中的那个运平成了谋害天皇的"逆徒"，过去运平在村里的形象被深深地埋到了"冻土之下"。村民们的天皇观与"从上"意识重叠在了一起，造就了闪电过后的漫长黑暗。

而此时，还有更加残酷的事在等待着已被处刑的运平和他的遗属。

# 第五章 谋叛论和慰问之旅

担任卖文社社长时期的堺利彦（摄于 1911 年
3 月）

那时武藏野的晚秋风光很美。芦花，即德富健次郎[1]是 1907年 2 月开始与妻子爱子（本名蓝子）在东京府北多摩郡千岁村粗谷（现在的东京都世田谷区粗谷）开始半农居的生活的。在缀合了六年生活所感的散文集《蚯蚓的呓语》中，芦花用色调鲜艳的笔触描绘出了 11 月的武藏野的风光：

秋高气爽，天空透明得像澄澈的琉璃。朝阳美，夕阳也美。月色如银，星光淡雅。原本金黄色的田野渐渐变成了白茶色。漫山遍野的杂木林，还有村里的落叶树，树叶变成了红色、黄色，还有褐色，呈现着最后的绚烂。柚子树的绿叶还在，树上挂着金灿灿的果实。光彩和明亮从空中降临，也从地里涌来。

芦花当年过着几乎是晴耕雨读的生活的地方，而今在它的东边已经建起了环八高架路，不得不与噪音和震动做伴。芦花的旧居坐落于芦花恒春园。置身园内，被玉兰、百合、红枫、麻栎、柞树等树木环抱，空气中像是弥漫着往日武藏野的芬芳。

---

1　德富芦花（1868—1927），日本近代著名作家。本名德富健次郎，芦花是其笔名。其兄德富苏峰（本名德富猪一郎，1863—1957），是日本近代著名作家和思想家，二战甲级战犯。德富芦花为了显示与其胞兄的不同，曾将自己姓氏中“富”字上的一点去掉，因此在日本，其姓氏的日文汉字有时被写作“德冨”。中文中统一使用“德富”。

那天是 1911 年 1 月 22 日星期日，冬日里的武藏野一派枯寂。早上，下了一天的大雪停了，天空一下子放晴，虽然寒冷彻骨，但碧空和白雪相互映衬，令人心情愉快。大概上午 10 时许，有两个学生踏着甲州大道上的积雪来访，他们是来自第一高等学校（现归属于东京大学）辩论部的河上丈太郎和铃木宪三。在门口，两人请芦花夫人转告，他们是来请先生去演讲的。芦花是一位出名的不太好讲话也不会轻易接受演讲邀请的作家，所以河上他们有些不安，不知能否见到芦花。过了一会儿，芦花夫人回来了，把他俩带进了位于正屋后面的别栋"梅花书屋"，那是芦花的书斋。屋子不大，四畳半，里面生着火盆，暖洋洋的。两人隔着火盆紧张地看着坐在对面著名的文豪：

"先生，我们想拜托您一件事。辩论部年底负责人更替的时候，按照惯例将举行演讲会。五年前先生来给我们做过演讲，这次想请先生再来做演讲。不知可否？新渡户（稻造）校长也已经同意了。"

当时河上二十二岁，他在战后当上了社会党的委员长。铃木后来做了律师，但是年纪轻轻就去世了。芦花出生于 1868 年，时年四十三岁。当时他已是知名作家，创作过《不如归》《回忆》《黑潮》等许多引人关注的作品。1906 年，他还跑去俄罗斯，见了托尔斯泰。回来之后，他开始远离文坛。面前的芦花一头短发，戴着黑色边框的眼镜，脸上长满了胡子，八十公斤的身材已经超出了优雅，透出一种震慑力。河上内心在想，大概会被拒绝吧。

"可以。"

没想到芦花如此爽快地答应去做演讲，两名学生紧张的心情一下子消失了。河上抑制住心中的激动问道："那么，题目怎么办?"

"嗯……"芦花想了一下。过了一会儿,他用低沉浑厚的嗓音喃喃地说道:"要讲讲我的不满的话,一高是个不错的地方。"

芦花一边说着一边用拨火的筷子就着炉灰写着什么。

河上他们顺着火筷的尖头一看:

"谋叛论。"

当他们看到灰烬中的这几个字的同时,芦花那低沉的声音也在他们耳边响起:"谋叛论。"

河上他们瞬间一惊,是"大逆事件"啊。恍然大悟的河上他们兴奋得似乎全身都要颤抖起来。芦花没有再说什么,河上他们也没有再问什么。演讲的日期很顺利地定在了2月1日。四十年后,河上在1951年10月号的《文艺春秋》上回忆了当年那紧张的瞬间。

1月22日,二十四人的死刑判决不用说,之后其中的十二人减为无期徒刑一事也已经公布了。虽然粕谷在东京的西边,消息的到达要晚一天,但是当时也已经传到了。芦花从"大逆事件"法庭审理开始之日起,就非常关注其走向,在判决将出未出之时,已根据当时的氛围意识到死刑难免。崇拜天皇的他对爱子流露过这样的心声:"要是陛下能够实行大赦就好了。"结果如他所害怕的那样,二十四人全部被判死刑。得知判决结果之后,芦花的生活中心立即转移到了如何救人上。这一时期,芦花没有记日记,但是爱子记下了芦花鲜活的生活模样。虽然爱子的日记没有公开发表,但是人们可以通过神崎清和中野好夫等人的介绍窥得一斑。

死刑宣判后的第二天即1月19日,得知十二人减刑的芦花并不知道那是元老山县有朋、首相桂太郎和司法省民政局长平沼骐一郎等人事先策划好的花招，而将其理解为当时报纸上所写的"圣恩浩荡"，并且期待一定会再次减刑。尽管如此，出于担心，他还是在 21 日给他的评论家哥哥，同时也是桂太郎亲信的德富苏峰（猪一郎）写信，求他帮助救命。在当时消息封锁的情况下，芦花并没有意识到"大逆事件"本来就是政府为消灭社会主义和无政府主义而制造的一场国家犯罪，也不知道这场甚至连是否有过实施"大逆"的准备和阴谋都没搞清楚的靠不住的审判的实情。

虽然演讲主题定为"谋叛论"，但是具体到底讲什么一开始芦花并没有考虑。他白天黑夜想的都是如何救那十二个人的生命。25 日早上，芦花终于草拟了一封题为"给天皇陛下的祈愿书"的直诉状，并将其寄给了同样来自熊本的素不相识的同乡池边三山，请他登在报纸上，因为池边当时是《东京朝日新闻》的主笔。芦花是在这天的下午得知死刑已经执行的消息的。当他知道一切都已经晚了时，立即给池边发出了第二封信。在这封信中，芦花向池边表示问候之后写道："此后天下定将越发多事。"他给苏峰也发出了同样内容的信。在爱子的日记中记下了当时其丈夫深感震惊的模样：

听着丈夫断断续续地读着《朝日》上有关受刑者们临终的报道等，我的心中也无比沉痛，悲伤的眼泪止不住地涌出眼眶。丈夫劝我，别哭了，别哭了，但是他自己也止不住地哭。……（中略）多么残暴的政府啊，想到那些身体微微颤抖、静静赴死的牺牲者的心情，我们悲愤不已。据说被当作大逆贼的这些人连遗体都无人认领，我们想先出去看一下，如果没人认领的话，就先放到这里来。此地距离（吉田）松阴墓地不远，也可以将他们葬在这里。后来在报纸上看到加藤时十（次）郎、枯川（堺利彦）将遗体领走了，方才作罢。

　　　　　　　　　　　　　　——《聊着聊着就到了晚上》

　　26 日天亮，芦花的悲伤和愤怒有增无减。他的妻子记录下了丈夫发出的悲愤的话语："政府的谋杀，暗杀！""这是政府的阴险伎俩啊！""实在是太可怜了。""真是让人怒火中烧！"他好像就是从此时开始准备演讲稿的。芦花妻子的外甥浅原丈平当时是东京高等商业学校（现在的一桥大学）的学生，据他说，芦花想了三天三夜，到 28 日早上基本完成讲稿。他先读给爱子听，爱子记载道："我不禁拍手叫好。"据说他亲笔写了三稿，芦花纪念馆中展示的是第一稿以及第二稿的一部分，文稿上作者留下的大量反复推敲的痕迹引人注目。

　　2 月 1 日星期三，多云，芦花去一高演讲。那几天芦花的肠胃不好，早上吃了点粥，大约中午时分坐上人力车前往位于本乡的第一高等学校。演讲从下午三点开始，地点在能够容纳一千人的第一大教室。因为芦花的人气很旺，其他学校的学生也蜂拥而至，整个会场塞得满满的。当时的辩论部成员、日后成为东大校长的矢内原忠雄在日记中写道，当时很多人只能站在会场外，"从外面趴在窗户上听"。演讲会开始了，先是辩论部委员的更换、介绍、致辞，此时讲台上的布告写着"演讲题目未定"。辩论部委员更换环节结束后，主持人宣布稍事休息。在休息的时候，演讲的题目挂出来了——《谋叛论》，顿时，"会场中回荡起了一种异样的气氛"，浅原回忆道。

芦花在演讲开始时说道，"我住在武藏野的一个角落"，每次去东京都会经过看得到有井伊直弼的墓的豪德寺，以及吉田松阴的墓和松阴神社的地方，以此为开端，他赞扬了幕府末年至明治维新这一大转折时期"志士"的思想和行动，说："无论是引领新思想的兰学家，还是以改变时局为己任的勤王攘夷的志士，就当时的权力而言，他们都是谋叛者。"接着，他讲述了托尔斯泰式的四海同胞、人类一家的世界观，随后便进入了第一主题。

"刚一进入明治四十四年（1911），我们就早早地杀了十二名谋叛者。"芦花感叹道。接着他表示，"我的立场与幸德君多少有些不同……我是癫病患者，喜欢胡思乱想，讨厌流血"，"假如确有大逆之企图"，"那确实非常遗憾"，"我们不能赞许暴力"。然后他话锋一转，开始阐述其一贯主张的"不杀论"。

"这十二个人，我还是不希望杀死他们，而是希望他们活着。他们（中略）并不只是贼，他们也是志士。即使是贼，也不应该处以死刑。"芦花公开讲述了他的废止死刑的主张。接着，他将批判的矛头进一步指向了政府："社会主义有什么可怕的？世界上到处都有。但是气量狭小、神经过敏的政府却起了杀心，尤其当社会主义者针对日俄战争提出非战主张时，立马加强镇压，结果从足尾骚乱发展为'赤旗事件'。"芦花希望他们活着的那十二个人为什么会被杀死？在进入这一主题前芦花首先讲了一番自己对天皇的想法，他说："各位，在我们的血管里自然流淌着勤王之血，我本人非常喜欢天皇陛下。"接着他对政府展开了激烈的批判，认为在那样一位陛下之下杀了十二个人，就成了君王方面的责任了。

"政府对幸德等人采用的手段，从一开始就像蛇吞蛙一样，非常阴险冷酷。……事先布好网，把鸟赶过去、引进去，最后把网扎住；事先挖好陷阱，将猎物一点一点往那里赶，待掉下去之后立即将盖子盖住。也许他们是为国家考虑，但是在上天看来，这无疑是谋杀，谋杀。（中略）通过死刑宣判来威吓国民，然后恩赦其中的十二人来稍稍讨好一下国民，对其余的十二人则突然予以处刑——不，不是处刑，而是暗杀，是暗杀。"

"是谋杀，是暗杀"，芦花在猛烈抨击政府的同时，也将锋利的矛头指向了宗教界："就出家的僧侣、宗教人士而言，要能有一个人站出来为逆徒乞命不是很好吗？然而不仅没有，自己下面的分寺出了逆徒，就慌忙将其逐出教门、剥夺僧籍；上书表示畏恐也就算了，其中竟然连一句请求大发慈悲的话语都没有，令人情何以堪！"

在演讲的最后芦花说道："各位，幸德等人被时下的政府视为谋叛者杀掉了。各位，我们不要害怕谋叛，不要害怕谋叛者，不要害怕自己成为谋叛者。新事物通常就是一种谋叛。""我们不能不生存，为了生存就必须谋叛。"

芦花在反复呼吁不要害怕谋叛之后，这样结束了他的演讲："各位，我们必须毫不懈怠地磨炼我们的人格。"当他说完最后这句话时，超过千人的讲堂里先是一片寂静，随即"响起了雷鸣般的掌声，那掌声像是要把讲堂都震塌了"，浅原在战后回忆起当时的情景时依然兴奋不减。

演讲的邀请者河上对神崎说："这种大讲演一生中不可能听到第二次。演讲结束后我和同学们一起满怀感激送走了芦花，我的眼前至今仍然浮现着芦花穿着木屐、沐浴着夕阳走出校门的身影。"

用现在的眼光去读《谋叛论》可以发现不少不足之处：人们对他的思想中蕴含着的强烈的天皇崇拜主义会有少许厌恶，认为他当时即使不知道"大逆事件"的本质（他当然不知道），对于天皇的崇拜也太过分了；此外，他将被杀的十二个人视为为主义而殉死的"志士"等，与当事人的想法有很大出入，等等。但是，相比《谋叛论》所具有的现在读来依然让人惊心动魄的感染力而言，这些不足都算不了什么。虽然演讲是在一高这一有限的范围内进行的，但是毕竟当时距离死刑执行仅过去一周时间，在那么强烈的言论镇压的氛围中，他竟然在公开场合直截了当地批判"大逆事件"及其审判。芦花反复地强调那十二人是"被杀"，呼吁"起来谋叛"，主张将"谋叛"作为生存的核心，他将这些话语赠送给了一高的学生，而这些学生中将会有很多人进入帝国日本的统治层。

中野好夫在《谋叛论》（岩波文库）的解说中拒绝将芦花演讲中所体现出来的天皇（崇拜）观单独作为题目，但是他对芦花的《谋叛论》大加赞赏："当时敢于公然在东京的中心发言为叛徒辩护的，几乎只有芦花一人。尽管我对他发言的内容不满意，但是还是认为这件事本身值得特别一提。"在此之后，像芦花那样正面批判"大逆事件"及其审判的言论，在日本近代史上再也没有出现过，即使在被视为首度进入民主主义黄金时代的"大正民主"时期。不过不知何故，芦花在演讲中论述的"不要害怕谋叛"这一核心观点在浅原的回忆录中却没有发现，而他的那段回忆是根据其对演讲的认真的记录撰写的。是芦花没有说过？还是浅原当时觉得这一观点过于激进而没有记下来？不管怎样，浅原的回忆录还是传递了芦花演讲的主要内容。不过，既然讨论的是"谋叛"

问题，仅仅提"磨炼人格"实在是太不够了。确实，芦花在演讲的时候没有看讲稿，讲的内容也未必和原来准备的讲稿一致，据说有的地方做了相当程度的省略，还有一些内容是讲稿上没有的，河上在回忆中也这么说。收录于《芦花全集》（1929，第十九卷）的《谋叛论》中有多处文字被删除，或是被用符号替代了，但是从旁边所标注的"学生们欢呼"之类的附加说明中可以看出，被符号替代掉的芦花的话语中大概有"不要害怕谋叛"之类的具有煽动性的激烈语言。我是这样推论的。在此引用的芦花的演讲内容来自中野编的《谋叛论》（草稿）。

次日，文部省得知芦花作《谋叛论》演讲一事，随即将新渡户校长叫了过去。最终给了校长和辩论部指导教授畔柳都太郎最轻微的批评处分，芦花本人和河上等均未受到追究。

《谋叛论》大概也是芦花对那些被留下来的、被夺走了所爱之人的人们的"慰问之辞"。

对于当时那些思想尚未定型的学生而言，这场《谋叛论》演讲大概成了帮助他们掌握"大逆事件"本质的契机。或者说，他们也许会因此在今后的生活中，在思考国家与个人的关系时，意识到"谋叛"的不可或缺。根据校友名录，在当年的一高学生中，有后来在"横滨事件"中受到镇压的细川嘉六，有战后成为最高法院院长的田中耕太郎，或者说，有河合荣治郎、芥川龙之介、山本有三、久米正雄、菊池宽等，而近卫文麿也是当时的听众之一。

因为当局隐瞒"大逆事件"及其审判的实际情况，所以当时社会上对该事件的性质有一种不信任感，总觉得有什么地方有问题。2月6日在国学院大学举行的"大逆事件演讲会"到场听众之多也反映了这一点，这次演讲会是在芦花发表《谋叛论》演讲后的第五天举行的，听众超过一千人。宗教学家、哲学家南条文雄、井上哲次郎、涩泽荣一、三宅雪岭、花田仲之助五人在会上从各自的立场出发，对事件和幸德等人进行了批评，但是其中只有评论家、《日本及日本人》杂志负责人三宅雪岭一人同时对政府的思想镇压和审判的非公开性提出批评。他的批评虽然没有像芦花的《谋叛论》那样的震撼力，但是逻辑相似。三宅的讲话引起了作为来宾与会的议员荒川五郎的不满，他登台批驳，引发会场一阵骚动，大家都站了起来。但是，最后演讲会在听众发出的"雪岭博士万岁"的口号声中结束。这些事情也从一个侧面显示了该事件发生后不久东京的舆论。

秋水等人是在 24 日被处死的，就在那一天，芦花在其居住的正屋边上的"梅花书屋"后面，开始建造一座茅草屋。4 月 16 日完工，取名为"秋水书院"。由此可见芦花的正直和勇敢精神。

在芦花发表《谋叛论》演讲后的第二十五年即 1936 年的 10 月 25 日，芦花会在位于东京丸之内的明治生命讲堂举办了纪念芦花逝世十周年演讲会，剧作家秋田雨雀、文艺评论家青野季吉、小说家前田河广一郎等从芦花那里受到过各种影响的六人在会上分别讲述了各自的回忆等。当天，已经成为社会运动家和政治家的基督徒河上丈太郎也作为演讲者参加了会议。他在题为《德富芦花和社会思想》的发言中讲到了在一高时期对自己的生活方式产生了决定性影响的《谋叛论》演讲及其经过。次年 8 月，这次纪念演讲会的记录公开发行，但是唯有河上的演讲内容没有收录在内。"编者的话"中对此做了解释："于今日之时局下已不能刊载。……该氏之演讲意义极为深远，但目前无法将此瑰宝展示于此，甚为遗憾。"当时，日本对中国东北进行军事侵略，建立了傀傀国家"满洲国",军部皇道派发动"二二六事件",天皇制法西斯统治急剧强化,国家正走向毁灭。1937年7月,也就是这次纪念演讲会记录刊行前一个月,发生了卢沟桥事件,对华侵略扩大为中日全面战争。在此之后,河上演讲的速记记录也去向不明。直到三十年之后,河上的演讲内容及其被从公开发行的纪念集中剔除的经过才为人们所知晓,而那已经是战后的事了。河上的这篇演讲稿收录于在他去世后的第二年即1966年3月由其遗属出版的《河上丈太郎演说集》中。河上的长子民雄在该演说集的解说中写道,这篇演讲稿是"姐姐家在大扫除时发现的"。书中还首次披露,当初在演讲会记录刊行时撰写"编者的话"的,是曾经与秋水共事的社会主义者石川三四郎。

在芦花发表《谋叛论》演讲后大约两个月,也就是3月末,堺利彦出发前往各地慰问在事件中罹难者的遗属和家属。

2009年4月初,我沿着堺利彦慰问之旅的足迹,步行翻越了位于山顶的京都观音岭。

从京都站乘上山阴线快速列车,不到50分钟就抵达了园部站,从那里步行前往观音岭,大约有九公里。车站的工作人员劝过我,路相当陡,来往车辆很多,最好别步行,但是我没有听,走在路上才发现果然如此。大概是星期天的缘故,车子一辆接一辆从身旁快速地驶过,引擎声震得脑袋嗡嗡直响。一路上几乎没有人行道,即使有的地方也大约只有七十厘米宽。伴随着汽车排放的废气和噪音,我花了近两个小时,总算登上了观音岭。这里已经有了隧道,这条隧道在堺利彦生活的年代是没有的。观音隧道全长二百四十六米,里面基本上是暗的,也没有人行道,我几乎是贴着墙壁往前走，卡车和小汽车在隧道内发出刺耳的声响冲过来，开过去。约十五分钟后我走出了隧道，来到了京丹波町，这里的空气中飘散着乡村的气息。

当年四十一岁的堺利彦是在 4 月 30 日翻越观音岭的，他要去看望住在京都府船井郡须知町（现在的京丹波町须知）的岩崎革也（号秋月）。他去的那个季节，树叶大概比我去的这个时候还要嫩绿一些吧。京都至园部的铁路是 1899 年开通的，在事件范围不断扩大的 1910 年 8 月，线路延伸到了舞鹤。当时这段铁路已经国有化了。堺利彦从园部开始，沿着山阴道步行翻过了观音岭，当时他走的路线和现在我走的差不多。

据说岩崎是京都的第一个社会主义者。他在财政上给了社会主义运动很大的支持，为了维持秋水和堺等创办的平民社，他差不多出了七百日元（1904）。当时东京市长一年的工资（年俸制）是三千六百日元，由此可见岩崎赞助力度之大。岩崎 1869 年出生于一个酿酒商的家庭，比堺大一岁。他是家中的长子，后来当上了其父亲创建的须知银行的行长。岩崎从青年时代起就受到自由民权运动的影响，不断接触和学习基督教、汉学典籍以及尊王主义等各种思想与宗教；他担任过村长、町长等职，是地方上有名望的人士。从大正末期至昭和初期，他还担任过一届府议会议员。但是另一方面，岩崎赞同平民社提倡的反战主张和社会主义，订购了很多《平民新闻》送给自己认识的人。大约从"大逆事件"开始，他在京都第一个被列入"需特别观察者"名单，一直到 1918年。这些都记载于太田雅夫和森本启一编纂的岩崎的年谱等资料中。堺利彦和岩崎交往的时间似乎相当长，关系也深，留存在岩崎家的来自堺利彦的书信数量要比来自其他人的多得多——根据收藏于同志社大学人文科学研究所的"秋月文库"目录，数量达到一百八十件。

是岩崎建议堺利彦去各地慰问受"大逆事件"牵连被处死和囚禁的受害者的遗属和家属的，为此他还拿出了三百日元用于相关开支。"大逆事件"后社会主义遭到更加严厉的镇压，一段时期内报纸、杂志也不允许发行，言论和集会自由被剥夺，有些人被剥夺了工作、失去了住所。提出慰问事件直接受害者的建议并且负担相关费用，这件事反映出了岩崎刚毅的人品。

堺利彦在"大逆事件"中失去了许多同志，身心受到很大伤害，想必自己也需要安慰。尽管如此，他还是带着心中的伤痕于3月末离开东京，踏上了慰问他人之旅。他首先访问的是住在冈山的森近运平的遗属和家属。

7日，堺利彦慰问了森近运平的弟弟森近良平（1885年出生）。良平比近平小四岁，他住在高屋村的笠冈，那里有运平为引进先进的果树栽培技术而建造的玻璃温室。不过，当得知从笠冈到运平的祖父母、父母、妹妹以及女儿菊代等居住的田口还要往山里走六公里后，因为时间关系堺没有继续往里走，而是请良平代为转达哀悼和慰问之情。

运平在担任县官厅职员期间成为《平民新闻》的读者，被社会主义所吸引，他和时任冈山监狱教诲师的鹫尾教导（真宗大谷派）等人成立了"《平民新闻》读者会"，并在此基础上结成了"冈山伊吕波俱乐部"（1904），致力于宣传反战主张和社会主义思想。他的第一本著作《产业组合指南》也是在这一时期问世的。运平因为在吉备郡官厅召开的町村长会议上发表反战演说、鼓动人们不要买日俄战争公债而受到追究。此事发生后，知事找他谈话，要其放弃社会主义，但是他毅然拒绝了，结果事实上被逼离职（形式上是批准辞职）。当时他已经和弓削繁子结婚，并已有了菊代（1903 年出生）。堺利彦注意到运平这个人具有见识、行动力以及才气，于是要他在城市地区开展活动。1905 年 11 月前后开始，运平带着一家人，一边在东京神田三崎町经营一家提供牛乳、轻食等的牛奶屋，一边从事社会主义活动。堺利彦也从这时起熟悉了繁子和菊代。

运平在世时繁子就患有结核病，在丈夫被国家所杀、死于非命后不久，她回到了娘家。她回娘家也有养病等原因。运平在被执行死刑前不久给繁子的信中写道，"如遇有缘之人，再婚亦可"，但是从冈山、大阪、东京，带着孩子菊代和运平一起一路从艰苦生活中走过来的繁子想必毫无离婚的打算。她之所以放下尚在读小学的女儿菊代一个人回到娘家，或许是因为顾忌周围，希望被强加在运平身上的"罪孽"不要累及作为妻子的自己的身上。当时的繁子已被逼到绝境，她没有想到堺利彦会来看望自己。

堺利彦没有去位于佐方的弓削家，而是给繁子发了电报，请她到山阳线笠冈站附近的旅馆来。运平生前最信任的朋友来慰问自己，看到他那张温暖的让人信赖的脸庞，繁子该有多么高兴啊！她大概止不住地流下了眼泪。

当时的堺利彦属于"需特别观察者"，二十四小时受到跟踪，在跟踪他的警察的记录中，有关于他和繁子见面情况的记载。记录中写道，两人见面时，繁子给堺利彦的女儿真柄买了礼物，还给了"若干"钱款。真柄和菊代同年，或许繁子是把她当作与自己分开生活的自家的孩子了吧。繁子还询问了在东京与运平来往的同志的近况，流下了思念的眼泪。堺利彦回到东京后在向其余同志报告时说，繁子当时"不由得伤心了起来"。堺利彦的慰问给了繁子很大的力量，身处绝境的繁子受到堺利彦的鼓励，决心昂首挺胸地生活下去。据说繁子当时向堺利彦坚强地表示，自己"准备去裁缝学校做老师来维持生活"。1911 年 6 月 21 日，官府将这样一位决心一定要重新生活下去的繁子"列为社会主义者"，纳入"需监视者"名单。不过，在堺利彦前来慰问后的第三年，繁子就早早地去世了。

在收录有事件相关者照片的《大逆事件照片集》中，有一张运平一家和来自大阪的两位同志合影的照片（见序章照片），拍摄地点是在大阪平民社，那里当时也是运平一家的住所。照片上的繁子穿着和服，站在右边，当时她还只有二十五左右。四岁左右的菊代紧贴在运平的身边。繁子和菊代母女俩，在运平从县官厅辞职，专心从事社会主义活动，以及遭遇挫折回到故乡期间，几乎一直陪伴在运平身边。"运平伟大，繁子更加伟大。因为繁子是运平最亲近的同志。"高屋出生的今川德子如此断言。我是听了今川德子这样说之后，开始关注起事件发生之后的繁子的。

弓削家的房子很大，坐落在宽阔的田野之中，空气中可以闻到泥土的芬芳。房子的周围是大果园，里面种满了葡萄等果树，房前的庭院很宽敞，看上去是农家大户。周围的住家很少，皋月的乡村，远处传来了狗的叫声。2008 年 4 月底的一天午后，我在"森近运平讲述会"会长、冈山大学荣休教授坂本忠次的陪同下访问了位于浅口市金光町佐方村的弓削家。接待我们的是弓削敏子，她是繁子的哥哥的孙媳妇。繁子的哥哥名字叫新，当初是他继承了弓削家的家业。现在这份家业已经传到了他的孙子宏之手中。弓削敏子和宏之结婚后一直住在这里，但她却几乎不知道运平和繁子的事情。

　　听说繁子当时住在进门后右手边那间有八畳大小的偏屋里。我结婚的时候，一开始住的就是繁子生活过的那间屋子。那个屋子里面有壁橱，当然在我住进去之前已经被重新收拾干净了。菊代当时在高屋那边，不在这里。

坂本在 1999 年年底，即比我早大约十年访问过弓削家，当时新的长子元雄还活着，九十八岁。

　　"元雄那时已经是高龄了。当时在他儿子的帮助下还可以回答关于繁子的事情。现在元雄也已经去世，没有人能够讲繁子的事情了。"

　　坂本的话充分说明了人的生命的有限和时间的可怕。百年时光的流逝带走了各种记忆。

　　"繁子姑姑人很好。她生肺病回到这个家后一直住在门旁的偏屋里。她是大正三年（1914）夏天去世的。葬礼很隆重，还请来了附近天台宗大光院的住持。她是作为弓削家的人安葬的，森近家没有人来参加，大概是因为已经分手了。"

　　这就是坂本当时从元雄那里听到的大致内容。

　　弓削敏子领我们去看了繁子的墓。墓在繁子娘家的后山上。爬上一段狭窄的陡坡，尽头处有一个小小的山包。墓地不大，周围的树木郁郁葱葱，遮蔽了阳光，墓地的光线有点暗。繁子的墓在墓地的左前方，上面刻着"芳园妙照大姊"的戒名。繁子是 1914年 7 月 29 日去世的，距运平离世只有三年半，恐怕当死亡降临时她还未走出丈夫去世带来的悲伤。繁子出生于 1881 年 12 月，差不多和运平同年，去世时三十二周岁，墓石的背面记载着"时年三十有余"。

2009 年 3 月，我在访问运平的妹妹荣子的四子细井好时，看到了一张上面有污渍的破损的照片。虽然照片上没有任何字迹，但是我一看就觉得这是繁子母女的照片。我请研究森近的森山诚一看的时候，他也确定照片中的人物是繁子和菊代，"这大概是繁子回娘家前拍摄的母女分别照"。看着那张破损的照片，我不禁想到那位丈夫被国家夺走并杀害、自己不得不与孩子分开、回到娘家、卧病在床的繁子，她是多么凄惨和悲伤。

森近运平的妻子繁子和女儿菊代(细井好提供)

堺利彦的慰问之旅大约历时一个半月。他先是去冈山慰问了运平的遗属，随后看望了在熊本的松尾卯一太、新美卯一郎和佐佐木道元的遗属和家属，然后又经海路去了高知县的中村，参拜了位于中村法院后面的正福寺墓地里的秋水的墓 [ 不是现在的小泉策太郎（三申）题字的那个墓 ]。他在中村住了四天，随后坐船回到了高知，慰问了被减为无期徒刑的冈林寅松（他在谏早的长崎监狱服刑）的妹妹。接着又慰问了在神户梦野从事养鸡业的小松丑治的妻子春子。随后，他去了大阪，在那里慰问了武田九平、三浦安太郎（两人均被判无期徒刑）的家人。之后，他翻越观音岭，再次访问了在须知的岩崎。或许是为了报告此次慰问之旅的情况，或许是要诉说资金不足，或许两者兼而有之。在警察的跟踪记录中记载着，岩崎"借与堺十元左右"。

堺利彦在旅途中，每到一地都会勤快地给岩崎写信或者发明信片，在从中村寄出的明信片上写有应他人要求"拙笔挥就"的诗和俳句。他写的俳句是："行走的春天，绿野之下，仍在呼吸的生命。"在中村，在秋水的故乡，堺的思绪似乎凝聚在了"绿野之下"和"仍在呼吸的生命"之中。

运平毕业于冈山县农业学校，1999 年，该校为纪念建校一百周年刊行过《高农百年史》一书，该书篇幅超过一千页，可谓鸿篇巨制。承担该书执笔任务的中心人物是当时该校的教员福田计治。在《高农百年史》中，福田特别设了"社会主义者森近运平"一节介绍第一届毕业生运平的事迹，用三十页的篇幅介绍了他的人生和工作，对其进行了重新评价，内容从其被卷入"大逆事件"并被处死这一悲剧开始，一直到后来其妹妹荣子提出复审申请等。运平的初心之一是要为拯救贫困的农村做点什么，由此他关注起了产业工会的效果，甚至还写了前面提到过的相关指南。福田将运平列为百年校史上的杰出人物，他还提到了运平思想的变迁过程，指出其在社会主义的影响下发现了农村凋敝的原因在于地主制。运平当时是该校校友会的特别会员，曾多次给校友会会刊投稿，还回母校做过演讲，其内容多与农业问题有关。

当堺利彦去访问繁子时，恐怕两人都不知道，运平在被处刑后不久就已经被母校的校友会除名了。这件事在《高农百年史》刊行之前社会上很少有人知道。只有天津克子在纪实小说《雷霆中的父亲》中写道："高松高等农业学校……在运平死后，从毕业生的名单上除去了他的名字。"其实将他的名字除掉的不是学校，而是校友会。我们来看一下运平被除名的经过。

一直在翻阅校友会会刊的福田关注到了第二十六期（1911年7月19日发行）上的一则内容，那是2月19日召开的校友会大会的议事录，那次大会是在运平被处刑后谷口留五郎知事发表"令人不胜恐惧"这一谈话后不久召开的。大会在完成了预算案表决、评议员选举等事项后，按照往年的惯例本来应该结束了，但是根据议事录记载，此时突然有一名校友会特别会员提出紧急动议，要求给予森近运平除名处分，随后大会全场一致作出了开除森近运平会籍的决定。

福田给我看了第二十六期校友会会刊的复印件，上面确实有关于除名的记载。记载极为简单："本会根据会则第十二条，全场一致通过特别会员村上右造君提出的紧急动议，给予原特别会员森近运平除名处分。"仅此而已。不过在这段话的边上，有人加注了县立农业学校校友会会则第十二条规定："会员若损毁本会名誉或不履行对于本会义务应予以除名。"这段内容是谁、在什么候加注的不清楚。校友会大会每年2月和7月召开，主要内容是决定预算和负责人等。有关开除运平的那次大会的出席人数、形成全场一致的讨论过程等情况不明，"因为没有会议记录，而且知道当时情况的校友也都已经离世"。

农业学校的范围有限，农业学校的校友会更是一个封闭的世界，但是即便在这样一个学校的校友会中也能敏感地反映出各个时期、时代和社会的意识。当时国家的意图是要通过"大逆事件"镇压社会主义，报纸则对该事件不加分析地持续进行报道甚至炒作，而社会又接受了来自报纸的相关信息。在这样的背景下，仅仅是运平因"大逆事件"被处刑这一事实就使人无法对其处分提出异议和反对。福田也认为，"全场一致"就是当时那种氛围在校友会中的投射。但是——

在查阅校友会会刊时，福田注意到了兽医专业第十一届毕业生"加藤俊太郎"的题为《第二十六期会刊读后感》的来稿。在这篇来稿中，加藤揭露，在会刊编辑部的所谓自主规制下，有关运平的来稿被删除，他对此表示了不满。他还对运平遭受处分一事提出了异议，写道："余于本期随感录中就森近运平事写了些许感想，却遭删除，对此余心情不甚愉快，以为此乃会刊编辑部成员神经过敏所致。而今见此除名处分，余之不快尤甚。"在来稿中，加藤先是表明自己的立场，认为国家做的判断是正当的，他写道，"余并未蠢至赞成森近等人之行为"，"对被判死刑者……取反国体主义立场之彼等行为深感遗憾"，然后，他对给予运平的除名处分提出了异议。他写道："除名等同于鞭尸，余碍难赞成此种无情之行为。"他责问提出除名动议的会员，在会员中还有其他违反第十二条会则的人，为何仅追究森近一人？加藤坚定地表示，自己并不愿意在对国家的忠诚方面落后于他人，但"极为厌恶趋附社会之行为"。从加藤写的文字中可以看出，他好像没有参加2月19日举行的会员大会，就是那次大会做出了决定开除运平会籍的决议，如果那天加藤参会的话大概会在会上提出异议吧。福田说："看到在困难的时代仍然有呼吁冷静判断的人，即便这样的人只有一位，当时我的心中还是泛起了感激之情，像是得到了某种安慰。"通过此事可以看出，在当时，即使没有认识到事件的本质，对问题的认识也不像芦花那么深刻，但还是有一些个体没有屈服于来自群体的压力而人云亦云。

　　尽管存在异议，森近运平的名字还是被从母校校友会的成员名单中抹去了，而且这种状况到了战后也长时间没有得到改变。直到半个世纪之后，1961 年 4 月发行的校友会会刊上才刊登了一则会员建议，建议中写道："在森近运平被处刑后校友会对其做出了除名处分，但近期发现其当时系蒙冤，而今在其家乡也已建起纪念碑，为此建议校友会也在慎重研究之基础上取消对其除名处分。"这一建议是在建立运平诗碑和复审运平案的潮流推动下提出的。在次年即 1962 年 4 月 22 日举行的校友会大会上，首次有人提出关于"撤销除名处分"的紧急动议，参加会议的约六十名会员进行了讨论。结果虽然基本表示赞成，但是没有进行表决，而是决定就这一问题先进行为期一年的研究，结果在 1963 年 4 月举行的大会上才表决通过了"关于恢复已故森近运平会籍"的提案，屈指算来已有五十二年。当初除名表决的结果是全场一致，恢复其会籍时的表决结果是否也是全场一致并不清楚。不过，即便是恢复了他的会籍，因"大逆"而冰冻三尺的高屋的环境也并未转暖。

　　福田写过有关运平从被校友会除名到恢复会籍的整个过程，他回顾此事时这样说道："（运平）毫无事实依据地蒙受冤屈，长期得不到公正的评价，家人甚至被赶出当地，这确实令人非常遗憾。但是，我们不能苛求生活在自由受到极度压制环境下的当时当地的人们，那样做或许也是不公正的。"我同意他的这一说法，但同时觉得我们还应该看到，从百年之前到现在，国家为了整合和统治民众，肆意编造事实，以虚假的事实改变社会意识，而媒体则扮演着推波助澜的角色，两者间的这一结构关系一直没有改变。

运平死后还有一个悲剧。死刑判决出来后，他在狱中开始写题为《三十年回顾》的自传，这是写给当时还是小学一年级学生的菊代的。在写完"序言""一、出生及幼年时代""二、少年时代"之后，他开始写自己进入县立农业讲习所（农校的前身）以及在那里的学习生活，标题为"三、学生时代"。但是当他写到"我等站着听讲时兽医"这一句话时就止住了，后面没有了，显然，就在此时，运平被押出去执行死刑了。运平这份事实上的遗书是写给他的独生女的，但是东京监狱并没有将它转交给遗属，尽管运平向监狱托付了此事，而且他在上绞架时想必也相信它一定能够到达繁子和菊代的手中。他被杀死了，他不知道自己写给家人的遗书竟然是那样一种结局。运平的"自传"是神崎清在1947年夏天从佐和庆太郎那里看到的，此后人们才知道运平留有写给他女儿的自传。佐和当时担任出版《真相》杂志等的人民社的社长。当时神崎清从佐和那里看到的还有管野须贺子写的《黄泉路边的小草》等狱中手记。1950年，神崎编辑的《狱中手记》公开发行，但是菊代未能读到，她已在婚后的第二年即1927年5月30日前往另一个"沉寂"的世界，年仅二十三岁。这件事有多么残酷！

菊代留下了一张照片，那是她在离世前的一年和友人一起在当地的照相馆拍的。据说这张

森近运平的女儿菊代（左）（森山诚一提供）

照片现在保存在由森山受托保管的已故吉冈金市搜集的"有关森近的书信资料"中。照片中的菊代穿着和服，长得和她母亲一样漂亮，炯炯有神注视着前方的眼睛和宽宽的充满聪慧的额头，令人印象深刻，虽然此时她已是育有一子的母亲。

# 第六章　宿命

1915 年 3 月，为支援丈夫与谢野宽的选举活动，晶子到访新宫，这是她和前来迎接的人们的合影。最后一排的男子是佐藤春夫，站在他的前面略微靠左边的位置（脸部稍被遮挡）的是晶子。前排左起第二、拄着拐杖的是冲野岩三郎，紧邻其右边的是大石诚之助的长子舒太郎和长女鳞子。站在鳞子身后的是大石诚之助的妻子英子。（照片收藏于文化学院）

堺利彦离开位于京都须知的岩崎革也家，来到了此次慰问遗属和家属之行的最后一站纪州熊野，时间是1911年5月3日。他从京都坐火车到二见浦，再从那里坐船抵达三轮崎港。此处是通往和歌山、新宫的门户，从这里往北约六点五公里就是新宫。堺利彦从三轮港徒步或者乘坐人力车去了新宫。当时的新宫町（现在的新宫市）还笼罩在一派恐惧的气氛中，新宫是"大逆事件"

1909年夏，在新村忠雄送别会上的大石诚之助及其家人。左边第一人是诚之助，在他的右边依次为舒太郎、鳞子和新村。后排最右边的是英子。前面中间的男子是成石平四郎。（新宫市立图书馆提供）

的一大悲剧舞台，一个人口不满一万九千人的地方竟有六人遭到连坐，其中两人被处死。堺利彦是如何看待当时的景象的？他的身后仍然跟着警察，记录他和谁见了面，说了什么话。大石诚之助在上绞架前说过，"大逆事件"及其判决是"出自谎言的真实"，堺利彦来到了留下这句话的大石诚之助的家，慰问了带着两个幼小的孩子一起默默地生活的大石的妻子英子。

大石诚之助的遗体火化后，骨灰先是放在堺利彦处，之后由他的胞兄玉置酉久带回了新宫。玉置酉久是在大石诚之助被处死后的第九天即2月2日的中午时分抵达三轮崎港的，但是由于警察要求"不要在白天通行"，其骨灰到家时大概已是冬日落山之后。因为连葬礼也不让举行，所以那天晚上只是进行了守夜，参加守夜的新宫基督教堂的牧师冲野岩三郎宣读了长长的悼词。但是因为害怕警察的调查，他读完之后就将稿子放入火钵中销毁了。守夜结束后，一大早，遗属们抱着大石的骨灰盒步行前往距离位于船町的大石家约二点一公里的南谷墓园，那里有大石家的墓地。葬礼不能举行，但是遗属们还是穿着丧服。当时十七岁、战后担任过新宫市立图书馆馆长的浜畑荣造当时寄宿在位于新宫区法院前的伯母家，他透过窗户的缝隙看到了清晨这一"送葬的行列"，并将其深深地印刻在了自己的记忆之中。在他后来写的《大石诚之助小传》中，细致地描写了当时送葬队伍夹杂着幽灵般的声音悄悄地打破清晨的寂静的场面："说来有点恐怖，那是一个寒冷的清晨，我早早地就爬起来了，等着送葬行列的经过。来了！听见声音了！我从二楼的窗缝偷偷地望去，只见送葬的行列正'刷刷'地从门前走过。那个场景和不知名的东西一起，印刻在了我的脑海中。"当时的少年浜畑绝没有想到自己在半个世纪之后会卷入与大石有关的"事件"中。

英子等人抱着大石的骨灰到达了南谷墓园，此时天已完全亮了，冬日清晨寒冷的空气冻得人鼻子发酸。冷酷无情的国家权力连墓标也不允许建，所以遗属们在挖坑埋下骨灰后只是在上面竖了一根木棒。大石诚之助六岁的女儿鳞子和四岁的儿子舒太郎大概也在现场，不过孩子们当时年龄太小了，还不能理解其父之事。他们大概是在1917年夏天，根据冲野的安排，和母亲英子一起离开新宫，搬到位于东京市芝区二本榎的圣书学馆宿舍生活，之后才被母亲告知事件的前后经过。

其实在大石被处死后的第四天，也就是28日，在位于东京麴町的富士见町教堂举行过类似于葬礼的仪式"遗属慰安会"。包括大石的身为基督徒的姐姐井手睦世和玉置等亲属在内的三十二人参加了仪式。仪式在赞美诗中开始，担任主持人的牧师植村正久朗读《圣经·路加福音》第二十三章，这一段《圣经》以"你今日定与我同在乐园"一句而为人们所熟知。大石的辩护人鹈泽总明也参加了仪式，以含蓄的方式点出了审判的非正当性。植村的妻子季野出生于纪州南部村（现在的南部町），据说她的哥哥是在大石的长兄余平的影响下成为基督徒的，所以相互之间关系匪浅。"慰安会"进行时，教堂外面站着几个警察在监视，气氛很紧张。"慰安会"即将结束时，警察认为这是在举行葬礼，要求植村立即终止，但是据说植村拒绝了警察的要求，他回答说："这是慰安会，不是葬礼。"植村是一位信仰坚定的基督教人士。

堺利彦是在大石入葬三个月后来到新宫的。他在慰问了英子等人之后去了南谷墓园。当时墓地周围的草木已经萌芽，但是呈现在他眼前的是一根木制的墓标，上面一个字也没有。面对此情此景，幸免于难的堺利彦脑海中浮现出来的大概是断崖边瑟瑟寒风中的枯树的景象。堺利彦就在此时挥毫写下了"大石诚之助之墓"这几个墓标上的文字。数年之后，到了大正初期，大石的墓上建起了高约一点二米、宽约二十四厘米的墓石，这几个字被刻在了墓石上。在十二名被处死者中，大石的墓是最早建起墓石的。位于土佐中村町的正福寺墓地里的幸德秋水的墓，仿大石诚之助墓而建，墓石的高度为一点三米，和大石的差不多。在新宫，浸润着两种截然相反的对于大石的认识，一种是以"大石医生"为标记的"真实"的大石，那是一位不收穷人诊疗费、药费的大石，另一个是以谋划"大逆"为标志的"谎言"中的大石，那是由国家建构出来的大石。同为受害者的峰尾的母亲咏子对堺利彦说的一句怨言令人印象深刻，她说："大石先生家的孩子也受到了案子的牵连，这太不讲理了。你赶快想办法把他们救出来吧。"虽然这句话来自警察所收集的情报，但是从中可以感受到峰尾的母亲在赞扬大石，说他"其实是一个优秀的大好人"。即使到了战后也几乎没有什么人来给诚之助扫墓，可见在"谎言"影响下形成的大石印象有多么强烈，从那个连他的名字都不敢提的时代延续至今。

南谷墓园很大，占了小山的整个一侧。大石家的墓地在靠近南谷墓园的入口处。1997 年 2 月，我在时任新宫高中教师、现在的佐藤春夫纪念馆馆长辻本雄一的引导下第一次来到这里。诚之助的墓石右侧刻着"明治四十四年（1911）1 月 24 日"，但是没有"死"或"殁"字，也没有行年。"或许是在当时的氛围下家人不想写"，当时申请复审此案时的律师团团长森长英三郎在《风霜五十余年》一书中这样写道。在墓石的右侧刻有"妻子英子昭和二十七年（1952）1 月 5 日殁享年七十岁"，这段文字在建墓时当然没有，虽然它只是告诉前来扫墓的人，丈夫死后无比伤心地过着日子的英子一直活到了战后，但这已经使人感到有所安慰。不过，我想，从丈夫遇害到她自己离世这四十一年间一定也发生过许多事吧。

堺利彦在新宫逗留了两天，在此期间他还去慰问了被减为无期徒刑、正在秋田监狱服刑的高木显明的妻子多子，以及正在千叶监狱服刑的峰尾节堂的母亲咏子等人，并且托人向住在请川村耳打（现在的田边市本宫町）的成石平四郎及其哥哥勘三郎的遗属、家属送去了慰问信。成石平四郎在该事件中被处死，他的哥哥勘三郎则在长崎（谏早）监狱服刑。5日，堺利彦渡过熊野川，来到了三重的市木村（现在的御浜町市木），看望了留在那里的崎久保誓一的家人，崎久保誓一当时正在秋田监狱服刑。不过，堺利彦在逗留期间没有与冲野岩三郎见面，冲野与大石、显明等人私交甚厚。新宫地方不大，堺利彦当时所住的大石家的房子离冲野的教堂也很近，可能是因为要在有限的时间里看望那么多的遗属和家属，时间实在安排不过来吧。

冲野在搜查的旋风中，连续数日受到审问，但是运气救了他，最后没有被抓进去。也因为如此，有人说他是"密探"。作为一名牧师，被人在背后议论是非常痛苦的。"冲野岩三郎尽管和大石一起从一开始就和'大逆事件'有关，但是他通过巧妙地糊弄事实，最后逃脱了处刑。但是因为一些不实的传闻，他受到周围人的排斥，日子很不好过。"根据警察的记录，堺利彦回到东京后，曾经这样在会上向他的同志报告冲野在新宫遭人在背后指指点点的情况。不过冲野拼命与这种传言抗争。为了帮助显明和崎久保，他通过熟人与谢野宽向他们的家属推荐了充满正气的律师平出修，他还做了其他一些事情，给了显明和崎久保的遗属、家属许多帮助。

　　在仲之町的商店街上有一家肉铺，那一带曾经是新宫教堂的所在地，冲野在那所教堂里做了十年牧师。现在教堂已迁到西村伊作纪念馆附近的伊佐田町。冲野一度被卷入"大逆事件"，他的住处受到搜查，本人也被留置、受到审问，但是真是运气救了他。冲野也在不断地问自己，我为什么能够得以幸免？最后他历经艰辛写了小说《宿命》。他的这篇小说参加了《大阪朝日》主办的有奖小说竞赛，并且获得了二等奖。但是这一参选作品却没有被全文刊载，应该也是"大逆事件"的缘故吧。

　　辻本是在带我去南谷墓园的路上告诉我这件事情的。从那以后，我就想知道《大阪朝日》当时是如何处理冲野的《宿命》的，因为记忆中我在担任《朝日新闻》大阪本社记者时并没有听到过有关冲野的获奖小说的事，而报社里发生的这件事居然连自家的记者都不知道，可见这件事情本身也是一个"事件"。我查了自己在做记者时得到的《朝日新闻九十年》（1969），那里也没有相关的记述。1995 年刊行的《〈朝日新闻〉社史：大正、昭和战前编》中虽然有所涉及，但是没有将其作为"事件"列出，不过其中有 1962 年制作的仅限于报社内部使用的资料《大朝有奖征集小说〈宿命〉和"大逆事件"》（载于大正六、七年编年史别卷，朝日新闻社社史编辑室编，清水三郎执笔），在这个资料中详细地记述了事情的经过。但是，我真正了解围绕冲野的《宿命》所发生的"事件"的始末，是在看了保存在他的母校明治学院大学的"冲野岩三郎文库"中的相关资料之后。

那是在 1916 年的晚秋，距离十二人被绞死刚过了五年，第一次世界大战炮火正酣。

10 月 25 日，《朝日新闻》大阪本部新楼落成，地点在大阪市北区中之岛三丁目的堂岛川和土佐堀川之间。四层楼的建筑，再加上那座钟塔的话，高度近四十米，这座楼一下子成了中之岛界限地区的新地标。1879 年 1 月 25 日创刊的《大阪朝日》（简称"大朝"）到明治末年发行量已达到三十五万份，进入大正时期后发行量进一步增加，当时正与《大阪每日》（简称"大每"）互相竞争，向着大型商业报刊方向发展。1915 年，报纸第一次发行了晚刊，晚刊、早刊合在一起，篇幅达到了十二版，报社成员也从创刊时的不足二十人，增加到了新大楼建成时（1916）的"七百六十七人"。经过第一次世界大战，"大朝"进一步壮大，1921 年发行量突破了六十万份，1924 年突破了一百万份，成为发行量远超《东京朝日》的大报。同样，"大每"也在壮大，1924 年 1 月发行量也突破了一百万份。大阪的反中央意识比较强烈，这也是报纸发行量比较大的因素之一，"大朝"和"大每"的版面上批评政府、批评权力的色彩浓厚，政府为如何对付这两家报纸，尤其是如何对付"大朝"而头疼不已。当时的"大朝"笔锋锐利，负责社论的一把手是一流的论客鸟居素川，此外当时该报还拥有长谷川万次郎（如是闲）、大山郁夫等人。[1]

---

1　　鸟居素川（原名鸟居赫雄，1867—1928），日本明治后期至大正年间具有自由主义色彩的媒体人士。1897 年入职《大阪朝日》社，1918 年因为笔祸离职。长谷川万次郎（号如是闲，1875—1969），日本明治、大正、昭和年间具有自由主义色彩的评论家、作家。大山郁夫（1880—1955），日本民主主义者、政治家、社会活动家。早年曾任《大阪朝日》社论委员，1918 年因笔祸离职。1920 年任早稻田大学教授。1926 年创立劳动农民党，任中央执行委员长。1932 年为躲避政治迫害流亡美国，1947 年回国，后在早稻田大学任教，并从事和平民主运动。1950 年当选参议院议员。

11 月 22 日出版的"大朝"向社会传递了《大阪朝日》社举行了新楼竣工典礼的消息，同时在第十五版的中央用很大的篇幅刊登了一则来自编辑部的公告，标题是"有奖文艺作品征集"。虽然征集的类别有"小说"和"童话"两种，但是编辑部的主要征集目标大概是"小说"。因为征集的是用于报纸刊载的小说，所以设置了若干条件。如时代限定为"当下"，"适合于在报纸上连载"，总篇幅为一百回左右（每回的篇幅为十七字一行，约一百行）。奖金为一等奖一千五百日元，二等奖七百日元。考虑到当时的银行职员和官吏等平均工资不到三十日元，应该说奖金额度相当高。征集截止日是第二年即 1917 年的 5 月 31 日。公告发布后的第三天，也就是 11 月 25 日，公布了评审委员的名单，他们是夏目漱石、幸田露伴、岛崎藤村三人。[1]漱石是 1907 年 4 月辞去东京帝国大学讲师一职进入《东京朝日》社的，当时他已经发表了《我是猫》《哥儿》《草枕》等作品。他进入《东京朝日》后写的第一篇小说是《虞美人草》。该小说发表后好评如潮，社会上甚至出现了一阵"虞美人草热"，什么"虞美人草浴衣""虞美人草戒指""虞美人草美术明信片"等虞美人草系列用品一时间纷纷登场，夏目漱石写的报纸小说的地位也由此而确立。后来他又在报纸上发表了《坑夫》《三四郎》《后来的事》《门》《心》等作品，逐渐成为"国民作家"。但是没有预料到的是，1916 年 12 月 9 日傍晚，漱石突然去世，时年五十岁。当时他在报纸上连载的小说《明暗》还没有结束。漱石没有留下取材于"大逆事件"的

---

1　夏目漱石（本名夏目金之助，1867—1916），日本著名作家，被称为日本近代文学巨匠。幸田露伴（本名为幸田成行，别号蜗牛庵，1867—1947），日本著名小说家。岛崎藤村（1872—1943），日本著名诗人、小说家。

作品，但是他向来关注个体和社会关系，众所周知的他拒绝接受博士称号一事[1]，大概也与他当时的生活态度有关，而且他还在小说《后来的事》中描写过监视秋水的那些警察的滑稽模样，因此很难说漱石当时不关注"大逆事件"。

接替漱石担任审查委员的是内田鲁庵（贡）[2]，他比漱石和露伴小一岁，是一位在俄罗斯文学方面造诣颇深的翻译家，也是一名社会派的作家。让鲁庵接替漱石担任审查委员的，估计是"大朝"社会部主任长谷川如是闲和研究鲁庵的野村乔。

大约过了一年，1917 年 12 月 13 日，《大阪朝日》的早刊头版刊登了这次有奖小说征集活动的评奖结果。参加征集活动的小说总数达到二百十一篇，为历次活动中数量之最。野村爱正的《光明之路》获评一等奖，冲野岩三郎的《宿命》获评二等奖。三名评委的给分也登在报纸上了（数字后面没有标注单位，应该可以读作"分"吧）：

　　《光明之路》：内田 90（分）幸田 85（分）岛崎 71（分）平均 82（分）

　　《宿命》：内田 99（分）幸田 83（分）岛崎 63（分）平均 81（分）

一等和二等之间只差了一分。引人注目的是，鲁庵将《宿命》列在第一位，并且给了近乎满分的高分。相反，藤村对《宿命》

---

1　1911 年 2 月，日本政府文部省通知夏目漱石，将授予其文学博士学位，病中的夏目漱石对这种事先不告知、自说自话地授予自己博士学位的做法极为恼怒，回信坚决表示拒绝。

2　内田鲁庵（本名内田贡，1868—1929），日本小说家，评论家和翻译家。

的评价却很低。三名评委的评语刊登在第七版，我们来看一下给予《宿命》巨大好评的鲁庵的评语。

"文笔虽尚有稍显不成熟之处，但首先，作者捕捉之事件最为有趣，作为明治政治史及思想史之贵重资料亦有其价值。再者，作者处理该危险问题时，力持旁观者之态度，丝毫未触及危险思想，由此足以看出作者思想之纯正与冷静。此外，小说中有著名诗人与其他真实人物登场，足以引起思想界与一般读者之兴趣。"

虽然鲁庵在评语中没有说出事件的名称，但是他提到这篇小说的主题与处理"该危险问题"的政治史、思想史有关，大概会有读者由此意识到这是一部以"大逆事件"为题材的作品。冲野在获奖后接受电话采访时简单地说了自己的感想。他在 1918 年离开新宫教堂，去了位于东京市内名叫"芝"的地方的唯一神教派的教堂，担任副牧师。他的关于《宿命》的写作手记分三次刊登在 11 月 26 日及其后出版的"大朝"晚刊上，里面详细说明了该小说的写作过程。

冲野得知报纸举办有奖小说征集活动，便想要给熊野与"大逆事件"有牵连的人留下一个缩影。他的笔头快得吓人，1917 年1 月 2 日开始动笔，到 3 月底便完成了创作，想必写作时文思如涌。这篇小说篇幅超大，共有二百五十回，二百格一页的文稿纸写了三千两百张。冲野说，他本来打算在那年 4 月参加完在金泽召开的牧师会回来的途中顺便去一下东京，请老熟人与谢野宽和他的夫人晶子看一下稿子，为此他出发时还特意抽了其中的一百二十回（二百格的文稿纸大约一千零二十张）用包裹布包好上的船，但是途中发现带着稿子出行不方便，于是在和歌之浦将稿子直接邮递到《大阪朝日》社去了。

　　冲野在其手记中简单地提到了《宿命》的写作动机、小说的主题以及内容。他写道："我向来是自由意志论者，向往极端之自由。但是从我记事以来直至今日，多舛之命运从未给予我自由。我仰慕自由，得到的却是极端之不自由。明治四十三年（1910），我目击了数位友人为自由思想而舍弃了生命，他们在世时，我们几乎每天都亲密论战。我有无数无以言表与书写之痛苦经历。""我相信，人生唯有在人之自由意志与不可抗拒之命运或曰宿命相击相战之处方有活力。自明治三十四年之大案之后，我对社会上发生之诸多事情都变得如是观之。"

　　读者将这些话与鲁庵写的推荐词相对照，可以推测出《宿命》这部作品与"大逆事件"有关。像是要进一步唤起读者的期待感，冲野岔开话题写道：

　　"我想以手边之材料或事件为题材，然而如此对我结果将凄惨之极，故我提笔之时深感恐惧，犹如行走于悬崖之边。遇有'在此森林之彼方有血池'之标牌时，我不禁毛骨悚然，不敢再写。我想要书写之事实，其性质已决定其不可如实表达，无论于口头抑或书面。""《宿命》中所表现之各种事实，未必是真实之事实。……我想写的是人之不可思议之命运。"

　　当初征集作品时预告过，获选作品将在该报上刊载。一等奖获奖作品《光明之路》从1918年1月1日开始连载，到4月中旬左右结束。按理说接下来应该是《宿命》了，但是《宿命》却迟迟没有刊出，反而开始连载起了另一位作者写的小说《不知火》。评选结果发布后大约过了八个月，1918年9月1日，报纸上总算登出预告，说从6日开始连载小说《宿命》。在这一预告的末尾有一段说明，说："作者担忧作品中对某些政治问题之处理不宜公开发表，故对作品作了部分修改，使之更臻于完善。"这一说明当然既特殊又意味深长，究竟发生了什么事？让我们稍微深入地了解一下冲野在"大逆事件"中先是受到牵连，后又被救出的经过，以及事件发生后他所处的新宫町的环境吧。

冲野岩三郎，1876 年出生于和歌山县日高郡寒川村（现在的日高川町），他从和歌山师范学校（现在的和歌山大学）毕业后当了小学教员。冲野对宗教怀有强烈的兴趣，先是信仰了天理教，不久改宗基督教，在 1902 年二十六岁时接受了洗礼。1904 年，也就是日俄战争开始的那一年，他进了明治学院（现在的明治学院大学）神学系，受托尔斯泰的影响，成为一名反战主义者。在明治学院学习期间，他曾反对全校学生一起到品川车站欢迎元帅东乡平八郎凯旋的活动，留在教室里没有出去。冲野传记的作者野口存弥在《冲野岩三郎》一书中介绍说，当时同样在神学系的贺川丰彦[1]也拒绝去欢迎东乡。

1906 年夏天，冲野来新宫传教，在这里他认识了比他年长九岁的大石。冲野受到大石很大的影响，这次相遇决定了冲野后来的人生。次年 6 月，他将像被什么东西吸过去一样奔赴日本基督教会新宫教堂任职。根据新宫教堂《百年史》的记载，该教堂是大石诚之助的长兄余平创设的。大石本人在他的大哥创设新宫教堂那一年在大坂西教堂接受了洗礼，但是他并没有成为那种很虔诚的基督徒，反倒是社会主义的色彩更加浓厚。大石在美国、印度生活过，知道世界之大，同时他又是一名医生，在日常生活中

---

1　贺川丰彦（1888—1960），日本著名基督教人士、主张和平的社会活动家。

实践着自由、平等、博爱，冲野被这样一个人所深深地吸引，他后来在自己的文章中就两人的关系写道，两人当时几乎每天都要来往。通过大石诚之助，冲野还结识了高木显明、成石平四郎、崎久保誓一等人，并认识了到大石家来的森近运平、秋水，以及年轻的无政府主义者新村忠雄（1909 年 4 月至 8 月，他在大石医院的药房当实习生）等人。

　　冲野虽然倾向社会主义，但他毕竟是一名基督教牧师，因此当旨在消灭社会主义的国家阴谋蔓延到熊野时，尽管他的家被抄，本人也被抓到警察局关了几天，但是最后没有被申请预审，得以免遭连坐。为什么自己的命运和上面提到的其他人有那么大的不同？关于这一点冲野在战后有过说明。他说，与那次在新宫举行的新年会（1909）有关的一件偶然的事情成为他和其他人的命运的分水岭。在那次聚会中，大石介绍了 1908 年 11 月自己与幸德等人交谈的内容，而当局则认为这是在谋划召集"决死之士"以"暗杀天皇"。据冲野说，在准备那次新年会时有一封征求大家参会意愿的传阅信，一开始信上写有大石、冲野、显明、平四郎、峰尾和崎久保六个人的名字：

　　　　"成石君，今晚聚会喝酒吧？"医生看到平四郎写的传阅信后问道。

　　　　"当然，过年嘛。"

　　　　"是吗，那么冲野君他不喝酒，来了也很孤单，干脆不要叫他了。"

　　　　"可是，医生，我已经把他的名字写在传阅信上了。"

　　　　"写了也可以去掉啊。"

　　"可以是可以，但是他不来的话，说话就没意思了。"

　　平四郎拿起笔，有点不开心地将冲野的名字划去了。

　　这是冲野在《文艺春秋》1950 年 2 月号上透露的。冲野从年轻时开始就以能说会道而出名，每次参加聚会好像话都很多。与谢野宽和晶子夫妻俩也喜欢和冲野一起说话。确实像平四郎所说的那样，"他不来的话，说话就没意思了"。但是，按照医生的指示，冲野的名字还是被划去了，由此也决定了他的命运。不过 1950 年还活着的崎久保好像并不知道这一决定了冲野后来命运的插曲。

　　为何在被卷入了事件漩涡的人中间，唯独自己最后没有进监狱，对此冲野自己也一直在问自己。虽然上述插曲加上其他一些偶然的事情可以得出此乃"宿命"的结论，但是他非常看重自己缺席 1909 年新年会这件事。他之所以在整个大正时期不停地写作，以"大逆事件"的受害者为人物原型留下了好几部作品，并且不仅一直照顾那些受到事件牵连的人，还一直照顾受害者的遗属和家属直到战后，大概也隐含着对这一命运的强烈感受以及不让自己遗忘的意图。

　　在小小的新宫，人们开始用怀疑的目光注视冲野，堺利彦在慰问事件受害者的遗属和家属之后，在东京向其同志汇报时也提到了这一点。该事件发生之后，新宫教堂陷入困境，教友的数量锐减至不到十人。冲野也被当局列入了"需特别观察者"名单，受到特别监视。根据《新宫市史》的记载，1915 年 7 月，朝香宫鸠彦王到访熊野的时候，街上洋溢着欢迎的气氛，但是冲野所在的新宫教堂窗户全部被关闭，夫妻俩遭到软禁。"当时的新宫町像是一所监狱，而我像是被关押在监狱中的囚犯。"冲野在其小说获奖后曾经这样写道。在其第二本小说集《生命之赌》（警醒社书店，1919）的序言中，他也写道："1910年至1917年，对我个人而言是极为恐怖的时期。"确实，在那些日子，即便是风声鹤唳也会令其魂飞魄散，浑身颤抖。

《宿命》这部作品是处于上述境遇中的冲野在决心"逃离"新宫之后，将自己在新宫的十年中与各种各样的人的交往作为背影或者背景，和事件交织在一起，以深刻和超乎想象的体验为基础写成的。但是，小说的主题并没有围绕事件的起因本身展开，当然，也没有提及天皇，它描写的都是一些事件外围的事，就此而言，它并没有超出文艺批评家渡部直己所说的"国家所规定的作品环境"这一范围。但是，作为一部关照"大逆事件"的叙述，实际上即便如此也很重要。

《宿命》总算登出来了，不过在走到这一步之前，还发生过一件事。以下是《东京朝日》社会部记者栃内给内田鲁庵的信，时间落款为1918年2月19日，也就是评选结果出来两个月后。

　　（前略）《宿命》警保局已审毕，结果为全部不能刊载，甚为遗憾。其理由概言之为《宿命》之背景中有违禁之处。《宿命》中屡屡使用"该事件"一语显指大逆事件，作品中亦有令人联想为幸德、大石及其他事件相关者之人物……窃以为作者意在让世人重新记住该事件。虽然第一、第二两篇刊载并无妨碍，但若仅刊此两篇无异于扼杀《宿命》之生命。无奈之下与大阪方面再三商量，结果大阪方面提出以下三方案：

　　其一，明知会被禁而照样刊载

其二，修改违禁处后再行刊载

其三，违禁处用空格表示后刊登

山本之意为：方案一绝不能赞成，刊载后被禁影响恶劣；方案二最为可行，但作者难以接受；方案三空格太多则不仅妨碍意思表达，且会令读者生疑。因此目前至难刊载，甚为遗憾。伏请大兄谅察当局之固执，予以海涵。

以上，谨呈

内田大兄

愚侍

社会部枥内吉胤

顿首

（后略）

这封信是野村乔在内田家里发现的，1965 年，清水三郎在《武藏野笔会》第八期上做了介绍。据野村说，信中所提到的"山本"是如是闲的胞兄山本松之助，他当时担任《东京朝日》社会部部长。就像信中内容所显示的那样，围绕刊登《宿命》一事，内务省警保局进行过事先审查，《大阪朝日》和《东京朝日》两家也进行过协商。信中"前略"的部分中有"或兄台已从山本处得知"一句，这表明有关方面可能在评选结果出来后不久，最晚在这一年的年初就进行了商量，并且已经接受了警保局的事前审查。到了这一阶段虽然提出了三个解决方案，但三个方案都存在困难，所以向鲁庵报告，倾向于不刊登该小说。清水认为，这篇小说"确实受到了内部审查。在当时，做这样处理也是不得已"。

确实，当时的国家拥有报纸法等剥夺和镇压言论自由的法律，不时受到"禁止发行"处分的朝日对于刊登以"大逆事件"为背景的作品存在神经过敏，这是可以理解的，因为就在1918年，小心翼翼的"大朝"也已经受到七次禁止发行的处分。但是，即便如此，对于该报自己放弃言论自由、实际接受了事前审查这一事实，也不能等闲视之。

最后，朝日选择了第二方案，决定修改后刊载。我们不清楚是否有人和冲野商量过事前审查的事，但是在如是闲3月13日给冲野的信中是这样写的：

> （前略）警保局情况未变，故唯有向兄台提出过分之要求，对此深感歉意。敝社亦希望完整无瑕地刊载《宿命》，然而官僚政府有种种之担心，其方针未变，稍有涉及大逆事件者，即便仅为背景、逸事，亦不许在会话中有丝毫表现。此种做法实属荒唐，但是就上述方针而言，想必《宿命》无法刊载，即使勉强刊载亦会即刻被禁售，并给兄台添加麻烦。此事务请兄台尽早了解。
>
> 内田鲁庵无论作为审查委员，抑或作为个人，为兄台之大作所吸引，赞赏有加。故我想能否承蒙关照，兄台修改后之大作先交其阅看，而后再给敝社。（中略）贵稿可直接给内田，亦可由枥内转交，视兄台方便。此事至急，拜托。
>
> 我将请枥内告知鲁庵大致情况。
>
> 多有麻烦，甚为抱歉。

信中有些地方比较难以看明白。从字面上看，朝日知道警保局完全不同意刊登冲野的小说；为了能够刊载，要求冲野对作品进行"修改"（实际上是涂改），然后给鲁庵看，最后给朝日。此事很急，看上去当时已经开始在进行了。假如是这样，因为当时不像现在有复印机，当初应征的原稿大概已经回到了冲野手边。冲野果真会修改吗？他会以怎样的心情应对"修改"的要求呢？没有反映冲野此时心境的书信材料，冲野自己写的手记中也没有相关记载，但是可以想象，冲野不会唯唯诺诺地根据要求进行"修改"。虽然从他入选后所写的手记以及他给栃内的信中所使用的"该事件"这一表述可以想见，当初他在写应征稿时，就对"大逆事件"非常克制，避免直接谈及，但是即便如此，他毕竟还是想要将关于该事件的记忆传递给社会的，否则他就不会写这篇小说了，因此，"审查和修改"大概让冲野感觉非常难受。

　　关于"作品修改"一事，冲野似乎希望如是闲到时候能将鲁庵修改后的稿子再给自己看一下，因为如是闲在落款为 4 月 19 日的回信中写道，"如您所说"，指出冲野非常在意由鲁庵来对原稿进行修改一事。作为原作者，冲野提出这一要求是理所当然。对此，如是闲在这封信中回复道，如果冲野想看鲁庵修改后的稿子，没有任何问题，请尽管说，自己将提供方便。在表达了上述意思之后，如是闲在信中提出了一个令冲野无论如何都感到为难的要求：

　　概而言之，贵作之修改乃迫于官府之压力。关于此事，世间自有公论，且贵作之原稿即便不能面世，作为文献亦有充分之价值。（中略）我想将原作原封不动永久存放于本社文库。至于修改后大作之发表，若有某种含义潜藏作品其后

（即其表述之性质系当局无法干涉者），亦甚为有趣。此请或有勉强之处，然若能再加斟酌则不胜感激。

　　从信中可以看出，原稿因为官府的压制而不得不进行修改，《大阪朝日》社会部部长如是闲希望能够将原稿中的某些含义在修改稿中隐隐约约地表露出来。他在提出这一变通要求的同时，还表示希望将原稿永久保存在大阪朝日新闻社。最后过程大概是这样：冲野拼命地修改从朝日退回的稿子，以便让人看不出有"大逆事件"的影子；冲野完成修改后将稿子交由鲁庵进一步修改；鲁庵修改完后又给冲野看了一下；然后给了《大阪朝日》。鲁庵高度关注"大逆事件"，他制作剪报，还留下了许多感想，并从"政治史及思想史"的角度，给了《宿命》这篇小说近乎满分的评价。然而经此一来，这部原本得到鲁庵高度评价的小说发生了变化。作为自由主义左派媒体人的如是闲在多大程度上知道"大逆事件"背后可怕的黑幕、冲野以隐晦的笔调写作《宿命》的想法及其心中的不得不写这部小说的冲动呢？

　　历经曲折，《宿命》总算从1918年9月6日开始连载了，先是"遗言"（共三回），然后是"归朝"（共五回），接着是"诱惑"（共四回）……一回一回地连载着。连载开始后差不多过了一个星期，如是闲给冲野发了一封信（落款时间为9月13日），在信中如是闲表示，读者对小说的反应很好，有的还寄来了读后感。读者寄来的读后感，除了已经转寄给冲野的以外，今后还将随时转交。然而，就在如是闲写这封信的时候，《大阪朝日》遇到了一场关系到报社生死存亡的危机——"白虹事件"，这一事件也是日本媒体史上最大的事件。

第一次世界大战的刺激带来的经济景气以及出兵西伯利亚的风声引起的囤米风潮导致米价暴涨。在此背景下，从 7 月下旬前后开始，富山县鱼津地方的渔民的妻子们阻止大米外运，并且袭击米店等，发生了所谓"米骚动"。在极短的时间内"米骚动"蔓延到了全国各地。当时的寺内正毅内阁下令禁止报纸对米骚动进行报道，东京、大阪等地各报社强烈批评当局的这一举措，要求"言论自由"。《大阪朝日》是当时传媒界批判寺内内阁反立宪主义、出兵西伯利亚以及粗暴镇压舆论的急先锋。8 月 25 日，关西地区八十六家报纸和通信社的代表共计一百六十六人在大阪饭店集会，声讨政府的举措。26 日出版的《大阪朝日》晚刊对此进行了报道。报道中使用了"白虹贯日"一语。"白虹贯日"一语在中国古籍中用于比喻天子统治即将崩溃的前兆。一直在伺机镇压《大阪朝日》的内务机关自然不会放过此事。他们以"白虹贯日"一语冒渎皇室尊严、试图改变政体为由，立即禁止当天报纸发行，并告发编辑和记者。

当时有《报纸法》这一镇压言论自由的法律，该法律规定，报纸如果刊登冒渎皇室尊严和改变政体之类的内容，法院不仅可以禁止涉事报纸的发售，而且可以禁止整个报纸的发行（第四条）。其他报社对于当局镇压言论自由的做法没有提出抗议，全都保持了沉默，于是《大阪朝日》一下子被逼入了绝境。在法院首次开庭审理后的第三天即 9 月 28 日，社长村山龙平大白天在中之岛公园受到右翼团体的袭击。为了避免报纸被停刊，报社向权力屈服，村山、鸟居、如是闲等干部离职，12 月 1 日，报社全面道歉并表示悔改。并且，为了刷新报纸版面，《大阪朝日》公布了与《东京朝日》共同的编辑纲领，宣誓恭顺国家、忠于皇室。到了年底，虽然有两人被判有罪，但是《大阪朝日》最担心的被禁止发行的局面得以避免。"白虹事件"是在日本发生的以权力批判为生命的媒体结果却不战而亡的最大的一次事件，它直接导致了报纸报道转向与战争合作。而围绕着以"大逆事件"为背景的《宿命》所发生的"事件"出现在"白虹事件"之前，正因为如此，其意义尤为深刻，更何况其事实至今仍然几乎不为人们所知晓。

连载开始后大概过了两个月，冲野提出了连载到第八十六回结束的请求。原本计划要连载一百二十回的，为什么中间要求结束呢？其理由不明，或许是他觉得厌烦了。对于冲野的请求，接替如是闲担任社会部部长的冈野养之助在 11 月 10 日给冲野的回信中表示没有异议。不过《宿命》的连载，在 11 月 22 日第七十八回刊出后便戛然而止。在冈野落款时间为 11 月 16 日的信中有"根据我方意愿终止刊登"的内容，可见《宿命》最终停止连载很可能是来自朝日方面的要求，当时后者正处于"白虹事件"的关键时刻。在这种情况下，冲野在第七十八回结尾处注明"上篇 结束"。当时冲野希望能够在报纸上刊登一则关于将出版单行本的预告，但是遭到冈野的拒绝，理由是不符合报社内部规定。

连载被中断了一年之后的 1919 年 12 月，冲野出版了《宿命》的单行本。在同一时期，永井荷风发表了小说《烟花》（载《改造》杂志），在这篇小说中，他将没有对"大逆事件"作出任何反应的自己贬为"江户的戏作家"。《宿命》的出版商是位于东京银座的福永书店。该书篇幅很大，分为"上篇 恋爱观"和"下篇 社会观"两部分，合计五百十一页，由富本宪吉装订，装在一个布盒子里。从当时的印刷技术考虑，冲野应该在《大阪朝日》连载该小说时就已经开始准备出版单行本了。在《宿命》的扉页上作者冲野写道：

"本书原稿共一千一百八十页，每页十行，每行二十个字。其中七百七十页完全没有作为有奖征集小说在《大阪朝日》上发表过，其余四百十页中的内容也做了很大的改动。"

如果是这样的话，此次初版的版本和刊登在《大阪朝日》上的几乎不是同一部作品，大概更加接近于原作。不过，关于《宿命》的手稿存在很多疑团。最初冲野写的稿子写在一页二百字的稿纸，总数超过三千二百页，冲野从中抽出了约一千页去应征。他在小说入选后撰写的手记中写道，剩下的部分在搬到东京之后被当作废纸以及用作手纸了。长谷川如是闲在"修改"时寄还给他，并且希望予以留存下来的应征原稿后来去向不明。不过，保留下来的《宿命》手稿现存于两个地方。一部分在"冲野岩三郎文库"，那里的手稿共有四十页，是用二百字的稿纸书写的，每行十七字。这些手稿被认为是用作报纸连载的，但是其内容和报纸上刊出的并不一致，和单行本也不一致，无法判断到底是冲野当初留存的初稿还是后来大阪朝日返还的原稿。另一部分手稿是1926 年 7 月 14 日冲野赠送给上野图书馆的，战后由国会图书馆继承（和式装帧，分为四册，作为贵重资料由古典文籍处保管）。这批手稿是用二百字的文稿纸书写的，一行二十字，约一千二百页。在现存于国会图书馆的这批手稿的"后编"中写有被认为是"大逆事件"的事件，和初版的单行本上的内容一致。但是这批手稿中有冲野标注的"删除八十四页""删除二十四页"等字样，那些删去的部分或许和"大逆事件"有关。

不管怎么说，虽然冲野出版的单行本在当时属于边缘作品，没什么影响，但它也是对遮蔽和压制有关"大逆事件"记忆的当局以及具体承担相关事项的"大朝"的一次小小的反击。单行本《宿命》没有遭受禁止发行的处分，这或许是因为单行本和报纸发行量的差距所致——前者的发行量少，后者的发行量很大。

# 第七章 抵抗

小说《逆徒》的作者平出修（平出洸提供）

余身为律师经历过无数次审判之修罗场，却未曾料想事态会变得如此。余文学与思想上之友人啄木得知二十四人被判死刑，其时代与社会被囚狱中之闭塞感愈发强烈，来信叹曰"日本休矣"，其与他人讨论之时以拳叩桌，曰"V NAROD！（到人民中间去）"，[1] 然而却以二十六岁之青春韶华而离开人世，令人唏嘘。余虽身处漩涡之中，却未曾向他人讲述该无耻审判之实相。判决太过残酷，余愤怒至极，不再言语。为保己身乎？……然并非如此。……秋水于判决之前即已看透事情之本质，其在信中批评日本之文学过于脱离实际，似期望有具令其感动之与人生有关之文艺作品，记录该案并传至于百年之后。该记忆确须得到传递……于是余小心谨慎、未敢疏忽写成此书。它……

虽然并未登台，但毫无疑问，"大逆事件"当时的"幕后主人公"是明治天皇。明治天皇走后，舞台换了一幕，新的天皇登台了。新天皇上台后不久，1913 年 9 月 1 日，天还没亮，位于东京日本桥区本町三丁目的出版社博文堂突然接到内务省的指令，该出版社发行的《太阳》杂志 9 月号因妨碍秩序稳定，根据《报纸

---

1　19 世纪 70 年代俄国民粹派提出的口号。

法》禁止发行。这一天出版的《东京朝日》第一版报纸名称的边上刊登有《太阳》杂志9月号开始发行的广告。那时的报纸第一版几乎都是广告。《太阳》是一份综合性杂志，以风格高雅、稳健和保守而闻名，就是这样一份杂志竟然也会受到禁止发行的处分，这是自该杂志创办（1895）以来从未有过的事。本来夏天就还没结束，得知这一消息后出版社里就更加沸腾了。

次日发行的《东京朝日》刊登了一则报道："《太阳》禁止发售　博文堂发行的《太阳》杂志第九卷第十二号被认为扰乱秩序稳定，于昨日遭禁止发售。"仅此而已。这则报道刊登在该报第五版倒数第二段，文字不足三行，间距很小，不仔细看的话几乎看不出来。禁止杂志发行这一压制言论自由的事件，竟然被隐藏在了其他报道的缝隙之中，可见当时媒体自身言论自由意识之淡薄，以及政府管制力度之强大。当时读者所知晓的仅仅是禁止发售这一事实。

隔了一天，4日发行的《东京朝日》第七版上的文艺短消息栏目"演艺风闻录"中刊登了有关禁止发售的进一步报道："《太阳》之禁止发售与平出修之小说《逆徒》有关，该小说描写了幸德一案。博文堂已相当小心，以为无问题而予以刊出，结果却遭此厄运。有名为本乡学人者投书，大意曰因区区一篇《逆徒》而牺牲其他内容，实为读书人难以接受之事，书商有订正再版之责，当局亦应以宽大为怀。"

刊登在1日发行的报纸上的《太阳》杂志发售广告中有"《逆徒》（小说），平出修"的内容。小说作者平出修（1878年出生）是"大逆事件"被告方的辩护人。他曾经在案件审理过程中，从思想史的角度尖锐地批驳检察官平沼骐一郎提出的"可以对信念

（思想）进行审判"的观点，平沼时任司法省民刑局长，是该事件的主导者。作为一名年轻的律师，平出修的辩护词感动了当时在场的幸德秋水、管野须贺子、新村忠雄、大石诚之助等被告。我们已经看到过平出作为思想家在黑暗的法庭上放射出来的光芒，但是当时社会上并不知道他在封闭的法庭上所做的义正词严的辩护。修特意给他的文学朋友石川啄木看了与事件有关的法庭资料，为其抄写秋水的"陈辩书"提供方便，并与之交换了关于社会主义和无政府主义的意见。啄木当时在朝日新闻社工作，加之与修的密切交流，从而得以写出《所谓这次的事情》、《日本无政府主义者阴谋事件的经过及其附带现象》以及最为出色的《A LETTER FROM PRISON（狱中来信）》及其注解"Editor's Note(编者注）"等极其重要的评论。修和与谢野夫妇是从新诗社时代就认识的故交，他和当时担任陆军军医总监这一最高职位的森鸥外（林太郎）是在新诗社的聚会上认识的。鸥外对欧洲的丰富体验使其通晓社会主义和无政府主义的理论和实际状况，另一方面，受"大逆事件"黑幕的影响，他又像厌恶蛇蝎般地厌恶社会主义；他是山县有朋得力的幕僚，甚至向明治天皇写过建议信。森鸥外根据从事件中获得的素材，发表了一系列充满寓意的作品，较为典型的有《沉默之塔》（1910）、《宛如》（1912）等。有人认为，修从像鵺[1]一样的鸥外那里，接受了关于无政府主义等新思想的影响。

　　平出修出生于新潟，从二十岁左右开始喜欢上了短歌和评论。在明治法律学校读书时期因主办《新派和歌评论》而受到关注。

---

1　鵺是日本古代文学作品中记载的一种怪物，其外形兼有代表不同方位的主要动物的特征。

他将杂志《昴》的编辑部设在了位于神田区北神保町的自家住所兼律师事务所内，自己也成了《昴》的出资人。这份杂志是在新诗社领导人与谢野宽创办的《明星》停刊后创办的。虽然当时他在文学的世界中并不那么出名，但是"幸德事件"和《逆徒》这一标题足以引起读者的兴趣。

博文馆的应对实际上非常迅速，像是事先已经考虑到会遭到当局的镇压。在受到禁止发行处分的第二天，博文馆就出版了9月号的订正版，用广津柳浪写的小说《祭礼之前》替下了《逆徒》。我是从山崎一颖写的《近代文学笔祸事件抄》（《国文学》，1964年10月）中得知《太阳》杂志在受到禁止发行处分后出版了订正版这一事实的。但是我查了从创刊号到最后一期的《太阳》杂志的原刊、复刻本，以及CD-ROM版的日本近代文学馆等的档案，都没有发现订正版。平出修的孙子平出洸（1935年出生）和我一样，也是一开始知道禁止发行处分一事，但不知道有订正版。最后我是在由《滑稽新闻》的创刊者宫武外骨担任主任的东京大学"明治报纸杂志文库"中发现了《太阳》杂志9月号的订正版的原件，宫武外骨曾经在财政上持续支持森近运平的《日本平民新闻》。但是，该文库中却反而没有被禁止发行的那一期《太阳》杂志。

这份9月号杂志的左上角用红色字体印着"订正再版"四个字，在卷末第二百三十九页上刊登有一则编辑部公告，标题为"关于本刊禁止发售"：

"本刊于8月31日已全部印刷完毕，同日至9月1日正在发送之时，突接来自警察官府之严令，遭受禁止发售之厄运。

关于禁止理由，公文认为本期扰乱秩序稳定，但未明示具体篇目。推测乃平出修精心创作之长篇小说《逆徒》，于是本编辑部将该部分全部改版，重新装订后再度问世。（后略）"

编辑部公告的落款日期是"大正二年（1913）9月2日"。去掉《逆徒》后的订正版得以原封不动地出版发行，这一事实已告诉人们禁止发行所针对的对象。一般读者到手的9月号《太阳》杂志中已经没有了之前广告上所预告的长篇小说《逆徒》。在禁止发行之前的《太阳》杂志的封面上，列有十五篇作品的名称，其中《逆徒》的左端印着"平出修"的名字（其他作品除了内田鲁庵的以外，都没有注明作者名字）。对此，平出洸认为，这样做"或许是出于好意，但也可能是因为《逆徒》是这一期的卖点"。杂志是四六开的，打开目录页，在被禁止发行的那个版本的左端页码的末尾标明《逆徒》（小说）从第二百零七页开始，我翻了一下，总共有三十三页，篇幅比平出修写的其他小说长许多。

一般的读者是到了战后才得以看到《逆徒》，但是好像也有不少读者在当时就弄到了被禁止发行的《逆徒》。平出修的同乡、作家相马御风（昌治）在给修的信中写道："在我认识的人中间好像也有很多人买到了。"此外，根据小田切秀雄编的《发禁作品集》，在1916年秘密出版的禁止发售作品集《明治文艺侧面钞》中，也收录了《逆徒》这一作品。不过那时《侧面钞》是非卖品，只发行了五十部，看上去像是地下出版物，由此可见当时读过《逆徒》的一般读者还是极少。

　　——判决的理由长之又长，当然这样做有这样做的道理，其实归根结底只不过是四五个人的犯罪事件……

《逆徒》中这样写道。这篇小说的写作手法采用的是法庭手记的形式，即根据一名年轻律师（被认为是平出修本人）的法庭见闻。小说中的主人公是受到事件牵连的大阪铁皮匠三浦安太郎（小说中的名字为三村保太郎），秋水（小说中的名字为秋山亨一）、须贺子（小说中的名字为真野铃子）等人为配角。作品中描写了辩护人所见到的被当作"大罪人"的三村在监狱和法庭中的懊丧、动摇等心理状态，同时还刻画了迎合政治权力、从头到尾抛弃了司法的独立立场的大审院审判长鹤丈一郎的身影。在预审阶段捏造出来的事件，通过法庭被制成了"大逆罪"这一"成品"，也就是说，所谓法庭审理只不过是预审环节的重复，小说清晰地呈现了这一过程。当时被禁止旁听的人们读来，会有一种身临其境的感觉，残酷的司法的真实面目将会活生生地出现在他们的眼前。在小说的结尾处，作者安排辩护人在死刑判决后不久与新闻记者交谈，随后让其在心中自言自语地说道："我乃蔑视判决权威之第一人。"然后结束。小说静静地呈现了充斥于大审院法庭的权力的肮脏姿态。

《逆徒》是一篇由在场的当事人从正面描写的纪实小说，它揭示了"大逆事件审判"过程是所谓"大逆事件"的重要组成部分这一事实，抨击了"天皇的法官"们在紧闭房门、拉下帷幕的舞台上所表演的审判的非正当性。当然，在小说中天皇本人没有出现，但是平出修还是充分利用自己作为该案的律师这一有利条件，写出了直击核心的作品，这是同时代的其他文学家所无法达到的。平出修写这部小说时，社会主义在狂风暴雨的袭击下已被迫沉默，而且距离该事件发生也只不过两年时间，即使从这些方面看这也是一部"保持了极其勇敢的姿态"（渡部直己语）的小说。修在动手写这部小说时大概已经下了决心，要将关于"大逆事件"的记忆保存在文学的世界中。

我们知道，判决结果出来后，修对其内容极为愤怒，不过他对自己说，关于事件"须保持缄默"。他在判决后不久给管野须贺子的信中也写道，"判决之当否留予后世评判吧"。在啄木去世后不久的 1912 年 9 月，平出修以在"大逆事件"中拒绝担任辩护人的著名律师江木衷为人物原型，写了小说《畜生道》。10 月，他又以秋水和须贺子为人物原型，发表了《计划》。在《计划》中，作者描绘了事件发生前夜，一对革命男女的爱情、思想和行动的纠葛。一年之后，他完成了《逆徒》。前两篇作品并没有涉及事件的本质，可以看作是写作《逆徒》的准备。洗认为，"修大概是觉得差不多可以开始写了，能够写下去了，才下决心动笔的"。那么，在判决后的一年半时间里，修的内心有没有发生什么变化从而促使其打破原先的"缄默"呢？洗认为，啄木的存在及其去世对修的影响极大。

虽然在和啄木的讨论中，修的思想和啄木的思想并不一致，但是，他们似乎都强烈地意识到了必须参与到现实社会之中。他们好像已经开始认识到原来那种"自顾自"的生活态度是错误的。那么当时又有谁能够讲述事件的本质呢？当事人要么被杀，要么被囚禁在监狱中，从那个丑恶的法庭开幕一直到落幕，和被告们一起一直站在舞台上的只有律师，而在十一名律师中，同时身为文学家的只有修一人。还在判决之前，秋水就在修的一封信中谈到了自己对修的辩护发言的感想，秋水写道："即使想说也不能自由地说……我一直在想，大概会有谁来代我说的吧。"这段话似乎就是对修的期待，大概对修产生了影响。此外，原来和修一起关注"事件"的啄木突然消失了，这一打击恐怕也对他产生了影响……

关于平出修解除"缄默"的背景，洸还举了另外一个因素，那就是芦花的《谋叛论》的影响，不过因为修没有留下日记，所以洸认为这一点只能通过当时的状况加以证明。"当时因为若干因素叠加在一起，当局也没有加以追究，或许因此他觉得这件事可以写。"这是熟知《报纸法》等的法律实务工作者在充分准备的基础上费尽心思写成的作品，但最后还是被拆得七零八落，这件事给修带来了极大的冲击。

"上月《太阳》因刊登余近作之小说《逆徒》而遭禁止发售。若此事发生于余所主办之杂志或许余不会有所言。然此事发生于《太阳》杂志，而该杂志自创刊以来于十有九年之漫长之时期内表现出色，从未遭受禁止发售之处分。该杂志以在日本之知识阶级为读者，稳健而不陷于保守，进步而不追求奇矫，立场鲜明，一代名流纷纷投稿，于社会中享有信誉。拥有如此历史与立场之《太阳》杂志此次被以扰乱秩序之名而遭警方处分，据说系因刊登本人作品所致，为此余不能仅顾己身而沉默不语。"

对于禁止发售处分，平出修没有逆来顺受，而是奋起反驳。10月1日发行的《太阳》10月号上发表了他写的近万字长篇驳论《关于禁止发售》，对政府的举措进行批判、讽刺、质问并嗤之以鼻。这篇文章想必是他在得知受到禁止发售处分后一气呵成的。

"有非难此作品之作者及刊载此作品之《太阳》者，当局者亦因涉及'某事件'一语而心惊胆战匆忙禁售，余不知此乃前者之恶抑或当局者之目光短浅，但坚信当局者之处置必遭冷笑。若使余等亦被嘲笑，则恐系在如今之依照自身道德鼓吹贱民主义之当局者监视下，不知时务发表该作品而已。言及于此，或余当初已完全高估当局者。思及其时为免于当局者之误解，余违背艺术良心，每每调整笔意，而今却皆为徒劳，甚觉可笑。"

平出修接着透露，小说被禁后，周围有人说，大概是因为标题有问题，"现今之政府"恐怕不能容忍这样的标题，但是其实关于这一点他当初也是考虑过的，他另外还准备了两个标题给了编辑，但是编辑希望他"尽可能使用《逆徒》这一标题"。他斩钉截铁地表示，"余向来讨厌作假"，自信该小说并非"扰乱秩序之作"，所以"无任何迎合之必要"。由此，他甚至给周围人所说的"若是现今之政府"这一说法加了一个注解，认为他们的意思是说，"若是现今之愚蠢政府"。

修继续进行反驳，他断言，做出禁售决定的政府当局者并未认真读过《逆徒》。他从法律专家的角度追问道，说小说违反报纸法，那么他们理应从头到尾读过这篇小说。如果确实读过，则"余想质问当局者，作者对所涉题材如何处理、如何防止世人之误解有无给予充分注意？当局者对此有无鉴查？"。考虑到当局者根本不会理会自己的质问，加之"以小官差为对手亦非大人之所为"，他决定诉诸《太阳》杂志读者自身的判断，通过对相关事项的进一步详细阐述来针砭禁售决定的非正当性，然而他接下去写的一段内容却换来了"（此处约二百行全部删除）"。从刊登这篇文章的杂志的版面计算，二百行大约是四千六百字，如果换算成二百字的文稿纸，大约有二十三页，可见被删除的篇幅相当大，而这一删除是编辑部做出的判断。

在这一期《太阳》杂志上刊登了一篇题为《禁止余录》的编辑部纪事，对相关事项做了说明，其中蕴含着对当局的抗议："未能将全文呈现于读者面前，删除了诸多较重要之部分，笔者对事件之内容只字未提，对此不胜遗憾。"

修亲笔写的原稿几乎都没有了，《逆徒》也好，《关于禁止发售》也好，手稿都没有留下来，因此人们并不了解其批判的核心内容，想必非常激烈吧。即便如此，人们还是要问，平出修决不妥协的正直精神、反叛力量到底出自何处？留存下来的修的照片并不多。洗所持的那张照片正好是在《逆徒》事件发生后不久拍的，宽宽的额头，端正的脸庞引人注目，但是看上去比较瘦弱。他身高一米五十六，和啄木一样，小个子，身材单薄。他说过，自己从小身体羸弱，胸中根本没有律师所需要的那种劲头，大概是因为长期经验的积累，他才逐渐为人所知。

随笔家生方敏郎在《平出修遗稿》中写道，"这是一个靠得住的人，……略显黝黑的脸上稍带骨感，虽看不出有豪杰般的强大，但绝不弱小。而且其眼神虽不可怖，但一旦瞪起来，也会让人感到压力"。或许是因为从小就是一个好胜、顽皮、不听话的孩子，长大以后，当遇到"大逆事件"这一世纪大案，长期养成的反骨精神便像火焰一样喷薄而出。在大审院法庭上进行激辩时，他大概也瞪着眼睛吧。他曾经给作家生田葵山做过辩护，后者的作品《都会》被以伤风败俗为由禁止发行，从那时起，平出修就对"言论、著书、刊行、集会及结社之自由"这些当时所谓的四大自由反应敏锐。在十二人被处刑后不久，他就对前来向他借秋水等人的狱中书信的啄木发泄过对民权所受到的压迫的愤怒，关于这件事啄木在其《日记》中有记载。啄木因为遭遇"大逆事件"思想发生很大变化，而平出修或许因为受到啄木的影响，也进一步发生了戏剧性的"转化"。

　　平出修就是这样一个人。不过此时（1913年3月）他的身体已经受到病魔的侵袭，被诊断为患上了骨头坏死症（结核性脊椎炎）。然而，根据他自己的记述，即使在卧床期间，"余对艺术之憧憬、对社会之感激不允许余静观、冷观、默观。读每日早晨之报纸必有一二之令人愤慨之材料。余也曾能言善辩、活蹦乱跳，如今岂能安闲如此？余生于愤慨，恐亦将死于愤慨乎。"（《黄蜡灯之花》）虽然伤感的语气中依然充满了勇敢，但是刚刚踏入写作社会小说门坎的他还是在1914年3月17日追随啄木而去，时年三十七岁，此时距离他的小说遭禁与提出反驳不到半年。

　　平出修的小说《逆徒》想要通过对审判的描述来揭示真相，它可以说是当时唯一一部正面关注已被打入社会"记忆盲区"的"大逆事件"的作品。虽然佐藤春夫当时写过悼念被处死的大石诚之助的诗歌，但是那里用的是"愚者之死"这样的反语。尽管因为《逆徒》被禁，平出修未能实现最初的设想，但是他留下了对当局禁止发行举措的批驳，使当时的社会知道有《逆徒》的存在，这本身就是其对当局歪曲事实的做法坚决抗争的成果。他的同乡御风在给他的信中赞扬了在令人窒息的言论环境下所进行的这一勇敢尝试："你的艰辛付出并没有白费。"

　　修去世后三个月，1914年6月24日清晨5点50分，他曾经为之辩护的净土真宗僧侣高木显明在秋田监狱用和服上的腰带自缢身亡，时年四十九岁。据说他是在妻子多子费尽千辛万苦来看他后不久自杀的。当时有包括被以违反《爆炸物管制处罚规定》为由判处有期徒刑的新村善兵卫（被判八年，忠雄的哥哥）、新田融（被判十一年）在内的十四人在狱中服刑，显明是其中最早在监狱中死去的。他的骨灰被收纳于名古屋市内的法藏寺，但是后来在名古屋空袭中灭失了。

两年之后，1916 年 5 月 18 日中午 12 点 10 分，小说《逆徒》中的人物原型三浦安太郎在长崎监狱身亡，年仅二十八岁。说是因为在精神上被逼得走投无路而意外死亡（当然报道也是说他自杀，但实际情况不明）。据说知道三浦的死讯后，在大阪的他过去的同志们于一个月后的 6 月 18 日，在阿倍野给他建了墓，不过这一点以往一直没有得到确认。1981 年秋，也就是判决七十年后，大阪的明治、大正时期社会运动史研究家荒木传和民众史研究家西尾治郎平（已故）二人在位于大阪市阿倍野区的阿倍野斋场（现在的市立南陵园）约一万座墓石群中找到了他的墓。

2007 年 12 月中旬，我在荒木的引导下，去了三浦的墓。阿倍野斋场临近高速公路，笼罩在大城市那种铺天盖地的噪声之中。整个墓地非常大，墓石像树林一样，密密麻麻排列着，场内地图都没有，如果没有荒木带路，我多半是找不到的。墓地里有一座看上去很高大的墓，他的主人是明治时期的政商五代有厚，他也是当时关西财界的大腕，三浦的墓就在其不远处。荒木对我说：“那次我们找到三浦墓的时候，他的墓已经倾斜了，而且看上去也没有人来扫墓，很冷清。现在这个墓是 2003 年重建的，已经成了三浦家的墓了。”听上去荒木很怀念他过去到访过的三浦的那座墓。确实，眼前的这座墓连“大逆事件”的影子也看不到了。

在三浦去世后的同一年，1916 年 7 月 15 日下午 1 点 05 分，来自熊本即生寺、仅仅因为曾经出入于《熊本评论》社就被牵连到事件中的佐佐木道元在千叶监狱中病亡。他比三浦小一岁，去世时只有二十七岁。道元在被关入千叶监狱后不久后的 1911 年 2

月 1 日夜里就企图自杀，因为发现及时，被救了过来，此事在当时的《九州日日新闻》上报道过。2008 年 6 月上旬，我在熊本地区的"大逆事件"研究者之一、大阪大学荣休教授猪饲隆明的带领下，到访了即生寺。道元的骨灰合葬在寺院内左侧的"即生寺之墓"。据现在的住持说，熊本地方多水灾，道元的照片也好、遗物也好，什么都没有留存下来。"他和我们寺院没有关系。过去好像有人让寺院申请复审，但是他已经和我们没有关系了。"住持的口吻听上去有点令人不舒服，他反复唠叨着"没有关系"。

　　佐佐木病亡之后过了一年，1917 年 7 月 27 日上午 8 点 20 分，在长崎监狱服刑的冈本颖一郎因胃癌去世，时年三十六岁。大石在东京见过秋水后，在回纪州的途中在大阪的村上旅馆开了一个茶话会，冈本因为参加过这一茶话会，被指为参与了捏造的"大逆谋划"，陷入"大逆罪"之中。冈本的墓没有找到。现在留有当时与他有来往的寒村写的追悼文《回忆冈本君》。

　　在千叶监狱服刑的峰尾节堂因患流感，于 1919 年 3 月 6 日早晨 6 点 45 分去世，时年三十三岁。节堂的墓与大石的墓一样，也在新宫的南谷墓园。十多年前辻本雄一带我去的时候，我看到他的墓和诚之助的墓不一样，深深地埋没于草丛中，上面覆盖着苔藓，很寂静，好像没什么人来。当时去往大石墓的指示牌已经竖了起来，但是峰尾的墓却没有。在节堂去世之前，他的弟弟三好五老去千叶看过他，新宫的乡土史《熊野志》（第六期）上刊登了他讲述的当时的情况："（去看他的时候）是夏天，但那时他已经快发不出声音了。有两个年纪轻的看上去像部长一样的人站在边上看着。哥哥反复叮嘱我，要尽到两个人的孝心。他还对我说，将来的历史学家一定会公布这个事件的真相。部长听到后慌忙说，不许讲这种事情，但是我哥哥根本不理会。"

判决后的八年内，竟有五名无辜者接连死于狱中。虽然他们不是被处死的，但也都是被国家杀害的（死亡时间根据森长写的《风霜五十余年》）。

在接二连三有人在狱中悲惨地死去的同时，被判八年、在千叶监狱服刑的新村善兵卫于1915年7月假释出狱，被判十一年的新田融也在1916年10月获得假释。他们都是因为与明科制材厂宫下太吉的关系而被强行牵扯进去的，其经过情况之前已有叙述。不过在此我还想提一下信州屋代町（现在的千曲市）的新村兄弟俩的事，包括善兵卫出狱后的情况，堺利彦在他的慰问之旅中也没有到过那里。

从信越本线的信浓铁道筱之井站上车，第二站便是千曲市的屋代。从屋代站向北走约七百米，那里坐落着净土宗知恩院派的生莲寺。在该寺院子深处有几座墓石，前面那座就是正气凛然的新村兄弟俩的墓。2007年7月，大岩川嫩等人带我去了那里。墓石的左侧刻着在事件中被处死的弟弟忠雄的法名"礼誉救民忠雄居士"，右侧刻着哥哥善兵卫的法名"贤誉至德善雄居士"（善雄是善兵卫的本名）。在"大逆事件"连坐者的墓石上刻有"礼誉救民"、"贤誉至德"这类表彰死者的法名的，当然只此一处。究竟是谁？在什么时候给予他们这样的法名的呢？

善兵卫和忠雄兄弟俩判决的时候，家中有母亲垫衣和妹妹。他们的姐姐奈和当时已经和毗邻屋代町的板城町的町长结婚。忠雄的遗体一开始没人领取，像宫下太吉一样，被葬在了东京监狱的集体墓地中。1月29日，他的姐姐奈和将他的遗体接走，火化后于 31 日放到了位于东京巢鸭的染井陵园。为何没有葬到屋代的菩提寺呢？因为在染井陵园中有他的表兄弟、浅草教堂牧师永井直治的家族墓地，而忠雄是在永井直治的介绍下接触基督教的，所以才葬在了那里。对于这段稍微有点复杂的历史，长野县短期大学荣休教授盐入隆在相当早之前就进行过调查，他这样推测道："我想，当时他老家的情况根本不允许将其骨灰接回去，即使他姐姐是町长的妻子，也无法将其接回。或许是永井看到和自己属于同一教派的植村正久在富士见教堂给大石诚之助举行了葬礼，受到很大影响，就鼓起勇气将忠雄埋在了永井家的墓地。"

就这样，忠雄的骨灰一开始葬在了永井家的墓地中。说来也巧，奥宫健之的墓就在边上，与永井家的墓地背靠背。2008 年春，还是在大岩川嫩的指引下，我来到了染井墓园。我们找到了奥宫的墓，他的墓非常素洁。墓石上刻有他和妻子纱和的名字。不过此时忠雄的墓已经迁到屋代的生莲寺去了。至于什么时候迁走的，现在也还不清楚。

善兵卫和忠雄兄弟俩的母亲埜衣好像是一个说话很有条理的人。当教堂管事的人来劝说开始远离教堂、迅速接近无政府主义的忠雄时，他的母亲埜衣代替儿子应对教堂的人，说他不在。据说她曾经说过："忠雄讲的那个社会会到来的。"埜衣相信儿子说的话，她期待不久会到来的那个社会大概就是指相互热心扶助的自由、平等和没有战争的世界。那个社会当然也是反映无政府主义思想的社会。然而，"大逆事件"吞没了母亲的这一期待。老家未能将忠雄的遗体运回恐怕还是和判决出来后屋代当地的氛围有关。虽然没有留下记录，但是据说当时町会做出过决议，对本地"出了忠雄兄弟一事深感愤怒"，表示要"义勇奉公"。和其他地方一样，当地的主流舆论也将他们视为"国贼"和"逆徒"。

　　善兵卫曾经在町里管过财务收入，在当地颇有人望，但是其假释出狱后毫无自由，不管去哪里都处于警察的严密监视之下。在警察的记录中有这样一件事，有一次因为警察的行为太过分，无法忍受的善兵卫径直去警视厅提出强烈抗议："为何至今仍然还要对我进行监视？"但是警察并未因此停止对他的监视。善兵卫在母亲身边做了一段时间木屐，这是他在监狱中学会的手艺，不过警察的监视及相伴而来的周围人针刺一般的目光让他感到痛苦，于是他和一个情投意合的酒馆女子离开家乡，去了大阪，具体时间不明，两泽叶子在 1970 年 11 月 10 日发行的《大逆事件真相揭示会通讯》第十八期中记录了此事。此外，根据警察的记录，其在 1917 年 5 月，即假释出狱后约过了两年，去过神户，想要访问当时被关押在谏早长崎监狱的小松丑治的家。

　　小松和善兵卫首次见面应该是在法庭上，他们在事件发生之前并不认识。他为何会去小松家，这里边有很多不明之处。不过他最后没有找到小松家。后来他经熟人介绍去了中国天津。善兵卫恳求据说是日本租界的某人，说"有人迫害我，所以我想在此生活"，但是遭到了拒绝。可见当时他希望能够在谁都不认识自己的地方活下去，然而即便是这样的愿望也未能实现。他悄悄地再次回到了屋代。曾经和他在一起的女子的情况不明。其后，1918年左右，善兵卫的身影一下子从警察的监视网中消失了，像是被风吹走了一样。没过多久，他在大阪市东区的一家糕饼店上了班，好像是店里的小头头。1920 年 4 月 2 日，他在大阪病亡，时年三十九岁。

　　善兵卫去世时，他的母亲垫衣还健在（她于 1924 年去世），妹妹久子也在。我由此推测，忠雄兄弟俩的墓是他们的母亲建的，母亲一直信任两个儿子。当时生莲寺的住持（西泽学雄）大概是在得知他俩母亲的想法后，分别给他们取了"救民"、"至德"的法名。如果这座墓是他们的母亲建的话，那么原来葬在染井墓园的忠雄骨灰应该是在善兵卫去世后不久迁到这里来的。我把我的推测告诉了盐入，他回复道："如果他俩母亲的想法确实和我听到的一样，那么你的推测大概是对的。"在两泽叶子写的《信浓的女人》（下）中，介绍了进入昭和时期之后的某一天生莲寺的住持访问妹妹久子的事情，其大致内容是这样的：

"警察很烦人，所以我想把忠雄和善兵卫的法名换一下……"

但是久子坚定地拒绝了警察这种无异于鞭尸的暴虐行径，她说道："我不同意。"

住持点了点头，于是修改法名一事不了了之。

警察连法名的事情都要干预，而对此斩钉截铁地加以拒绝的妹妹和当时的住持应对出色。了解这段逸事就可以知道，位于生莲寺的兄弟俩的墓石上的法名并非只有其字面上的含义，它也在诉说着来自遗属的势单力薄的抵抗，他们竭力想要从已经被刻在坟墓里的记忆中清除"大逆事件"这一污名。

让我们将时光返回到 1923 年 12 月 27 日。这一天是第四十八届通常帝国国会开幕日，皇太子兼摄政（即后来的昭和天皇）乘坐英国戴姆勒公司制造的暗红色的宫廷汽车前往参加开幕仪式。当车子刚驶出赤坂离宫，正要从赤坂、溜池沿着虎之门慢慢转弯时，突然从路边的人群中跳出一个身材瘦小的年轻男子，他穿着一件棕色的外套冲破警戒线，端起一把先前隐藏着的手杖枪

（外表做成手杖形状、枪藏在里面），瞄准车上的皇太子开始射击，此时的时间是上午 10 点 42 分。

皇太子坐在车辆行进方向的右侧，侍从长入江为守与皇太子面对面、坐在前进方向的左侧，子弹击破右侧车窗玻璃，从皇太子和侍从长中间穿过，打在了靠近入江坐席的左侧车顶上。车子一下子放慢了速度，像是停了下来，路边的群众看到车内的皇太子站了起来（《侍从长的昭和史》）。不过只是侍从长的脸部被车内飞散的玻璃碎片划破，受了点轻伤，皇太子毫发无损，于是车子继续驶向位于麴町区内幸町二号的贵族院。这就是被称为"虎之门事件"的第二次"大逆事件"。这一事件发生在众多群众眼前，而不是像明治时期的"大逆事件"那样是由国家权力制造出来的虚幻的事件。

这一年 9 月，发生了关东大地震，地震发生后不久，因为流言蜚语，朝鲜人开始受到迫害，数千人被虐杀，南葛劳动会的平泽计七等十人也在龟户警察署被军队杀害。接着无政府主义者大杉荣、伊藤野枝夫妇与其年少的外甥橘宗一一起被宪兵大尉甘粕正彦等人虐杀。"虎之门事件"与明治的"大逆事件"及这些虐杀事件之间有密切的关系。

"虎之门事件"中，在现场被抓获的狙击犯难波大助（二十四岁）出生于山口县，其父亲时任众议院议员，并且曾经担任过县议会议员。大助本来是一个狂热的国粹主义者，因为与父亲的关系以及所面对的社会矛盾，其思想发生激烈变化，先是倾向共产主义，后来又一下子转向了无政府主义。今村力三郎、花井卓藏、岩田宙造三人受官方指派担任难波大助的辩护人，一年之后松谷与二郎也加入了进来。今村和花井在"大逆事件"中也担任过辩护人，因此这是他们第二次参与"大逆事件审判"。

1924 年 10 月 1 日上午 9 点，"虎之门事件"的法庭审理在大审院法庭开始。不过在此之前的预审阶段已经对难波大助本人进行了七次讯问，对包括其父亲在内的四名证人的讯问也已经完成。当时的检察总长是小山松吉——就是那个在"大逆事件"中以预判和推测参与编造事实的检察官小山，他在约一个小时的论罪求刑中以"大逆事件"为例，要求判处被告人死刑。顺便说一句，"虎之门事件"发生时担任第二届山本权兵卫内阁司法大臣的是平沼骐一郎。限于篇幅，审判的具体情况在此只能省略了，不过要提一下的是，曾经做过《谋叛论》演讲的德富芦花承认，在 10 月份公审期间他给皇太子写过一封"关于难波大助处分"的请愿书，请求刀下留人。神崎清认为，这封信实际上有没有发出无法查证，但也有"向东宫大夫献言"的说法。在对大助及其闭门蛰居的家人狂风暴雨般的指责声中，主张废止死刑的芦花的行动和"大逆事件"时一样，并非出自意识形态，而是基于其对人的真诚以及对生命的观点做出的直接反应，这种表现在当时极为罕见。

11 月 13 日，如同检方所要求的那样，法庭做出了死刑判决。15 日，也就是仅仅过了两天，死刑就被执行了。当局围绕此案的所作所为令人恐惧，前往关押难波大助的市谷监狱探监的来自无政府主义阵营的工人小池薰被指为"疯子"，据说在八年后死于松泽医院。另外根据《虎之门事件审判记录》的记载，在难波大助死后为其收尸的同属无政府主义阵营的两名工人也遭到逮捕并被长期关押。

在"大逆事件"和"虎之门事件"中均做过辩护人的今村关

注到隐藏在这两个事件背后具有共同性的问题，他在大助被处死后的第二年即 1925 年 2 月，刊印了题为《刍言》的私家书，赠送给熟人。该书引用了秋水《陈辩书》上的观点，详细记述了大助成为恐怖分子的过程。内务省得到《刍言》后，将其与其他被贴上"危险思想"标签的文书一起付印后发至政府各部门及各府县。今村得知此事后试图公开刊行《刍言》，但是内务省坚决不准。战后制定的现行宪法将言论表达的自由无条件地规定为基本人权，时任专修大学总长的今村在 1950 年 4 月号的《文艺春秋》上就《刍言》一事感触颇深地批评道："自己可随心所欲印刷发布他人之物却不许人民出版，而今想起此种官僚思想，仿佛有隔世之感。"

今村在《刍言》写道，他的观点与平出不同，当时他判断，秋水、须贺子、太吉、忠雄四人没办法（平出修未将秋水列入其中——参见其写的《后书》），其他人"只不过"是犯了不敬罪。他对审判进行了严厉的批判，表示"余至今心中不服该判决"，他还写道，即使在当时的辩论中自己也阐述了这样的主张，应该依据疑罪从无的观点，努力争取当事人被判无罪，哪怕是多一个人也好，如此"可减少国史之污点"。"减少国史之污点"这一想法或许是今村批判"大逆事件审判"的出发点。他认为，对言论表达的自由以及作为基本人权与之相连的良心的自由、集会和结社的自由受到镇压本身，才是"大逆事件"的起因，"虎之门事件"的发生也是因为这一缘故；严刑酷罚不仅不能防止犯罪，反而会招致相反的结果。具体而言，他认为，是当局对"赤旗事件"的镇压引发了"大逆事件"，"虎之门事件"则是源于对当局镇压社会主义者演讲会的愤怒，对关东大地震后对大杉和工人的虐杀以及当局对此宽松处理的愤怒，再加上对"大逆事件"中惨无人道的判决及其所依据的法律的愤怒等，上述因素共同促使大助将矛头指向了皇室。他的这些讲法完全符合事实。今村受"大逆事件"过了十多年后发生的"虎之门事件"的刺激所作的这些严厉的批判，像是要唤起人们的记忆，他写的《刍言》虽然被封闭在了私人刊行的圈子内，但毕竟还是刊行了。如果当时平出修还活着的话，我也想知道他对《刍言》的回应，包括他自己是否会成为难波大助的辩护人。

贯穿今村所写的《刍言》始终的，不仅有对审判的批判，还有其"我国政治之要谛在宣扬、实行我皇室之精神，故需要多言"这一主张，因此，他的批判并未涉及"大逆罪"这一不合理的刑法规定本身，而只是认为，为了坚守日本的政治的要谛，必须确保思想和良心的自由、言论表达的自由以及集会和结社的自由。今村在现行宪法实施后的 1947 年 9 月 2 日执笔写下了《刍言后记》。在该文中，今村批判了在明治宪法下，司法未能成为保护人权的屏障这一事实。在该文的末尾他写道：

"难波大助呼喊，在幸德一案中，仅仅因为阴谋大逆，便对二十四个年轻的生命判处死刑，世界上难道还有比这更残暴的法律吗？时至今日，他的这一呼喊仍可视为深刻和严厉的警告。"

1947 年 10 月，也就是今村写下《刍言后记》后约一个月，根据 GHQ 的指示，在击退了来自政权方面的抵抗之后，"大逆罪"和"不敬罪"被从《刑法》中删除。在《刑法》上存有"大逆罪"的四十年间，共有十四人被以该罪名处死，六人在因该罪名服刑期间死于狱中。

如上所述平出修、今村力三郎等参与"大逆事件审判"的律师，作为个体，一直坚持抵抗到最后，新村的遗属和家属也对社会和警察进行了拼命的抗争。但还是有许多人死于狱中，即使是那些获得假释出狱的人也没有得到自由，有的人甚至连在故乡也无法生活下去而死去。"将矛头对准天皇"这一判决本身就是一个具有压倒性力量的"事实"，它将永远沉重地压在遗属、家属及其周围人们的身上，纠缠着他们。

# 第八章　宗教与国家

武田九平（金光教艺备教堂提供）

大正天皇去世、摄政裕仁登基后不久的 1927 年 1 月 14 日，有三个男人顶着刺骨寒风，从冈山县境内的笠冈换乘轻轨来到了位于广岛县东部深安郡御野村（现在的福山市神边町）上御领的金光教艺备教堂，他们分别是大西昌（黑洋）、木本正胤（凡人）和武田传次郎。三人急切地求见艺备教堂的堂主佐藤范雄（1856 年出生）。大西当时是勤王烈士党的理事，他原本是左翼，后来转变为日本主义者。木本是一位人道主义者，起先从事部落解放等社会运动，后来参与了要求取消对朝鲜人的歧视的活动。传次郎当时被认为是关西地区无政府主义者的中心人物。这三个人无论是思想还是对社会运动的主张，都不一样，他们为什么会一起来见金光教的大佬佐藤范雄呢？何况佐藤秉持的是天皇中心的家族国家观，视社会主义为"国家之害"。

　　"佐藤先生，能否请您帮助将我哥哥九平救出来？本来我哥哥生还后活下去的唯一愿望就是和母亲再见，但是我母亲已在前些年过世了。母亲过世后，哥哥完全失去了希望，情绪非常低落，所以想请先生务必给予帮助。"

　　说完这段话后，传次郎加了一句：

　　"如果哥哥能够获得假释的话，我打算改变自己的信仰。"

　　传次郎是当时特高课特别关注的人物。九平（1875 年出生）被强行牵连进"大逆事件"时，他被作为参考人受到过调查。之后他仍然继续与社会主义者往来，并与和田久太郎一起在大阪从事过无政府主义运动，和田久太郎后来在大杉荣被虐杀后的第二年即 1924 年因狙击戒严司令官福田雅太郎遭到逮捕，之后在秋田的监狱中自杀。就是这么一个人居然对金光教大佬佐藤说，如果比他大七岁的哥哥得到释放的话，自己将"改变信仰"，也就是"转向"。同席的大西和木本也恳求佐藤帮助传次郎，让他哥哥能够获得假释。传次郎从大正末年，即 20 世纪 20 年代中期母亲弦子卧病开始，就在与自己有交往的大西和木本等人的帮助下，向大审院检察总长等请愿，要求将九平从位于谏早的长崎监狱（从 1922 年起全国的监狱改名为"刑务所"）移至大阪的堺监狱关押，[1]因为去那里探望较为容易。然而在传次郎请愿的过程中，他的母亲于 1926 年 3 月 5 日去世了，时年六十九岁。九平的父亲早于其母亲，在 1919 年 3 月亡故。无辜受刑的九平先是在狱中得知父亲去世的讣闻，接着又在一直不能与母亲相见的情况下得到了她离世的消息，加之当时和他一起关在长崎监狱的三浦安太郎、冈本颖一郎相继死亡，此外，在秋田监狱的高木显明自杀，在千叶监狱的佐佐木道元和峰尾节堂病故的消息也相继传来，因此他也不想再活下去了。

"好的，我知道了，试试看吧。"

当时佐藤的年龄已超过七十周岁。他在《信仰回顾六十五年》中大致这样写道，自己听了传次郎急切的叙述和"改变信仰"的意愿后，决定接受他们的请求，帮助救出九平。我们知道，森近运平被判死刑后，佐藤曾应高屋村民的请求，为挽救森近的生命

---

1　根据原文，此处的"长崎监狱"依字面应译作"长崎刑务所"，但是为方便读者理解，本书中的"刑务所"一词仍然译作"监狱"。

到处奔走，一直跑到了东京，但是结果死刑已经被执行。笠冈位于高屋的中心，运平当时在此从事过温室栽培。艺备教堂距离笠冈步行约三十分钟，据说运平曾经带着摘下来的草莓来过教堂。

九平是一名金匠，他在大阪市东区久保寺町开有一家名为"武田赤旗堂"的铺子。他是在第二次大阪平民社（1907）建立后开始与运平交往的，是当时运平在大阪最信赖的活动分子之一。1908年12月1日，九平和三浦、冈本等人一起从大石诚之助那里听到了"东京那边的一些传闻"，结果被弄进了所谓的"十一月谋划"之中，其实当时大石诚之助从东京返乡，只是途中顺便在大阪停留了一下。这件事，再加上他在次年即1909年的5月21日，在前往神户的途中从首次见面的内山愚童那里听到过他的放言，于是被强行扯进了"大逆事件"这张大网。他在从狱中写给律师今村的书信中也一直在诉说自己的冤枉："如果说大阪的同志（指在村上旅馆会面的五人）赞成大石所言，为何只有三人被问罪？""窃以为此案与皇室无关。会面一事不仅告诉过同志，亦对其他普通人说过，此可作为证据，用以证明我未从大石君、内山君等人处听闻加害皇室或炸弹之事。"

既然答应下来了，佐藤就再次面临一大重任：他必须将一个根据自己所秉持的宗教思想是犯了"不可饶恕之大罪"的"天皇之赤子"拯救出来，而之所以要救他并非因为自己认识到这一案件本身是虚构的。

佐藤此时已经从金光教的第一线退出，但是作为宗教人士的佐藤在中央以内务官僚等为中心的圈子中有很高的知名度，这些内务官僚以原敬内阁的内务大臣床次竹二郎等为代表，他们负责镇压社会运动，因为他在东京从事过成立防止"赤化"的思想教育团体（1922）等活动，是出了名的政府"感化挽救"政策的协助者。

佐藤接受了帮助九平争取假释的请托之后，全力开始了行动。1月26日，也就是传次郎等人到访两个星期后，他来到东京，面见司法省次官，向其提出了批准九平假释的请求。对重刑犯实行假释，这一"恩典"多在天皇家族和国家有重大庆吊活动时进行，而当时正是1928年，即将举行裕仁即位"大礼"，因而恩典一事备受期待。次官告诉佐藤："此次对大逆罪相关者不会有任何恩典，但是作为个案，在研究的基础上予以假释并非完全不可能，不过必须有担保人。"听到这一说明，佐藤觉得此事有希望，于是他接着拜访了卧病在家的行刑局长，和他商讨了有关假释的具体事项。

4月2日，佐藤带着自己的秘书也是亲信井上键之助一起去了长崎监狱，和监狱长等人恳谈，商量假释事宜。他在那里第一次见到了九平。返回教堂后佐藤决定不仅要帮助九平获得假释，还要将当时被关在同一监狱的成石勘三郎、小松丑治、冈林寅松三人一并救出。于是他多次前往东京，向司法当局提出假释申请。在往来东京的途中，他数次顺道在大阪停留，和传次郎等人商量，还与大阪府警察部特高课进行了密切的交涉，为争取上述人员的假释作了切实的准备。佐藤反复强调批准九平假释出狱的意义，他在给监狱长的信中也写了"我唯愿陛下之民得知陛下之圣恩"，假释出狱之"恩典"将成为"缓解思想界情绪之伟大力量"之类的话语。

确定九平可以假释是在1928年3月1日。这一天佐藤和井上一起再次来到谏早，新上任的监狱长江藤惣六对他说："找机会合计一下假释出狱的事吧。"大约过了一年，1929 年 4 月 29 日，作为担保人的佐藤收到了有关九平假释出狱的通知，那一天是天皇的生日。佐藤卧病在榻，由井上代替他去长崎监狱，把九平带了出来。

被拖入无妄之灾的九平在经历了十九年牢狱生活之后终于获得了"释放"，不知时值皋月的长崎天空，在他眼中是什么颜色？走出大墙之后的他是怎么看这个世界的？他呼吸着怎样的空气？当时昭和经济危机已经开始，他听见了越来越近的法西斯主义的脚步声了吗？在留存于金光教教学研究所的有关武田九平的书信中，我们没有发现有关"释放"瞬间九平心境的记录。

传次郎是通过电报得知哥哥获得假释出狱的消息的，他在 5 月 4 日给佐藤写了感谢信："愚兄九平一事，劳烦先生费尽心力，小生甚感惶恐。据电报得知，井上先生亲自前往将其领回，在此深表谢忱。当局（大阪府警察部特高课）之诸位，经小生告知后方知此事……若先生方便盼告知贵居所之所在，小生仅与愚妹里了二人前来探望，并叩谢先生以表万分感激之情。"

从请托佐藤开始，用了两年的时间，哥哥终于被放出来了，传次郎心中充满了喜悦和对佐藤等人的感激。就在他给佐藤写信表示感谢的同一天，九平由井上陪同，经由福山、神边抵达了艺备教堂。

九平是 4 月 29 日从长崎出狱的，同一天，成石勘三郎也获得了假释。好像本来佐藤打算也把他接到艺备教堂来的，但是他老家的亲戚将他接走了。在勘三郎的老家和歌山请川村，1922 年 3 月就已经准备好了由村长和村议员等二十三人联署的"假释请愿书"。该请愿书是 2004 年在勘三郎的亲戚饭田家里发现的。我们不清楚勘三郎获假释是不是这一请愿活动的结果，但这封请愿书是一个例证，它说明那些在"大逆事件"中被判无期徒刑者所居住的地方的人们也曾努力将他们救出来。看一下签名簿，发现联署的人中间有小学校长、邮电局长等在当地被认为是有影响力的人士，即使从这一点也可以看出勘三郎在当地的人望。不过，考虑到当时的时代背景和事件的影响，对于这些地方的居民来说，签名也是需要勇气的。勘三郎总算出狱了，不过，他在入狱期间，失去了十六岁的独子知行，自己的身体也被长期的牢狱生活折磨得虚弱不堪，因此假释出狱后仅仅过了一年零八个月，即 1931 年 1 月就去世了，时年五十周岁。

在九平和勘三郎等人从牢狱中获得"释放"的同一天，4 月 29 日，崎久保誓一也获得假释离开了秋田监狱。关于崎久保，有一点和上述几位不同，即他的假释出狱时间与他在狱中的表现有关。在他的"假释证书"上写着"悔改表现显著"。在因"大逆事件"坐牢的十二人中，除了在狱中死亡的五人，其余七人中来自熊本的飞松最早获假释出狱，他的出狱好像也与其在狱中的表现有关。根据大阪大学荣休教授猪饲隆明的指点，飞松至少在 1913 年和 1922 年两次获得"悔改表现显著"的奖状。崎久保也获得过同样的奖状，该奖状现存于其遗属的住宅里。据说九平在狱中也是"模范囚徒"（《东京每日新闻》1925 年 8 月 15 日）。但是，与九平一起在长崎监狱服刑的小松和冈林是在两年之后的 1931 年 4 月 29 日才获得"释放"的，由此可见，佐藤的运作大概还是有效的。

　　传次郎和妹妹里子 5 月 5 日前往艺备教堂，与哥哥见了面。在该教堂，佐藤范雄使用过的书斋"神德书院"留存有超过三万册的图书以及"神德日记"，但是在这当中没有发现有关兄妹三人见面和交谈等的记录。

　　九平作为金光教的修行生被教堂收留。他有弟弟和妹妹，但是为何没有像飞松、成石或者崎久保那样由家属接回去，而是由教会收留下来了呢？将他收留在教堂不仅与其获得假释的过程有关，也符合当时国家利用宗教来推行思想教育政策的意图以及积极从事"感化挽救"活动的佐藤的想法。长崎监狱的监狱长在九平获准假释前不久给佐藤的信中写道，"出狱后让其先在贵教堂工作，然后再逐步从事合适职业，据此条件予以假释"。再者，九平的弟弟传次郎虽然说过自己要"改变信仰"，但是他当时毕竟是国家权力最防备的无政府主义者，国家恐怕也不允许出狱后的九平和他在一起。此外，就佐藤而言，像对待运平时一样，他怀有一种为了国家"必须去感化和挽救"有为之士的思想的使命感，大概也想让九平在自己身边修行，希望他不久以后能够成为自己的信徒。

　　"范雄先生没有能够挽救那么优秀的运平，我想他对此一直非常遗憾。因此将武田九平留在身边，与其说是警方的意思，不如说是主要出自范雄先生自身的想法。"说这话的是当时已经内定将担任艺备教堂第五代教长的佐藤武志（1972 年出生），他一直在金光教教学研究所研究佐藤范雄的感化挽救工作，作为教会的内部人士他这样认为。当然，当时的九平也非常清楚，是谁帮助自己获得了长期以来梦寐以求的"释放"。

　　在教堂，九平被取了一个别名，叫信原幸道。据说"信""道"

两字反映了佐藤希望其充满信心幸福地生活的愿望。但是据说大阪府警特高课对此表示不满，他们对传次郎说："'幸道'中的'幸'和'幸德'的'幸'相同，不大妥当。"（见传次郎给井上键之助的信）佐藤没有搭理此事，却一直认真地向警察报告九平的生活情况，这些报告主要通过井上进行。

作为金光教的修行生，九平在艺备教堂的生活从 1929 年 5 月 4 日开始，一直到 1932 年 3 月 2 日为止，共计两年零十一个月。在被迫遭受事件连坐之前，他在生活中与金光教毫无瓜葛，但是现在却与这一宗教（当时有信徒约七八万人）相遇，对此他是怎么想的呢？他在教堂中过着怎样的生活？井上等人在书信中说他"身体健康、认真修行"，但是实际情况究竟如何？

2009 年 7 月，我在冈山大学荣休教授坂本忠次的陪同下来到了九平生活过的艺备教堂。该教堂位于佐藤范雄的出生地，已有一百三十年的历史。教堂的占地面积和建筑物没有想象的那么大，也不像神社那样有镇守的树林，但是教堂地处农村，周围散布着农田和灌溉水池，环境悠闲而静谧。过去来参拜的人不少，为此还在笠冈连接神边的轻轨线上专门设了一个车站，名叫"两备金光站"，它与山阳本线上的"金光站"是两个不同的站。获得假释后的九平从九州乘坐山阳本线到福山，然后大概是从福山经由神边抵达两备金光站的。

那是我第一次进入金光教教堂的内部。九平修行时的旧前殿（旧神殿）还在，基本上没有变化，现在还用于集会和活动等。前殿的面积约有七十叠大小，两侧有约六叠大小的小房间。当时这里有四五十名修行生，其中有一家子来的，也有组团来的，还有单独一个人来的，情况各不相同。他们好像分住在位于其他几个建筑物的房间内。至于当时九平住在哪里，无法确定。

不过大约在十年前，佐藤武志从佐藤次代（已故）那里听到过关于九平的故事，尽管只是一些片段，却非常重要。佐藤次代曾经和九平一起作为修行生在教堂里生活过，在十年前，她是当时唯一活着的和九平一起在教堂里生活过的人。以下是当时谈话的大致内容：

　　——您认识武田九平吗？

　　"谁？"

　　——就是那个受大逆事件牵连，后来范雄先生给他做保人、在教堂里做修行生的那个……

　　"啊，你说的是信原啊？"

　　——是的，是信原，他的真名叫武田九平。

　　"我们当时在一起。那个什么，当时很吓人的……"

　　——你们平时相互说话吗？

　　"不，不大说话。"

武志猜想，当时的修行生没有被告知信原的本名叫武田九平，教堂的教长在介绍时恐怕也只是简单地说到这个人受到"大逆事件"的牵连。

"我问的那位次代大概受到脑子里关于那个事件的印象的支配，所以总觉得很可怕。不过，她告诉我，信原修锅修得很好。我想九平过去是金匠，修个锅啥的应该没问题吧。她还告诉我，信原的腰是弯的，我想那大概是长期坐牢造成的。"

九平在教堂里的生活状况不明，除了佐藤次代的只言片语，几乎没有其他材料。在金光教艺备教堂的大约三年间，九平回过大阪三次，一次是 1929 年 6 月，为了参加其父的第十三次祭扫，另外两次是在 1930 年 9 月，那是去探望生病的传次郎。他当时说是在狱外生活，但是因为仍然背负着"大逆罪"的罪名，其行动受到辖区警察署（当地属于福山警察署管辖）的监视，必须遵守十大注意事项，去辖区之外需要申请自不待言，还必须每月一次到辖区警察署报告生活情况，由警察署在"假释出狱证"上盖章确认等。崎久保和成石等人也是如此。也就是说，那些"大逆罪犯人"即使离开了监狱，国家仍然对他们进行跟踪，直到刑事效力消失为止。这种制度、眼神和感觉，被慢慢地、不露痕迹地渗透到了一个名为"世间"的关系网络中，这个网络连结着一个个的个体，不断地继续生产"大逆事件"的观念。当时的媒体脱离事件的本质对待被害人获得假释一事，或者干脆视而不见、从满足读者好奇心的角度进行报道，其做法也助长了上述"世间"的形成。

那么，九平是否如同佐藤所期待的那样相信了金光教，甚至成为信徒了呢？武志说："他是修行生，所以从外表看上去就是信徒，但是其内心怎么想的就不清楚了。加之成为金光教的信徒并没有特别的仪式，所以就更加搞不清楚了。不过，从早到晚和虔诚的修行者一起生活，他可能不适应。当然，这种不适应和监狱里的那种不自由大概完全不一样吧。"武志说着翻开了一本相册，他指着其中的一张照片对我说："请看这张照片。"这是一本 2009 年 7 月刚刊行的相册，名为《照片缀述的艺备教堂一百三十年史》，他翻开来让我看的那一页上有一张合影，像是纪念照，照片上约有二十人。

脸朝向一边的武田九平（后排右边第一人）（金光教艺备教堂提供）

　　"这是在为即将去殖民地朝鲜传教的修行生举行的送别会上拍的照片，这个人不就是武田九平吗？"武志一边用手指指着后排右边的那个人一边说道。

　　"是的，是他。"我立刻肯定地回答道。《大逆事件照片集》中有一张九平的照片，那大概是在他二十出头时拍的（他被逮捕时三十五岁），此前我看到过那张照片。武志给我看的这张照片拍得不是很清楚，但是照片上九平那宽宽的秃额、戴着眼镜、穿着和服的姿态，不仅显示出其耿直的性格，而且看上去是个深思熟虑的人。当时我记忆中的九平的照片还有一张，那是几年前在报纸上看到的。那张照片上九平标志性的秃额和一口小胡子，与武志手指的这张照片上的人完全一致。不过，在"一百三十年史"的那张照片的说明中，既没有信原的名字，也没有武田的名字，在九平的位置上写着"山下"。武志解释道："我也认为是武田，但是一看留下的照片背后的文字，那个地方只写着'山下'。我想照片背后的名字大概是若干年后写上去的，当时已不清楚这个人是谁。"

送别照上的九平的姿态令人奇怪。那是一张典型的纪念照，照片上包括那位怀抱小孩、像是母亲的女性在内，所有人的眼睛都看着照相机的镜头，唯独九平完全不看相机，并且整个身子向左倾斜、头扭向一边，像是拒绝参加合影似的。这显然不是因为没有和按快门的时机配合好，而是他发出的一个强烈的讯息。他的服装也有点奇怪，其他人都穿着黑色的正装，他却穿着一件看上去是灰色的短大衣加一条领带，风格和其他人完全不一样。"怎么说呢，总觉得这是他故意的，像是在说本人与众不同。"编辑该相册的核心人物武志一边这么说，一边重新仔细地看着照片上的"武田"。影集上写着这张照片的拍摄日期是"昭和五年（1930）6月7日"。那时九平在艺备教堂大致已经生活了一年左右。难道此时的他还没有适应金光教吗？实际上在教堂的图书资料室还找出了一张九平的照片（见本章扉页），在那张照片上，他仪表堂堂，穿着缀有纹章的和服，正面注视着相机，目光中透露出坚定的意志。一看就可以知道，那张照片是在照相馆拍摄的。照片的背面写着"信原幸道"，拍摄时间是"昭和六年（1931）3月1日"，也就是在拍下那张头歪着的照片之后差不多一年。此时的他像是已经习惯了在金光教会的生活，照片上的表情比较平和。

九平非常感谢令人惊叹的宗教人士佐藤，但是他还是想尽早回到大阪重新生活。胸襟开阔的佐藤为了帮助他实现自己的愿望，托了金光教玉水教堂的汤川安太郎做九平的担保人，还在申请移居、生活安排等细微之处提供了许多帮助。当然，他也向警察作了报告。九平在金光教艺备教堂三年的修行生活至此画上了句号，1932 年 3 月 2 日他回到了大阪，正好在他母亲弦子的七周年忌辰前。二十二年之后回到大阪的九平，年纪已经近六十了。那时正是帝国日本通过关东军的阴谋，制造"九一八事变"，开始武装侵略亚洲大陆的时候。他回到大阪的那一天正是"伪满洲国"宣布"建国"的第二天，天皇制法西斯主义在军部的牵引下开始了暴走。

1932 年 11 月 29 日傍晚 4 点半左右，在大阪市东区备后町二丁目（当时），一名男子骑着自行车正要穿越位于堺筋的野村银行前的东侧车道，被一辆出租车撞到，倒在了有轨电车轨道上，他头部受到强烈撞击，已经失去了意识。人们立即将他送到位于北浜三丁目的松冈医院。伤者在医院接受了治疗，但是最终还是于晚 8 点 10 分左右死亡。第二天的《大阪每日》社会版头条用大标题报道了这次事故：

《幸德一案中的武田九平翁，在街头悲惨地死去，被园出租车公司的出租车所撞，结束了其传奇的一生，不幸的晚年》。

该报道不仅讲述了事故的经过，还触及九平被佐藤的金光教艺备教堂所收留，以及在大阪试图重新开始的生活等，报道最后以九平的妹妹津田里子的话结束：

"他也是一个苦命的人。今年 3 月他到了弟弟传次郎那里，之后开始拾起以前就会的金匠的活。5 月，因为传次郎一家移居南美，他来我这里落脚。最近刚在南区久保寺町开了一家铺子，每天骑自行车来去。活么，因为现在经济不景气，所以也谈不上忙，不过他还是兢兢业业地在做。之前，或许是因为想起了过去的事情，也有过无精打采地放下手中的活、陷入沉思的时候，但是最近情绪很稳定，他还高兴地说，'看来我也可以像平常人一样死在家里的榻榻米上了'，没想到结果竟会这样悲惨。"

这篇报道还附了一张九平的头像照片，照片上的他微微低着头，显得有点落魄。我那一次在艺备教堂当他们让我看那张照片时，之所以一下子就认出了照片上的九平，就是因为我脑子里一直记着这篇报道所附的这张照片。从里子的话语中我们知道，曾经一直为哥哥的出狱而奔走的弟弟传次郎已于这一年的 6 月全家移居到了巴西。我不知道他为何会全家移居南美，或许和他对佐藤说好的"改变信仰"一事有关吧。

回到大阪后的九平受到经济不景气以及人们的好奇的目光和对事件的刻板认识的影响，加之本身年纪也大了，所以直到重新开始过去的金匠工作为止，生活似乎并不容易。他时而会给佐藤及其亲信井上写信等，诉说其中的辛酸。生活没有着落，过去的朋友也不来往了，落魄的处境令他很痛苦。正当佐藤为九平的境况担心之时，收到了他寄来的明信片，说他在 11 月 3 日，也就是回到老家八个月之后，在久保寺町开了一家铺子，从信中看上去九平当时是兴高采烈的，谁知没过多久就接到了他的讣告。

佐藤立即派井上前往大阪进行吊唁等。从落款时间为 12 月 2 日的井上的"复命信"和里子给佐藤的感谢信中可以得知佐藤亲切慰问和慷慨帮助的情况。不过当井上到访相关警察署时，相关者几乎都以不在为由不出面，态度极其冷淡。对假释出狱者布下监视网一直进行严密监视的警察，一旦被监视的对象死亡，便会以一种"麻烦总算消除了"的态度对待之，由此可以窥见官府是如何看待"逆徒"的生与死的。

佐藤一直照顾武田九平，包括其遗属在内，直到最后。据说九平死后，佐藤也按照金光教的规矩，在得到遗属的同意后，赠与其"信原幸道"的谥号，在艺备教堂祭祀他的亡灵。和运平一样，佐藤和九平过去也没有个人交往，对于九平这样一个被他视为"不可饶恕之事件中的犯人"，佐藤为何会做到如此程度呢？

让我们将时代稍微往前追溯一下。

1925 年 4 月 22 日公布的《治安维持法》是近代日本最大的恶法。该法公布后不久的 5 月 5 日，又公布了修订后的《众议院议员选举法》，根据修订后的《众议院议员选举法》开始实行不包括妇女在内的面向男子的普遍选举制度（普选）。如此，一项以镇压为特征的法律与前进了半步的民主制度结合在一起，成为"大正"这一扭曲的时代的象征。继关东大地震后虐杀朝鲜人、虐杀工人并进而虐杀无政府主义者大杉荣、伊藤野枝之后，捏造出来的第三次"大逆事件"是"朴烈、金子文子事件"（1923 年至 1926 年）。作为对上述事件的反弹，无政府主义者的活动变得激烈，甚至出现了像秘密结社"断头台社"那样的极端组织。然而，"虎之门事件"之后无政府主义者受到严厉镇压，虽然他们将活动据点从东京转移到了关西，主要是大阪，但是仍然被逼得走投无路；与此同时，受到俄国革命成功的影响，共产主义思想的影响扩大，劳资斗争也激化了；此外还有日本政府鲁莽出兵西伯利亚的失败；凡此种种，帝国日本四下动荡，开始出现了明显的瓦解迹象。平沼骐一郎的"国本社"，大川周明、安冈正笃的"行地社"等国家主义团体的出现正是出自对这种状况的危机感。佐藤一向将社会主义、共产主义视作危险，坚信以天皇为首的国家才是最重要的，这时的他害怕普选会导致日本的共产主义化（赤化），也就是说，他对天皇制国家的存亡产生了危机意识。那么该怎么办呢？——佐藤与其故交、内务省官僚、曾经担任过大阪府知事的中川望反复秘密商量，为了挽救危机，要对左右两派的有才干的社会活动家进行"思想去极端化"，并将他们纠合在一起重建国家。

1925 年 4 月 14 日、6 月 27 日、10 月 3 日，在金光教的大阪难波教堂、玉水教堂、真沙教堂分别召开了恳谈会，主要来自国家社会主义团体、左右两派的工人运动组织、全国水平社、日本农民组合、左右两派在日朝鲜人团体等组织的社会活动人士应邀参加。出席第一次恳谈会的人比较少，大约十人左右，但是来自敌对阵营的活动家们坐在一堂，面对普选交流各自的见解，颇有吴越同舟的感觉。在名单上还可以看到大西黑洋和木本凡人的名字。这两人三次会议都参加了。参加在玉水教堂举行的第二次恳谈会的人数增加到了十七人，无政府主义者武田传次郎首次出现在名单上。在第二次会议上，恳谈会的名称被确定为"社交樱心会"。也是在这次会议上，传次郎和大西、木本成了好朋友。第三次"社交樱心会"在真沙教堂举行，参加者人数进一步增加到了二十四人。第三次会议传次郎也参加了。这次会议从上午一直开到深夜，气氛似乎相当热烈。最后所有与会者都留下了一句话作为寄语，无政府主义者传次郎写的是"想起十五年前的森近"。传次郎之所以写这句话，大概是将当初因为东京的社会主义运动遭到镇压、生活艰难、不得已而回乡的运平的郁闷心情，和此时自己所处的走投无路的状况重叠在了一起。

佐藤举办樱心会的目的是为了对左右两派社会活动家进行

"思想去极端化"，以防止无产阶级政党通过普选上台，但是这一活动办了三次就结束了。这一活动聚集了当时许多大名鼎鼎的活动家，特高警方每次都对整个会场进行严密监视，但是因为有时任大阪府知事的中川的阻拦，所以未采取进一步的行动。后来，随着中川转任其他职务，这一聚会便无法继续下去了。"社交樱心会"在历史上的存在时间极其短暂，或许是因为这一原因，对其进行过全面研究的好像只有金光教教学研究所的渡边顺一和佐藤武志。

传次郎从参加佐藤举办的"社交樱心会"到开口托佐藤帮助自己的哥哥九平争取假释出狱，期间隔了两年。佐藤武志认为："传次郎等人大概是冲着昭和大礼时的恩赦去托佐藤的，因为他在内务省等中央机关也有影响力。说到底是利用他。"不过，当时佐藤范雄肯定也知道传次郎等人的意图，但是他仍然乐于去做此事，因为在他看来，自己作为宗教人士将九平救出来是一种"感化挽救"的举动。有人认为，佐藤帮助九平获取假释的活动，是其个人行为，并非以教团名义开展的活动，但是我觉得，他毕竟使用了教团的设施，恐怕不能说与当时的金光教完全无关。

据渡边顺一说，佐藤早在1902年就在内务省主办的感化挽救演讲会上说过，"为了人而挽救人"是佛教、神道、基督教等宗教人士的固有职责。佐藤实践了自己的主张。传次郎在自己的哥哥被"释放"后，还受小松丑治的妻子春子之托给佐藤写信，请他帮助救小松丑治出狱。当时春子孤身一个人在神户盼望着小松出狱，她非常担心留在监狱中的丈夫健康状况恶化。传次郎能为他人向佐藤提出如此请求，可见他对佐藤的信赖程度。而佐藤实际上也答应了他的请求，为救小松出狱做了许多具体的努力。并且直到九平死后，佐藤对九平及其遗属都非常关心。这些都是不争的事实。但是与此同时我们还看到了隐藏在他的思想和善举背后的宗教（家）和国家的关系，作为一名秉持天皇主义国家观的宗教人士，他想要为国家对有为青年进行思想改造，他和国家的这种关系在任何时代都是危险的。

时代从 20 世纪末进入到了 21 世纪。

"我丈夫是平成十四年（2002）9 月去世的，时间过得真快，马上就要到他的七周年忌辰了。不过他能够在去世之前看到显明得到平反，也就是恢复名誉，我觉得真是太好了。还树立了表彰碑，这在过去是做梦都不敢想的事，我丈夫当时也很开心。"

2008 年 7 月中的一天，梅雨时节充满潮气的暖风吹得身上黏黏的，我访问了高木显明的外孙义雄（已故）的妻子芳子，她住在大阪的守口市。

"那是十多年前的事了，哦，对了，是我大女儿结婚的那一年，平成八年，也就是 1996 年。大概是 4 月底吧，丈夫给我看了一份不知谁给他的《朝日新闻》的复印件。那是一篇报道，说的是大谷派在时隔八十五年后给高木显明平反了。当时我觉得很惊讶。我给大谷派的本山[1]打电话，说那事已经过去多少年了，我们都不记得了，不过我丈夫是高木显明的外孙。是的，电话是我打的，因为我丈夫不愿意打。他在我打电话之前对我说，'芳子，事到如今不用给大谷派打电话了'，因为他觉得报纸都登载了大谷派给显明平反的事，我们一直以来的愿望已经实现了。但是我还

---

1　本山指的是在日本佛教的宗派内具有特别重要地位的寺院。

是想告诉大谷派，显明的外孙还活着。接到电话后，大谷派的人大吃一惊，赶紧派了两个人跑到我们家来了。"

以此为开端，大谷派将位于浜松市营三方原陵园的由显明的女儿加代子建的"高木家代代之墓"的竿石[1]，移到了位于新宫的南谷墓园陡坡的一角，建起了新墓，并在墓的边上竖立了显明的"表彰碑"，还设置了有关他的事迹的说明板。1997年9月25日，在现场举行了揭幕仪式，大谷派方面宗务总长等人出席，遗属方面义雄、芳子夫妇并女儿及其家属也参加了。那一天下着瓢泼大雨，雨水伴着高木脸上止不住的泪水浸透了南谷墓园的土壤。

我是在开始采访"大逆事件"后才知道显明这个人的。在此我想追述一下他的处分被撤回的经过，这一经过或许可以与宗教人士佐藤从其国家观出发的"挽救"行动形成对比。

显明被牵连到"大逆事件"后，大谷派本山对他的处分可以分为两个阶段。最初是在当局决定以"大逆罪"将显明等人交由法庭审理的第二天，也就是1910年11月11日作出的处分，内容是解除其住持一职，关于这一处分本书前面已有提及。第二阶段处分的时间是死刑判决出来后的1911年1月18日，内容是将其永久革出宗门，这一处分是最重的。本山在做出解职处分后，曾经派奈良南林寺的住持藤林深谛前往新宫，对显明作为僧侣的人品、活动等进行了为期一个星期的调查。当时大审院正在对此案进行审理。1996年7月，大谷派僧侣泉惠机披露了该调查"复命书"的底稿。藤林的调查报告的底稿显示，真宗僧侣显明是一个性格耿直、做事认真的人。报告上几乎都是"不管问谁，都说

---

1　竿石是日式墓上放在最高处的一块墓石，上面通常刻有家族名称等字样。

他廉直，有慈善之心，从不违背和他人的约定，不骗人，不饮酒"平素尊敬佛祖""平素对施主的教导也不懈怠""性情耿直、沉稳低调"这样的记述。但是，大谷派本山在作出两个处分时所发的"谕达"和"谕告"中还是将其判定为"违法"僧侣，认为其"不顾僧侣之本分"、"参与危害国家之空前大阴谋"，并下令在向宗门其他僧侣布教时，必须顺从天皇和国家。死刑判决出来后过了两天的 20 日，大谷派法王即乞求内务大臣转奏，已将"逆徒"革出大谷派，"对皇室不胜惶恐"。也就是说，当时大谷派本山无视显明的实际表现，随顺了天皇制国家。在此我们也许会想起德富芦花在《谋叛论》中情绪激昂的批判："出家的僧侣、宗教人士等中间，哪怕有一个人出来为逆徒乞命也是好的，但是却没人这样做。一听到下面的分寺出了逆徒，就慌忙将其革出宗门，剥夺僧籍，上书说不胜惶恐……"

宗教存在的一大意义，就在于向被逼入绝境者伸出援手，共同感受其命运和疾苦。对于当时的宗教团体（或人士）而言，本来就需要有坚持宗门的独立判断这一觉悟，即便其不符合国家的意志，更何况显明是一位从真宗的教义出发，从事反对战争、争取平等、消除歧视活动的优秀僧侣。真宗在历史上就是一个"受到镇压的教团"，它是在镇压中生存下来的，在它的教义中甚至有"不礼国王"的内容，它的存在意义也在于此。但是教团非但没有帮助无辜被强行定罪的显明，反而也给他硬扣上了罪名。

在明治初期神道教国教化政策的影响下，在废佛毁释的浪潮中，为了生存，不仅是大谷派，佛教其他教团都选择了随顺国家。它们赞成中日甲午战争、日俄战争，不反对殖民地统治，一直到1945 年战败，留下了不断协助国家的负面历史。和显明一样被开除出教的还有曹洞宗的内山愚童和临济宗妙心寺派的峰尾节堂，他们也是"大逆事件"的受害者。

对于显明的处分，即使到了战后也没能立刻翻过来。在败战十六年后的 1961 年，当时唯一活着的"大逆事件"的生存者坂本清马，和森近运平的妹妹荣子一起申请复审此案，以此为契机，媒体对于事件的看法总算开始出现了变化的迹象。但是当时的大谷派并没有反思自己犯下的错误，对复审申请一点反应都没有，教团中也没人以个人名义采取行动，整个教团和明治时期相比没有任何变化。

20 世纪 60 年代中期以后，一项与战前相同、由国家来护持靖国神社的法案的提出引起了轩然大波，此时真宗各派也纷纷展开了激烈抵制这一立法的活动。靖国神社问题不能撇开其过去协助、参与战争这一历史来谈，这一历史可以追溯到其协助进行中日甲午战争、日俄战争。如此一来，真宗自己在"大逆事件"中处分显明的问题自然也会冒出来。不过当时情况并没有发展到那一步。

1971 年，宇治市厅职员高木道明写了《大逆事件和部落问题：高木显明其人及思想》一文，首次介绍了显明的思想和为人。从那以后大谷派因为被歧视部落问题而受到谴责，与此同时显明当然也受到了人们的关注。然而即便如此，大谷派当时还是无动于衷。而且，据说在泉惠机指出了显明的事迹和宗门的错误之后，大谷派本山一开始仍然不屑一顾，他们中的大多数人甚至连显明的名字都不知道。

20 世纪 80 年代后半叶开始，教科书上记述的内容以及时任首相的中曾根康弘"以官方身份参拜"靖国神社的行为等受到了亚洲人民的谴责，大谷派自身的战争责任问题总算也开始受到关注。在 1987 年 4 月举行的追悼全体战殁者法会上，当时的宗务总长首次就大谷派过去协助进行战争的问题做了反省，宣布承担责任。

在战败五十周年之际，1995 年的 6 月 13 日和 15 日，大谷派宗议会和参议会首次通过了"不战决议"，其中首次提及"查证宗门所犯之罪责""决心竭尽全力防止惨祸发生于未然""衷心乞求以往被视作非国民，甚至被宗门抛弃之人们原谅"。宗务总长还就对显明的开除处分表示"深感愧疚"，并且明确表示将为其恢复名誉。

大谷派在近代史上，曾经与国家勾结、协助进行战争，而取消对显明的处分，与当时重新认识近代史上的大谷派这一潮流有关，但是我们也不能忘记，在这一过程中，泉惠机进行的长期研究以及所作的顽强的推动工作，因为尽管存在上述潮流，大谷派撤回对显明的处分还是迟至在免除其住持一职八十六年、日本战败五十一年之后，并且距离其所涉事件的复审申请的提出也已过去了三十五年。

在新宫南谷墓园显明的"表彰碑"旁边有一块说明牌，上面有这样一段话："其时宗门当局追随国家，对师长采取了令人遗憾之做法，且延续至今方才改变，对此宗门之罪责深感愧疚并衷心道歉。"看到这段话，我想到了显明的自我了断，我只是通过照片认识他的，照片上的他看上去头稍微有点尖。位于北方尽头的秋田监狱，冰天雪地，连房子里面都挂着冰挂，就像警察所记录的那样，他在这里被逼入了自杀的绝境。我想，他的自杀，与其说是出自因不能假释出狱的绝望，不如说是因为被其一直相信的是"反战的宗教"、"平等的宗教"的教团所抛弃而悲伤、绝望所致；其自杀也包含着对大谷派本山的强烈抗议。泉惠机在"表彰碑"竖立时以淡淡的口吻所说的一句话至今萦绕在我的心头："显明感觉是被大谷派杀死的。"如果是这样的话，那么事情就不能仅仅"表彰"一下显明当时很优秀就结束，还应该查证和检讨当时教团随顺国家这一错误产生的过程，让内部所有的人都知道，并且研究如何防止类似情况重复发生。其他教团也应该这么做。这才是真正的给显明"平反"。

武田九平没有自己的墓。森长在《风霜五十余年》中告诉我们，他被葬在了与其妹妹里子结婚的津田的墓中。2008年夏天，我去了位于大阪府寝屋川市的本门佛立宗清风寺里面积很大的陵园，最后找到了津田家的祖墓，但是在墓石上没有武田九平的名字，灵柱上只有"本津院妙里日享大姐津田里子昭和三十一年（1956）9月25日寂"这些字。据说九平也一起葬在了这里。看到这些字我才知道他的妹妹里子一直活到1956年。虽然当时我的衣衫已被汗水湿透，但得知这一点时还是感觉到了凉风的舞动，然而，那也只是瞬间的感觉。

# 第九章 伤痕

小松丑治的妻子春子（摄于 1965 年）

本澄寺是日莲宗开山堂，坐落于山鹿市温泉街一条缓缓上坡的路的尽头，那条路的两边布满了店铺。

1925 年 5 月 10 日，飞松与次郎获假释出狱，从秋田监狱回到了故乡熊本县鹿本郡广见村（现在的山鹿市）。在由死刑改判无期徒刑的十二人中，他是最早获得假释出狱的，也是熊本四名被害者中唯一一名活下来的。飞松于战败后的第八年即 1953 年去世，他没有墓。不过 1981 年猪饲隆明（时任熊本大学教员）等人到访本澄寺时确认，他的骨灰还在。同年，在熊本很早就开始研究"大逆事件"的上田穰一也在该寺确认了此事。但是后来飞松遗属中不知哪一位将他的骨灰从本澄寺取走，不知拿到哪里去了。2002 年 2 月 27 日的《熊本日日新闻》也说其骨灰不知去向。之后也没有相关消息，也就是说，在我去本澄寺调查此事时，飞松的骨灰去向不明已有二十多年。

2008 年 6 月初，我在坂田幸之助以及最早发现飞松骨灰的猪饲等人的帮助下开始寻找飞松的骨灰。坂田是玉东町的乡土史研究家，曾经带我去看过松尾卯一太的墓。当时一点线索也没有，于是我请坂田带我先去本澄寺确认一下，因为最早是在那里发现飞松的骨灰的。听说本澄寺是山鹿市数一数二的古刹，我们是 6 月 6 日去那里访问的。抵达那里时已是黄昏，梅雨快来了，风卷在身上有一种湿漉漉的感觉。

我们在寺院的门口喊道"有人吗？"，但是回答我们的只有狗的吠叫。正当我们在想该如何是好时，从左侧深处的本堂那里断断续续地传来了有人大声说话的声音，于是我们赶紧往本堂走去。原来那里正在举行新会场的落成仪式。当我们告知来意后，正在参加落成仪式的住持中途退席接待了我们。

飞松与次郎

"我从大约三十年前到访过本澄寺的熊本大学的老师那里了解到当时寺里有'大逆事件'相关者飞松与次郎的骨灰，但是后来又听说骨灰去向不明，他的骨灰还在这里吗？"

"是的，在这里。我记得是一位名叫高田的女士托我们保管的，但是不知为什么，到了慰灵祭也没人来联系，就只能这么一直放着。"

住持园田匡身说飞松的骨灰在这里，他说得那么干脆，简直让人有点扫兴。

"啊？在这里啊？"我和坂田同时探出身子，大声喊道，难以遏制兴奋之情。

住持自己是 1935 年出生的，他一边说着先代住持的事情一边讲述着骨灰保管的经过，有点漫无边际：

一定是在造了纳骨堂之后，所以大概是在昭和四十年（1965）左右吧。当时一位姓高田的女士带着骨灰来到寺里，问"可不可以代为保管？"我说"可以"，就收下了。当时写了"飞松"的名字，于是我问她："这是您的什么人？"那位女士回答说："是我必须为其办理这事的人。"因为她这样回答，所以我就记住了这个名字。不过，因为没有在本澄寺办过葬礼，所以飞松的牌位、亡者卡片都没有。骨灰应该在纳骨堂。但是为什么他的骨灰会被送到这里来，这个不大清楚。至于说到骨灰去向不明，我是现在才第一次听到。或许先代住持了解此事，但是……

飞松的妻子和枝与飞松结婚时带着一个孩子，名叫"惠美子"，"高田"是惠美子结婚后夫家的姓。

"准确地讲，高田女士是哪一年送骨灰来的？"

"这个么……这样，我们去纳骨堂查一下吧。"

住持领我们去了纳骨堂，纳骨堂在本堂的左后方。

"纳骨堂的骨灰数量吗？大概总共有两百个左右吧。"

说着他打开了左边第二个小纳骨室的盖子，取出两个坛子。那里面分别装着高田惠美子和她的丈夫高田肇的骨灰。只有这两个坛子，其他没有了。

"飞松的骨灰没有啊，确实没有。"住持肯定地说道，这回他的回答令我们很失望。

"真的没有吗？"

"是的，确实没有他的骨灰。"住持断言道。

果然没有，我们很失望。就在此时，住持再次问我们："您要找的飞松先生是什么人？"于是我们向他作了简要的说明。"原来是'大逆事件'啊，是吗，暗杀明治天皇啊……"住持歪着头像是沉思了一会儿，然后又像是想到了什么，"请稍等一下。"说着将一根两米左右的长长的金属钩子伸到收纳那两个纳骨坛的纳骨室的深处，不停地转动着。

"这个，就是这个。"住持脸上露出微微的笑容，声音显得有些激动。

金属钩子的前面吊着一只外面包裹着袋子的骨坛，袋子上面清楚地用墨写着"飞松与次郎"。住持将骨坛轻轻地晃动了一下，里面发出了喀啦喀拉的骨灰撞击声。我胸口发颤，一下子说不出话来，听到这干枯的骨灰发出的声音，就像是听到飞松在说话，尽管我从未听到过他的声音。

"太好了！"坂田那张被阳光晒得黝黑的脸上也露出了笑容。虽然找到了，准确地说是再次发现了骨灰，很让人高兴，但是我的心头还是有一种说不出的滋味。

住持一边炫耀着自己的记忆，一边告诉我们，飞松的妻子和枝 1969 年去世，葬礼也是在本澄寺办的，骨灰也在。她的丈夫与次郎比她早十六年去世，当时因为穷，没有举办葬礼，只是由他的女儿惠美子将他的骨灰拿到了寺里，请寺里保管。不过具体是哪一年不清楚。

后来我在翻阅以往的《大逆事件真相揭示会通讯》时发现，在 1967 年 8 月刊印的第十五期上刊登有当时还健在的惠美子的老伴高田肇的来信，里面写了他收到《风霜五十余年》后给森长英三郎写感谢信的一段情况。《风霜五十余年》这本小册子可以说是森长用笔墨和纸张为受害者及其遗属竖立的一座纪念碑。信中写道："……看到书中记载的有关父亲飞松与次郎的内容，我不禁流下了眼泪。希望能尽快出院，把寄放在寺里的骨灰处理好……"由此可见，飞松的骨灰被寄放到本澄寺的时间要比1967年早得多。也许是在他去世后不久。"希望把骨灰处理好"大概指的是希望建墓吧。高田肇最终没有完成这件事，他于1972年去世。他的妻子高田惠美子于1996年离世。期间飞松的骨灰有过转移。2002年以后，好像是高田的亲戚将其再次寄放到了本澄寺，具体情况实在搞不清楚。

　　不管怎么说，飞松骨灰的存在得到了重新确认。不过这样就可以了吗？虽然住持说"没有埋在土里，就不会风化"，但是本澄寺纳骨堂的容纳能力是有限的，如果继续看不见有遗属来祭扫的话，将来有可能被处理掉，所以我很惦记此事。至少要有座墓，不，最好有座纪念碑啥的，这样人们就能一直记住熊本这位被卷入"大逆事件"的受害者。


　　在被"大逆罪"这张网套住时，飞松还是一个二十一岁的白面书生——在受害者中，他和同样来自熊本的佐佐木道元两人年纪最小。假释出狱时他三十六岁，已届中年。虽说他是最早获得假释的，但是以无妄之罪名入狱十五年，就此而言绝不能说是早，何况出狱后仍然必须每月一次去辖区警察署报到，报告情况，获得批准，对他的跟踪和监视也一直没有消失，而且只要有1925年出台的《治安维持法》上提及的言行，就会被立即送回监狱。飞松出狱后不久，接受了当地报纸《九州新闻》记者丰福一喜的采访，据报道，在采访中他表示将"以愧疚悔恨的心情""做一个良善的日本人以弥补过去的罪孽"。但是，他的这一表示大概与他当时所处的状况以及时代有关。假释出狱的人，只要说点什么，当局就会神经过敏，甚至连秋田监狱的教诲师在给 1929 年 4 月从该监狱获得假释的崎久保誓一的信中，都一边抱怨一边提醒他，说自己因为他的事情而被人骂了一通。

广见村位于熊本县西北的山里，临近福冈县，1889 年 2 月与次郎出生在这里。那一年，发布了帝国宪法。他在家中兄弟三人中年纪最小，从初小到高小，一直以学习成绩优秀而出名。因为家境贫困，他高小毕业后没有继续升学，十七岁时当上了来民小学的代课教师。但是或许想要靠写作立身，当时他的目标是要做一名报纸记者。1907 年 6 月，他为松尾卯一太和新美卯一郎等人创办的《熊本评论》吸引，从创刊号起就成了该刊的热心读者。《熊本评论》版面上的社会主义色彩越来越浓，飞松也受到很大影响，产生了共鸣。年轻的飞松和当时很多早期社会主义者一样，也是在贫困的背景下，在追求平等和自由的社会的过程中日益觉醒的。他没有给《熊本评论》投过稿，他的第一篇稿子刊登在《熊本评论》停刊后、1909 年 3 月 10 日创刊的《平民评论》第一期上，当时他突然成了这家报纸的编辑和发行人。之所以让一个当局不熟悉的人来担任名义上的发行人和编辑，是为了在遭到禁止发行等的镇压时保护报纸的实际控制人，这是当时社会主义报纸采取的一种办法。飞松在创刊号上热情洋溢地写了一篇《致同志诸君》，兼作自我介绍：

"同志诸君，我此前一直是小学教员，过着极不自由之生活。作为小学教员，即便只言片语，只要呼吁正义自由，便会立即遭至当权者侧目，流落街头。连阅读社会主义书籍也会如此，其不自由之束缚实在是充满血泪，令人愤慨不已。

"是故我满心希望早日脱离此苦境、成为自由之子。亦因此，我几度致信本社之松尾兄，倾述衷肠。(中略)因我提出评论应以新貌勇敢出击，新美兄便飞速来到遥远之鹿北[1]，讲述报社宗旨之所在，命我来社工作。其时我之喜悦，笔墨无以形容。我立志以鹿野之巍峨入云山岩般刚毅精神、菊池川之清潭碧波河水般平和之心，为社会人道作出大贡献。秉持此种觉悟，我奔赴平民社，惶恐之至，忝列于编辑部之末席。"

读着这位二十岁青年所写的这段文字，一种像是要飞上云霄般的昂扬志气扑面而来。但是不久这位英姿飒爽、顶天立地的青年的精神就被突然击垮，他被逼上了死亡之途。3月10日，也就是创刊那一天的夜半，《平民新闻》就被指触犯《报纸法》上的"扰乱朝宪"之条，受到禁止发行的处分，飞松和松尾一起遭到起诉。判决结果是，松尾禁锢一年，罚款一百五十日元，飞松禁锢八个月，罚款一百日元。1909年11月17日，两人被关进了熊本监狱。飞松本是"初犯"，因此对他而言这一判决很重，而且因为拿不出一百日元的罚款，他还必须在监狱里服劳役。大约过了一年，1910年8月的一天，飞松突然被移送至熊本地方法院，在那里，他受到了来自东京的检察官武富济等人的严厉审讯。战后，飞松在刊登于《每日情报》杂志1951年5月号的手记中披露了当时审讯的情况。

　　检察官武富济：你进报社时，松尾对你说过什么话？没有说
　　　　过与主义相关的事吗？

---

1　鹿北，指鹿北町，位于熊本县北端，现已并入山鹿市。

飞松：没特别说什么。就是问我可不可以根据《熊本评论》
　　　的读者名单访问读者，交换意见……

武富："根据读者名单"？松尾说过让你募集决死之士吗？

飞松：决死之士什么的，没有说过那种事。

武富：即使没有说过决死之士，但是类似意思的话说过吗？
　　　还有，当时你说了什么？

飞松：他说佐佐木道元建议，我们到乡下去通过演说啥的进
　　　行宣传吧。因为我不会演讲，所以当时就说，我们还
　　　是通过报纸进行宣传吧。

武富：那就是说当时你赞成了！

接下去的一幕是，这位青年的梦想被"大逆罪"碾得粉粹。武富是一个身经百战的魔鬼检察官，他当时已经审讯过管野须贺子等人，对他而言，绝不会让一个初出茅庐的青年人"平白无辜地获罪"，所以在对飞松的审讯中，"决死之士"的事也被提了出来。结果飞松被以"大逆罪"提交法庭审理，并且瞬间就被判了死刑，这是他当初完全没有想到的。判决出来后的第二天，也就是1911年的1月19日，他在给父母双亲的信中写道："我乃以无罪之身而被定罪受死者，故五年、十年或数十年之后，定会明白此乃冤罪。"语气中不仅包含着遗恨，也流露出他对活下去已不抱希望。

消息传到他的家乡广见村，人们大吃一惊，飞松家出了"大逆犯"。在判决出来那年的秋天，与次郎的哥哥被领养人断绝了关系，父亲也于次年溘然而逝，其他家属和亲戚也觉得没脸见人，只能低着头悄悄地过日子。当时没人知道那是国家捏造出来的犯

罪，都认为是与次郎做了坏事。十五年之后，飞松从秋田回到了故乡，他的母亲非常高兴，但是，或许是因为从此不再需要牵挂儿子了，她于次年也就是 1926 年的秋天离世。

回乡后的飞松仍然是一个"大逆犯"，他没有住所。长期的囚禁，毁坏了他的身体，他也不懂生活的技能，只能靠手把手地教人家做自己在狱中学会的编织物，还有在有人请他的时候写写自己擅长的毛笔字，勉强度日。假释后的第三年也就是 1928 年，他和星子和枝走到了一起。他俩怎么会结婚的？此事已无从知晓，但是传说和枝在健康和生活方面都给了飞松很大的照顾。

我是在重新发现骨灰前的两天，和猪饲、坂田等人一起去了原广见村四丁，那里是飞松出生、成长以及假释出狱后短暂生活过的地方。宁静的乡间散落着几户人家，想必飞松在的时候也是如此吧。住在附近的飞松的远亲，曾经担任过广见村村长助理的飞松宏生给我们讲述了他的片段记忆：

　　我是与次郎出来那一年出生的，大正十四年（1925）。但是我从我的父亲那里听到过少许关于幸德事件的事。说他好像涉及暗杀明治天皇的计划。我父亲说与次郎人很聪明，虽然当时好像是报纸记者，但是没有直接参与，大概是被利用的，可能是冤罪。不过当时的亲戚都对与次郎敬而远之，一说到与次郎，大家都避开，即使是现在也没有人说与次郎的事。不过在亲戚之外的人中间，情况倒并非如此，有好多人请与次郎给自家小孩起名字，还有很多人请他写条幅。我家里过去也有他写的条幅，不过现在已经处理掉了。

报纸等报道了飞松的穷困生活以及"悔改之情"，当地的村长和议会等同情他，录用其为村公所的文书。但是据说即便这样他还是很孤独，因为周围的人都避开他。后来，毗邻的川边村的村长古闲辰喜给了飞松很多照顾，该村与其他地方合并为山鹿市后他仍然在公所上班，一直到退休，不过他的生活状况接近于极贫。在《山鹿市史》上记载着当时的情况。飞松之所以能够勉强活下来，多亏了古闲的帮助以及和枝的不离不弃。据说她一直在那小小的出租屋内仔细地做着家庭副业——往伞骨上贴伞纸。

战后，1948 年 6 月 2 日，飞松获得了特赦，原来被判的无期徒刑随之不再执行，而此时他已经五十九岁。猪饲给我看的那张"特赦状"很简单，一张粗糙的纸上只有手写的"准予特赦"几个字。这就是国家的"话语"，它曾经颠覆了一个青年的人生，这个青年当时只有二十岁，充满了对人生的梦想。所谓特赦，只是免除无期徒刑而已，并非承认冤罪，也不意味着罪名和刑罚无效。我们无法得知飞松拿到这张"特赦状"时的心情，但是崎久保的遗属存有一封飞松在获得特赦前不久给崎久保的信，在这封信中他这样写道："时代一变，曾遭牵扯之事件现已成无任何弊害之事，然我等却未得到特赦平反之恩典，生活中依旧不能抬首，此实为遗憾。然不久之将来我等将重获清白。"

写完这封信后过了三年，1951 年 3 月底，他在给曾经和自己一起在秋田坐牢的坂本清马的信中，一边谈了生活的困难，一边讲到了申请复审的事情。信中写道："复审申诉之时，我也一定参加……申请书我自己写。"飞松没能等到那一天，1953 年 9 月 10 日，他那六十四年充满遗憾和悲伤的人生降下了帷幕。要求复审而未果，坛子里面骨灰发出的或许正是他的冤鸣。

在熊本，有关"大逆事件"的叙述并不多，尽管如此，还是多少留存了一些与蒙冤被杀以及活下来的人有关的故事。熊本市营小峰陵园坐落在熊本大学附近的立田山的斜坡上，陵园里有两座墓与被处死的新美卯一郎有关。根据上田穣一的指点，新美家族的墓地过去不在小峰陵园，而是在位于白川沿岸的大江町川鹤（当时的地名）的一本松，那里靠近市中心。当初卯一郎的骨灰也葬在家族墓地，但那时只有一个木制的墓标。后来卯一郎的事实上的妻子金子德子向新美的母亲都奈提出，"一定要好好地给他建座墓，钱我来出"，于是 1921 年 1 月，在那里建起了一座石制的墓。新美卯一郎在其从狱中发出的书信中清楚地表达了对德子的炽热的爱，德子这样做大概也是想回应他的爱吧。1953 年 6 月 26 日，位于一本松的新美家墓地遭受了熊本大水灾的影响，不过还好，没有被冲走。后来，因为涉及熊本市的城市规划，墓地迁移到了小峰陵园内。

2008 年 6 月，在重新发现飞松的骨灰之后，我首次站在了卯一郎的墓前。高约一米、边长二十厘米的墓石上布满了苔藓，墓石正面刻着的"新美卯一郎之墓"几个字已经看不太清楚了。墓石的右侧刻着死亡年月日以及行年，左侧刻着"大正十年（1921）1 月再建 母都奈妻德子"。"德子"就是金子德子。

其实小峰陵园里还有一座墓上面也有新美卯一郎的名字，那就是在德子等人建的他的个人墓的正后方，背靠背地矗立着的新美家的墓。那座墓才真正算得上漂亮，在那座墓的墓志上刻有新美家历代人名，其中也有"新美卯一郎"的名字。我希望他的骨灰埋葬在前面所说的金子德子她们建的墓中。

新美死后德子开了一家茶馆，据说她还是筑前琵琶的高手，弹出的声调非常有力度。虽然德子没有留下照片，但是我在新美的墓前稍一伫立就想起她来，特别想听到她的声音和她弹奏的筑前琵琶。德子终生未再婚，于1962年7月去世。在"大逆事件"中有这样一群人，她们的丈夫无辜死去，给她们留下了无法治愈的伤痕，她们带着这种伤痕挣扎着活着。

堺利彦写过一篇题为《圆脸》的微型小说，刊登在卖文社的机关刊物《丝瓜花》第三期（1914年3月）上。这是一篇令人难忘的佳作，字里行间流露出堺利彦对同志的温暖和深厚的情怀。

如前所述，堺利彦从1911年春天开始踏上了慰问"大逆事件"受害者遗属和家属的旅途，他在探望了住在高知的秋水和冈林寅松家属之后，于4月28日探望了住在神户郊外梦野村的小松丑治的妻子，当时那个村子非常冷落，只有寥寥数户人家。六年之后，新村善兵卫也去过那里，但是他没有找到小松春子的住处。堺利彦的微型小说是在他的慰问之旅结束后的第三年写的：

> "神户、梦野"这一地名本身就具有让人联想到什么的力量，"小松春子"这一名字更是那么柔和，给人以温婉的感觉。
>
> 梦野村和神户城区离得很远，中间大概隔着六七个，或者十个左右的町，我到处打听，终于在那里找到了一个名叫小松的养鸡的地方。（中略）
>
> 春子的住处的确是木板房，房子很小，但是很干净。春子的脸和身材看上去都是圆圆的，长得小巧可爱，年纪大概在二十二三，或者二十四五。

春子的丈夫丑治，1876年出生于高知，1898年进入位于神户梦野的海民医院，成为那里的职员。据三重大学荣休教授酒井一等人的指点，那家医院大概就是现在的凑川医院。1904年春天，他和津田春子结婚。春子比他小七岁，个子小小的，皮肤白皙，出身于小商品批发商的家庭。两人结婚的时候正是日俄战争开战后不久。春子后来回忆道，当时的丑治身材挺拔，个子很高，眉宇间透露出一股英气。冈林寅松在高知读小学时是丑治同年级的同学，他因为想当医生，大约从1905年开始也进了海民医院上班。不过，他俩在此之前就认识。他们早就是秋水和堺等人主办的《平民新闻》的读者，并在1904年9月成立了"神户平民俱乐部"，开始举办社会主义学习会。

受到中央的社会主义运动分裂的影响，"神户平民俱乐部"的活动也出现了波折，1908年春天之后，好像就没有什么有影响的活动了。小松和冈林一直是该俱乐部的核心成员，因为在内山来访时与之交谈而被卷到了事件之中。关于这一过程之前已有简单概述。实际上关于这两人是否要交付预审，当时在检察官中也有分歧，两人曾一度被搁置起诉。社会经济史学家小野寺逸（已故）在《神户平民俱乐部和大逆事件》（载《历史与神户》杂志第十三卷第十二号）一文中指出，当局实际上是瞄着包括小松、冈林在内的五个人来的，但是就连强硬的当局也承认有关小松和冈林的证据过于薄弱。尽管如此，最后两人还是于9月28日遭到起诉，被押送至东京。

春子喜欢鸡，大概是顺从春子的愿望，1909年1月，丑治从海民医院离职，开始从事养鸡业。春子告诉堺利彦，她在丈夫被突然夺走后，一边盼望着丑治从谏早监狱的来信，一边照料着二十多只鸡，同时每个星期天去基督教多闻教堂。堺利彦回去时，春子还在纸袋里放了十几个鸡蛋让他带回去。回到东京后，堺利彦时常收到春子寄来的信件和明信片，每当收到写着"梦野，春子"的信件时，堺利彦脑海中都会浮现出梦野村以及在用竹子扎起来的鸡舍前的"春子的白净的圆脸"。微型小说的末尾描写了等待丈夫丑治不时之来信的春子的心情，读来令人悲伤：

　　　　这两个月一次的来信，春子今后还要等多少年啊。

　　那是在堺利彦来访二十年之后，绿叶在阳光下开始闪闪发亮的时节，一天早晨，

　　"我回来了！"

　　一个带着关西口音的很轻的声音，传进了矮小的房子。

　　"您是谁？"

　　这家的女主人一边轻声地回答，一边拉开了拉门。她的眼前站着一个穿着棉布条纹和服、有点上了年纪的男子，戴着眼镜，腋下夹着一个小包裹，头上戴着鸭舌帽。是丑治！——虽然他看上去苍老而憔悴。

　　两人互相看了一眼，在门口紧紧地抱在了一起……

　　1931 年 5 月 1 日，获得假释后的小松丑治从谏早的长崎监狱回到了自己的家。他家所在的神户市兵库区凑川町七丁目坐落在一个阳光灿烂的山坡上。他在狱中生活了二十年。他和冈林都是在 4 月 29 日天皇生日这一天被恩赦"释放"的。春子一直怀着希望和不安等待着这一天，她有时候想这一天大概永远不会来了，

但有时候又想，不！一定会到来的。这一年，春子四十七岁，丑治已近五十五岁。在此之前他们一起生活过的七年回忆起来更像是一场梦。在丑治坐牢二十年间，春子去谏早探望了两次。好不容易凑齐盘缠，见面的时间却极其短暂，而且边上有看守监视，两人交谈的话语也很少，只是泪眼相对。为了探监费尽心力，结果却只是确认彼此都还活着而已。加之春子这边也不自由，每天都有人跟踪，包括在往返的路上，所以也不可能多去。在那种环境中，支撑春子的是丑治的来信和基督教多闻教堂牧师今泉真幸的帮助。

丑治回乡四天之后的5月5日刊行的《大阪朝日》在第二版用近半版的篇幅报道了两人重聚的消息。在这篇关于"大逆事件"受牵连者与妻子重新相会的报道中，一下子用了四个标题：《幸德案无期徒刑囚犯出狱》《历时二十年与妻子重新相见》《孤独与坚贞不渝的半辈子》《忘记流泪的喜悦》。这些标题的文字也让人感到有某种温暖。

进入昭和年间，1928年以后，在日本国内外军靴的声音越来越响。思想、表达的自由，结社的自由等受到镇压，一千五百六十八名共产党员遭到逮捕的"三一五事件"，关东军策划的炸死张作霖的事件，加入了死刑内容的修订版《治安维持法》的公布，以纽约股票市场大跌为开端的世界经济危机，在受日本殖民统治的台湾发生的原住民起义以及镇压该起义的雾社事件，暗杀首相浜口雄幸未遂，等等，各种事件接连不断。小松和冈林假释出狱时已是1931年"九一八事变"的前夜，帝国日本和世界的形势正在朝着危险的方向发展。如果知道上述形势，《大阪朝日》这篇关于小松夫妻重聚的报道更应受到格外的重视和评价，何况他们还是因"大逆罪"受到追究的人。

面对过去未曾接触过的记者，两人有些不知所措。记者毫无畏惧的提问引出了丑治关于该事件的话语："我当时只是在神户读读《平民新闻》，研究研究社会主义，真不知道为什么会被弄进去。"从报道中所记述的丑治的抱怨中可以读出，他认为是冤案。不仅如此，读者如果能够读出文字背后的含义，大概还会怀疑这一事件或许是国家权力捏造出来的。在报纸上刊登来自"大逆事件"中受到控告的当事人的含有批评意思的抱怨，这恐怕还是第一次。之前，飞松也接受过报纸的采访，但是在报纸报道的他的言辞中，没有对事件的任何批评。这篇报道对春子也给予了强烈的同情，说其"因该事件被夺走了丈夫"，并记述道，她"当时不得不与来自社会的精神层面和物质层面的迫害进行斗争"。

报道中还提到，因为丈夫被判无期徒刑，不知何时回来，所以周围有人劝她和丈夫分手，但是春子一直拒绝。记者感动地写道，正是这份爱情才带来了两人的重聚。他问丑治对此有何感想，丑治淡淡地回答道："感谢我的妻子……不过我现在太累了。"之后，报道记录下了春子一句充满力量的话，她说："因为在这件事上我没有帮国家做过任何事情。"

在当时的媒体上，没有像这样的有关"大逆事件"当事人的报道，这是一篇在"九一八事变"前夜写下的充满善意的报道。但是，这种报道不久就被战争国家所吞没，因为"大逆罪"而饱受摧残的人们的生活陷入了不知何时才能够出头的境地。

在此简单提一下平沼骐一郎此人。作为事件中代表明治暴力国家的直接责任人，他将"大逆"的罪名强行扣在了包括小松、冈林等在内的诸多追求自由、平等、博爱的人的头上，处死了其中的十二人，夺走了活下来的十四个人的人生。那么，事件之后直到战后，平沼骐一郎走了一条怎样的路？他又是怎样总结该事件的呢？

平沼和森近运平一样，也来自冈山。在处理完该事件之后，他由司法省民刑局长、大审院检察官升任了检察总长，1922年就任大审院院长，在关东大地震后的山本权兵卫内阁中就任司法大臣，成了司法界的头领。通过"大逆事件"，他不仅在官场上不断往上升，还进入到了政界。虽然不久即因"虎之门事件"辞职，但是这一挫折并没有断绝其政治生命。此后他继续参与政治，历任贵族院议员、枢密顾问官、枢密院议长（1936）等职。在此期间，从1924年至1932年的十二年间，他还担任了由法官、检察官以及右翼学者、学生、军人、官僚等组成的国家主义团体国本社的会长，对政界施加国家主义的影响。大概是应平沼的邀请，小山松吉、小原直等在"大逆事件"中负责搜查、审讯的检察官等也参加了国本社。1939年1月，也就是希特勒掌权的德国开始对外侵略的前夕，平沼终于继近卫文麿之后就任内阁总理大臣，一跃而成为政治世界的头领。但是他上任后意外地遇到了德苏两国签订互不侵犯条约，在发表了"欧洲形势复杂奇怪"的声明之后宣告下台，主政时间仅有七个月，是一个短命政权。即便如此，他与政界的关系并没有中断，在第二次、第三次近卫内阁中，他也担任了国务大臣等职务。

从平沼的简历中可以看出，他是在"大逆事件"二十六名被害者及其遗属和周围的人们不断挣扎和痛苦呻吟中，在大日本帝国的阳光照耀下一路扶摇直上的。如此罪孽深重的平沼退出政界后留下了谈话录。第一个是在日本发动亚太侵略战争后不久的1942年2月10日至1943年7月6日，他在位于东京平河町的办事处"机外会馆"进行的二十多次谈话的记录。第二个是战败后，他在巢鸭监狱留下的口述谈话记录——众所周知，1948年11月，在远东国际军事审判中，平沼作为"甲级战犯"被判处终身监禁。他的上述两个谈话录收录于《平沼骐一郎回忆录》中。平沼在"机外会馆"的谈话中，也谈到了"大逆事件"。在1942年4月21日的第七次谈话中就有这方面的内容。因为是在讲自己的功劳，所以他很是得意，但其内容充满了胡编乱造，非常粗陋。不过平沼是制造该事件的司法系统的核心人物，他的谈话尽管前后逻辑荒谬，但还是有若干地方透露出了这个核心人物的真实想法。

"在该案中我非常注意，不希望留下不像样的证据。他们在说到天皇陛下时，完全不使用敬语，因此我提醒审讯者要说服他们使用敬语，审讯中他们不使用敬语就不要记录。此事一开始很难，但是后来他们就开始使用敬语了。到了最后他们终于知道了陛下的圣德，说即使实行我等的主义陛下也不会有事，只是不能行使政治上的权利。"

我们不知道事情是否真的像平沼说的那样，但是他的这一谈话从一个侧面表明那些审讯记录和调查笔录是为谁制作的。平沼的谈话录中有的地方还无意暴露出了该事件审判中的怪异之处：

"桂（太郎首相）先生说，判决必须在别人不知道的情况下禀报陛下。……我说，判决完了立即打电话上奏。于是首先禀报了陛下。

"被告被判处了死刑，但是其中有三人是否参加了阴谋难以判断。……桂（太郎）先生试着禀报陛下，说陛下好像很久没有减过刑了，于是有了恩赦的决定。当时陛下说，这三个人就特赦吧，还有其他人吗？我等禀报说没有了。陛下说那就这样吧。于是决定特赦三个人。"

从上述内容可以看出，"大逆事件审判"不是在司法独立的基础上，而是在政治的支配下进行的。三人的特赦表明，当局承认其中有冤枉者，而特赦本身也是高度政治性的产物。另外，实际上当时有十二人获得特赦，可见平沼谈话录的内容将虚虚实实混杂在了一起。平沼的谈话录是在亚太战争开战初期"捷报"频传的 1942 年开始制作的，从他的话语间甚至还能听到"胜利者的哄笑"，令人毛骨悚然。

平沼后来因病获得假释，离开巢鸭监狱，于 1952 年 8 月死亡，时年八十六岁。他的墓在东京多磨陵园。他的墓很大，像是在俯视四周。同样在多磨陵园，那里还有新田融（1937 年去世）的墓，他因为与宫下的关系被牵连进去，被以违反《爆炸物管制处罚规定》为由，判处十一年有期徒刑，1916 年假释出狱。

从政界引退后的平沼在"机外会馆"趾高气扬地回忆往事之时，正是天皇制法西斯的淫威达到顶点之际。可以想见，因为战争体制因素的叠加，此时小松夫妇的生活雪上加霜，极为艰难。但是其具体情况如何，在森长英三郎战后历经二十年的努力好不容易搞清楚春子的情况之前，人们并不了解。

转折发生在 1964 年的年末。这一年 12 月 6 日的《朝日新闻》（京都版）"寻人"栏目中，刊登了森长的来稿，题为《寻找大逆事件中的小松丑治的消息》。这封寻人来信刊出之后，12 月底，临近年关之时，洛西教堂的牧师给森长寄来了一封信。信中写道，春子作为教堂及其附属幼儿园的守门人，一直住在教堂内的一间屋子里。她无依无靠，虽然身体还可以，但是毕竟年纪大了，关于"大逆事件"她不想说什么了，等等。由此森长才知道丑治已经离世，春子一个人活着，一直靠位于京都市北区的日本基督教会洛西教堂的牧师们的接济生活。之后，好像是因为森长给春子写了信，信中有鼓励春子的话，大约过了一个月，1965年1月下旬，牧师再次给森长来信，说春子收到森长的来信后，人变得精神了，关闭的心扉稍稍敞开了一些，断断续续地开始讲了一些丑治假释出狱后的生活情况，等等。

同年，当时住在高知的"大逆事件事实揭示会"成员大野道代（2004年去世）和森长一起去京都看望了春子，进行了多次访谈。1966年2月，大野在该会的《通讯》第十二期上发表了简单的会面报告。虽然春子的回忆断断续续，但它却是关于遭受事件牵连后小松夫妇情况的宝贵记录。以下是我以大野的报告和牧师给森长的信件等资料为基础还原的春子关于丑治假释出狱后两人的生活状况的叙述（引号中的内容直接引自大野的报告）。

我原来一直想，丑治回来后，我要把我一个人在家时看到的各种事情讲给他听，但是当我见到他时，那种想法立刻烟消云散了。我决定把他不在家时我断断续续写下的东西交给他，把一切封闭在记忆中。假释出狱后，丑治无论去哪里都在特高的严密监视之下，加之他的身体十分虚弱，又没有工作，渐渐地好像连出门的兴趣都没有了。昭和八年（1933），住在东京大森的义兄临终时，他去了东京。去是去了，但是因为被特高尾随纠缠，结果说是"连临终前的水还没取来就分手了"。[1]"神户平民俱乐部"时期脸上那种耀眼的神采已完全消失。我是在昭和初年在多闻教堂接受洗礼的，当时丑治还在狱中。丑治出狱后拿着鸡蛋去过牧师的家，但他好像只是默默地把鸡蛋放在牧师的家门口就走了，没有进屋。战争越来越严酷，生活越来越困苦，没有吃的东西，有时候只能捡别人家扔掉的剩菜吃。我俩因为生活穷困，昭和十八年（1943）前后搬到住在京都伏见的丑治的外甥那里去麻烦他了。但是到了那里之后，仍然有特高不断地到家里来。

　　丑治是在战争结束那一年的10月4日去世的。因为营养失调……那年他七十岁（六十九周岁）。不过丑治"直到最后思想也没有改变"。


　　森长见过春子多次。他将与春子见面后的感想以《大逆事件的再审余闻》为题刊登在了《文化评论》1967年11月号上。在这篇文章中，森长写下了自己对春子痛彻心扉的记忆："我只能用经历了漫长的岁月、受尽了折磨的老妇人来形容她。……说起大逆罪她至今心有余悸，说话时也只是从喉咙深处微弱地发出声音。"大野也记述道，她说话的声音很轻，很难听清楚。不过，从他们的记述中，我们也可以清楚地看到遍体鳞伤的丑治在反抗想要制裁思想的明治国家图谋时的坚贞不屈，以及全身心地支持他的春子的人生。

　　1911年1月21日，也就是判决出来后不久，丑治给今村力

---

1　据说佛祖释迦牟尼临终前口渴，让弟子去给他打水喝。释迦牟尼喝完水后挣扎着和弟子们一同继续前行，之后长眠不起。此处用这一典故表示见面时间极其短暂。

三郎等三位律师写了一封信，感谢他们所作的辩护，同时对意外的判决结果表示震惊，强调这是冤罪。

"（前略）本以为会被判无罪出狱，然十八日得此意外之结果，深感震惊。……此乃第七十三条之冤，极为遗憾。……此案据各被告人之陈述似为犯罪……然实为冤罪，结果令人遗憾之极。"

即使从这封信的文字也可以想象，丑治当时一定希望申请复审。小松丑治去世当天，GHQ 向日本政府下达了"人权指令"，这一指令要求日本允许自由讨论天皇、释放政治犯、废除思想警察、废除《治安维持法》等镇压性的法规。但是丑治去世时连"特赦"也没有得到，他一定非常愤慨。

丑治去世后过了一年，1946 年 10 月，春子在多闻教堂今泉牧师的帮助下，被京都的洛西教堂收留。此后二十年，在该教堂牧师田村贞一的热心支持下，她一直在教堂和幼儿园帮忙。但是到了 1965 年秋天，历经坎坷的春子健康状况也已经不行了，于是她住进了明石爱老园。1967 年 3 月 25 日，春子在那里走完了八十三年的人生。

大野在当地的《高知新闻》上发表了一篇题为《一位老妇人之死》的悼念文章（4 月 19 日），其中写到了春子晚年的情况："她的模样看上去令人伤感，穿着破旧的衣服，皮肤白皙的瘦小身姿充满了孤愁，心中的伤痕是如此之深，已无法为其抹平。"此时春子孤影悄然的瘦小身姿，与堺利彦曾经看到的"圆脸"已经判若两人。

"大逆事件"给遗属留下了无尽的悲伤，时间长，伤痕深。

大野在悼念文章的末尾告诉读者，春子虽然出生于神户，但是她从丑治对她讲述的土佐的风土人情中已经喜欢上了那里。她的骨灰将被葬在丈夫长眠的墓地。"这应该是她的愿望吧。"大野最后写道。

2008年2月中旬的一天，我来到了小松的墓前。这一季节，似乎天天都刮着冷飕飕的西南风。流经市内的镜川上架着一座桥，名叫"潮江桥"。在这座桥的西南方的小石町有一陵园，名叫笔山陵园，小松的墓地就在这座陵园。"到小松墓来的人很少很少，大概现在已经没什么人知道这里还有小松的墓了。"自由民权纪念馆之友会事务局长窪田充治一边说着，一边拨开枯草和树木往里走。从中江兆民等人的墓标前穿过，走了约二十分钟，我们来到了小松家的墓地。墓地掩映在高大的常青树下，显得有些昏暗。墓标的正面刻着"小松家之墓"，侧面刻有五个人的名字。丑治的殁年、行年都有，但却没有看到春子的名字。听说1965年国民救援会高知支部竖过一根木制的标柱，但是已经没有痕迹了。此时此景不仅令人想起时光苍茫，继五十余年风霜之后，又过去了四十余年。

小松等人出狱后的第三年，1934年11月3日，"大逆事件"最后一名受牵连者走出了高知监狱，他是坂本清马。坂本是一个非常执着的人，他不断地诉说"此事件尚未解决"，要把"大逆事件"从被忘却的深渊中解救出来。

# 第十章　一根筋的男人

事件相关书堆中的坂本清马（1967 年 3 月 29 日，于中村市的自家住宅，已故冈功先生摄）

他的形象甚至更像是传说：宽大的额头，略显棱角的脸，身高一米六不到；因为长期的牢狱生活而伛偻的背，耸起的肩，总是穿着像睡衣一样皱巴巴的和服，牵着一条黑色的杂种狗在散步。对于那些见过坂本清马的高知中村的人来说，他的这副形象已经刻在了他们的脑海。中村的人们还记得他积极参加中日友好运动，穿着和服分发相关杂志的样子。清马虽然个头矮小但却具有着压倒性的存在感，这不仅是因为他的衣着和气质，更在于他对于歪门邪道和荒谬之事毫不妥协的态度——只要他认为自己是正确的，就绝不会退让和接受他人的讲法，他不承认权力和权威。

尤其是说到让自己蒙受冤罪的"大逆事件"，他更是燃烧起"无论如何也要报仇雪恨"的怒火，口若悬河，气势骇人，几乎可以压垮对方，而且说着说着，他就会忘记眼前听他说话的人。他的倾诉喷涌而出，热力无法计量，对方根本无法应对，有时会变得不知所措，连回应的话语都找不到。来采访他的报纸记者时常采访到一半就放弃了采访，变成了一个"倾听者"。不管碰到谁，他都一本正经、喋喋不休地告诉对方，为了洗刷冤情、揭露真相，他计划出版四五本书，要写到一百三十岁，不，一百五十岁，"俺不会死"。为了这一目标，他每天都做在狱中学到的体锻运动，坚持粗茶淡饭。

坂本清马是从高知去的东京，二十二岁时成了幸德秋水的书生。他一方面狂热地尊敬"秋水先生",另一方面反复地讲述自己"深信不疑"的故事:"先生"被管野须贺子的魅力所迷惑,导致自己被"先生"赶出家门,因为如此,"先生"才被卷入到事件中遇害了。"俺为秋水先生尽了全力,但先生却抛弃了革命,投奔了爱情。"一讲到这些,清马就心潮起伏难以遏制,爱与嫉妒相互碰撞、翻转、缠绕,最终涕泪交加,放声哭泣——他当时一定喜欢管野,即使年过八旬,提起管野时他也会羞红了脸,毫不难为情地吐露初心。在他自家二楼只有约六畳大小的房间里放置着一张大单人床,上面堆满了书,有人说有四千本,还有人说有七千本,不管准确的数字是多少,从数量如此庞大的藏书中可以看出他非同寻常的好奇心和贪婪的求知欲。他的书房快爆炸了,但是里面的每一本书都是根据宏大的计划购买的,目的就是要洗刷"大逆事件"的不白之冤。他的追究司法责任、重获清白的意志和愿望,一直在燃烧,从未熄灭过。尽管在被卷入"大逆事件"之前他就已经决定"退出社会运动",但却依然认为自己是终身的无政府主义革命家,看上去丝毫未觉得两者之间存在矛盾。

明治大学教员山泉进是"大逆事件研究"的第一人。他出生在原来的中村市,也就是现在的四万十市,从小就在街上看到清马,大学四年级的时候还第一次进到了清马的家里听他讲故事。面对清马那种在历史事实中混入了自身情感的讲述,当时山泉不知所措。有着如此令人惊叹的体验的山泉进认为清马是一个"一厢情愿的人"。

在被判刑受到囚禁的被牵连者中,清马是唯一一个从狱中开始就一直喊冤、要求复审的行动者,他的这种表现本身就是一种"行为证据",证明此案是冤案。在这样一个风风火火的行动派身边，却有着一位年纪不到三十岁的沉默寡言的养女，她的名字叫道枝。

在土佐，有一种广为人知的说法，叫作"一根筋"。清马在分析自己的性格时，也说自己是"一根筋"。和道枝一起始终支持"一根筋"的清马的，是中村市议会议员尾崎荣一（1994 年去世）。尾崎荣一的长子因为父亲的缘故，从小就认识清马，他曾经写下这样一句诗：

> 每当听到"一根筋" 坂本清马便第一个浮现在我眼前

没有坂本清马，就没有有关复审"大逆案"的申请。"大逆事件"尚未得到解决这一认识也是因清马而广为人知。正因为有这样一位铁骨铮铮、义无反顾的清马，复审申请才成为可能。没有他的执念，就不可能让战后社会意识到事件的冤罪性质进而开始正视司法的责任，当时他的这种执念甚至让律师都感到厌烦并望而却步。作为申请复审的主人公，即使到了晚年清马也没有放弃自己的诉求，他的思想和人生的经历有些复杂，虽然说不上丰富多彩，但也绝非色调单一。

从电影院里传来的《佐渡小调》渗透到了我身体的每一个细胞，让人感到浑身惬意。时隔二十四年回归社会，当时正是这部以佐渡爱情故事为题材的电影上映并且受到好评的时候。虽然已是秋天，但是土佐阳光炫目。街上的商铺到处都放置着留声机，这种过去从未看见过的机器，只要安上唱片一转便放出了声音，真是太新奇了。知道自己还在警察的监视之下，但还是因"自由"而欢天喜地。虽然以为再也出不来了，多次想要放弃，但最后还是抑制不住对自由的渴望。因为是冤枉的，所以对自由的渴望更加强烈。而今总算得到了那种"自由"。或许是因为如此，眼中首次看到的新奇的风景全都让我充满欢愉，而没有丝毫的违和感。这种欢愉就像清水渗入到了干燥的沙子中，浸润了我的全身。我被送进监狱时是二十五岁，出来时已近五十，但是在冤案平反之前，我不会死。

如果按照清马写的《从大逆事件中活下来：坂本清马自传》（以下简作"《自传》"）重现其获得假释时的场景的话，或许就是上面那样。高知监狱紧贴着高知城堡的护城河，1934 年 11 月 3 日，"大逆事件"的受害者坂本清马（1885 年出生）获得假释，离开这里。当时天皇制军国主义侵略中国东北已近高潮。根据高知气象台的记录，这一天高知在移动高气压控制下，天空晴朗、秋高气爽。清马是被判处有期徒刑的两名被害者以及由死刑减为无期徒刑的十二名被害者中最后获得假释出狱的，他在狱中的时间最长，被关押了"二十三年零二百七十七天"。当初，他和高木显明、崎久保誓一、飞松与次郎一样，被送至位于北方的秋田监狱（后改名为刑务所）。显明在那里自杀了，飞松因悔改之意明显最早获得假释，崎久保也于 1929 年 4 月出去了，只有清马被继续留在监狱中。他在《自传》中写道，自己因为不时反抗看守，不断遭受减少食物供给、禁止阅览图书，以及禁止运动、关押至隔离房之类的处罚。

清马在秋田服刑期间，1922 年 1 月，他的母亲芳子去世。母亲是清马最爱的人，母亲在临死前还念叨着"我要见清儿、我要见清儿"。得知母亲去世，清马受到极大的打击，他将头撞向牢房的墙壁，企图自杀，但是被看守发现未能成功。三年后的1925年4月，他的父亲幸三郎也去了另一个世界。清马二十一岁离开高知，一直到被强行牵连到事件中，他一次也没有回过老家。而在他坐牢期间，父母因为贫穷，也无法去遥远的秋田探望儿子，所以他和他的父母已有十多年没有见面，最后只能在狱中向他们告别。1931年10月，清马被从秋田移送到位于其出生地的高知监狱关押。此事看上去有点非同寻常，但确实是清马不断要求的结果。父母走了，姐姐近子在高知，如果转移到高知服刑，姐姐就能来看他了。当然，他在秋田监狱不断反抗，也让秋田监狱方面感到棘手，或许秋田监狱方面同意将他转走也有减少麻烦的考虑。

在高知监狱服刑的三年间清马不闹了，或许是他觉得自己已经回到了故乡。他的姐姐经常来看他。据说他在监牢前像是前庭的空地上筑起了花坛，种上了番茄，甚至还养了鸡，此外他还在牢房里面养了四只猫，令人惊讶。如此特殊的待遇在今日简直无法想象，《自传》中的描写像是在吹牛。在这里，清马不仅变得老实了，他还得到了"表扬"，像是变了一个人。他是带着两只猫一起出狱的。虽然在战后认识清马的那些人的印象中他总是牵着一条狗，但是他似乎也喜欢猫，这种动物非常随性而且绝对不能系上绳索。

假释出狱后不久，清马接受了《高知新闻》的采访。相关报道说他已经放弃信仰，"转向"了。1935年2月，即出狱三个月后，清马参加了神道教团大本教（其《自传》上写作"大本"）

的讲习班，当时大本教正在以京都的绫部和龟冈为据点扩张势力。尚不清楚这次参加讲习班是清马本人的意思，还是像武田九平的情况一样，是将清马视作"大逆"极端分子的警方为了用宗教的力量控制他所采取的一种举措。大本教在1922年2月被认定为"邪教"，其教祖兼最高领导人出口王仁三郎等干部被以不敬罪等罪名起诉，神殿也被捣毁。其后，在世界经济危机爆发、日本走向战争国家以及法西斯主义抬头的背景下，其势力再度兴盛，在清马出狱前不久的1934年7月，该教创设了爱国思想团体昭和神圣会，与军部革新派、右翼等联合开展国家革新运动。当时警察当局认为其教义中的"改造世间、纠正世间"的主张是企图颠覆社会，对大本教抱着警惕的态度，正在一步步地缩小镇压该教的包围圈。

据说，清马去盛冈后在那里逗留了大约一个星期，在接受了大本教教义宣讲等之后，他在绫部被该教开山祖出口直子的第五个女儿澄子[1]（大本教"二代教主"，其丈夫是王仁三郎）看中并召见谈话，还得到了"（教祖所写的）神的告谕"，清马对此非常感激，过了一两年，清马开始在大本教总部工作。个中实情如何不为人知。

清马从龟冈回到高知后，寄身于浪越整形外科医院。当时该院的院长浪越康夫不仅是医生，还是昭和神圣会高知支部的支部长。这家医院就在高知警察局的对面，从监视清马的角度讲也很方便。清马以此为据点，作为昭和神圣会高知支部的游说部长奔

---

1　出口澄子（1883—1952），日本大本教开山祖出口直子的五女。1900年与上田喜三郎（即后来的出口王仁三郎）结婚。1918年成为大本教第二代教主。1935年因大本事件入狱，1941年获释。

走于县内各地进行宣讲，他自己曾经得意洋洋地写道，在室户宣讲时参加者有两千人之多。从 1935 年 12 月 8 日开始，大本教受到第二次大镇压。这次是首度援引《治安维持法》对宗教团体进行镇压，出口等干部被逮捕，教团设施等被彻底捣毁，昭和神圣会也被解散。清马在监狱中生活了很长时间，他当时是如何解读军部右翼皇道派军官发动政变（即"二二六事件"）前夜的时代背景以及教团所处的环境的呢？

令人意外的是，一个在"大逆事件"中被强迫连坐的人居然与皇道主义产生了共鸣。在清马写的《自传》中，没有关于他在参与昭和神圣会活动时的思想上的矛盾和烦恼的记述，字里行间也看不出来。其皇道主义到底是被强制的，还是一种"伪装"？清马是一个意志坚强的人，这些行为难道是因为其好不容易得以出狱的喜悦以及不想再次回到监狱的考虑所致？抑或确实出自其本意？不管如何，反正清马没有像同样获得假释的崎久保和小松丑治等人那样选择沉默和忍耐。如果说清马积极参与神化天皇活动的想法中隐藏着某种东西，那么它是什么？这里面有太多的疑问，不过我们还是不要急于下结论。

清马曾经寄居浪越医院，这一事实已被两张玻璃版的照片所确认，这两张照片是高知市立自由民权纪念馆在 2007 年夏天获赠的。照片由浪越院长的朋友、当时住在医院的 X 光技师拍摄，照片里有清马。捐赠者是高知大学荣休教授刘谷哲也，他的妻子辉子就是拍照的 X 光技师的女儿。

"我的父母 1935 年结婚后就住在医院里。母亲是 2007 年去世的，我经常从她那里听到有关清马先生的事情。我的母亲、父亲都叫他清马先生，说他是一个沉默寡言、不苟言笑、一天到晚在看书的人。"

　　辉子的这段描述和传说中的清马的形象有点不一样。辉子指着照片说，这就是母亲说的清马。一张照片上的他没有头发，表情很严肃；在另一张照片上，他戴着帽子，倒是露出了笑容。因为清马在战后还活了三十年，同时他又是申请对该案进行复审的主角等，所以他留下的照片比其他受害者多得多，但是战前、战争中，特别是出狱后不久的照片极少，更不用说是脸上带着笑容的照片了。2009年夏天，我请曾经多次采访过清马的伊藤和则看这两张照片，他住在广岛，从事有关石川啄木的研究。我问他照片上的人中间是否有清马，伊藤看了照片马上指着说，这个人就是清马，他和刘谷辉子指的是同一个人。

在浪越医院的坂本清马（左起第二人）（刘谷哲也提供）

假释出狱后的第二年即 1935 年 8 月，清马出了一本书，书名是《大日本皇国天皇宪法论》。原书留存于清马的养女道枝（1996年去世）保存的资料中。道枝保存了大量清马留下的资料（我们暂且将这些资料称为"道枝资料"）。这些资料现由居住于道枝出生地爱媛县爱南町的西口孝保管。2009 年 9 月，我经大洲市原高中教师澄田恭一的介绍得以看到这些资料。这本书的篇幅有一百一十二页，在封面的右上角写着"陆军少将江藤源九郎阁下跋"、"昭和神圣会高知支部长 浪越康夫博士序文"，左下角写着"昭和神圣会高知支部游说部 坂本清马述"。翻开封页，里面写道："依据狱中二十五年之思想体验阐明吾国体，以消灭国家法人说及天皇机关说。"书中将天皇说成是全世界唯一的"活神"、"现人神"，显然，这是一本旨在阐明国体、批判美浓部达吉[1]所主张的天皇机关说的宣传书。但是，清马有必要如此迎合体制、鼓吹天皇现人神论吗？这是出于他的本意吗？难以抑制的怀疑再次涌上我的心头。多年以后的清马，似乎并没有将这本小册子视为自己的"败笔"加以重新认识。

之后过了十年，即败战后不久的 1946 年 8 月，清马又写了《日本皇国宪法草案》，寄给了天皇、麦克阿瑟以及宪法学家佐佐木惣一等人。关于这件事，他在《自传》中有说明。

"这个草案中蕴含的国体论，是建立在我在狱中想到的君臣浑然一体论的基础上的。君臣之间无上下，君为圆心，臣为圆周，有圆心才有圆周，有圆周才有圆心，君臣平等。而在当今，君主

---

1　美浓部达吉（1873—1948），日本著名法学家，曾任东京帝国大学教授、贵族院议员等职，主张"天皇机关说"，即认为统治权属于国家，天皇作为国家的最高机关，行使最高决定权。其主张受到天皇主权论者的反对，后者认为天皇即国家，统治权属于天皇。

当然是圆心，但是其不参与政治。"

败战或许也是原因之一，他稍稍脱离了当时昭和神圣会的"天皇是现人神的神话"，开始讲述"狱中想到的"君臣一体论，虽然言辞不像过去攻击天皇机关说时那样激烈，但是以天皇为中心的想法似乎并没有改变。他问自己，为何会对天皇如此执着？"难道是因为天皇的事让我不得不背负着沉重的负担，所以我才会更加仔细地考虑天皇的事吗？"他还说，"即使是天皇讲的话，说得正确的，我也会毫不含糊地承认其正确"，他甚至断言自己是"忠臣"。虽然战后坂本清马对天皇的观点有所修正，但是并没有批判给自己人生带来很大祸害的天皇制。说到底，清马不是秋水那样的大思想家，他也不是记者，不是评论家，也不是像森近运平那种因为想得很深又从事农业的人。他在思想尚未成熟之时，就意外地陷入了"大逆事件"这一国家犯罪事件中。他之所以在狱中活下来，就是为了平反、为了自由、为了获得释放。或许正是因为如此，他当时才不断强调自己是"忠臣"。然而，尽管如此，他在演讲和出版中对天皇机关说的抨击以及对皇国的鼓吹还是令人不适。

清马为何会被卷入"大逆事件"中呢？

"坂本，有人找你。"

字模挑选工清马被车间主任叫了出去。那是 1910 年 7 月 26 日，当时他在东洋印刷这一大印刷公司工作，生活总算开始有了着落。清马想要换下工作服，车间主任说，"就这样，不用换"，说着将他带去了二楼的贵宾室。怎么会有人找自己，清马觉得有点纳闷，他一边琢磨一边进了屋子。屋子里有三个男的，其中两人一看就是刑事警察，清马紧张了。站在门边的穿西装的男子慢慢地走过来，从衣服口袋里拿出名片说道："我是芝警察署的署长，有点事情想要问你，能否请你到署里去一下？"话说得很客气，但是其语气明显不容拒绝。清马就这样被带到了警察署，以游荡罪被扣留了二十天。当时清马想，怎么会是游荡罪？如果是一个月前还说得过去，现在自己既有住的地方，又有工作。他马上就明白了，游荡罪只不过是当局的借口，其另有目的。结果两天不到，他就被移送至东京监狱内的未决犯的牢房，开始接受检察官的调查。说是他涉及与《刑法》第七十三条有关的案子，尽管他对此毫无印象。

当局调查的是其参与"十一月谋划"的事。当局认为，这一阴谋发生在大石诚之助和松尾卯一太等人去东京的途中，其计划的内容是等受到"赤旗事件"连坐的同志出狱，招募数十名"决死之士"，夺取富豪的财产，煽动贫民，焚烧官府，杀显官，最终逼近宫城，实施"大逆"。当局认为，清马从秋水那里听到过这一计划，并且认为，清马赞同秋水的"谋逆"计划以及通过地方游说召集"决死之士"一事。对此，清马在检察官和预审法官调查时一直予以否认，表示这完全是捏造，自己对当局所说之事毫无印象，但是最后他还是被几乎原封不动地按照预审笔录捏造出来的理由判处死刑。

清马出生的棚屋位于贴着海岸边的松树林中，这条海岸线从室户岬通向高知市，长约十六公里。他出生于 1885 年，是家里最小的孩子，上面有一个哥哥、两个姐姐。他的父亲来自中村，原本是一位漂染匠人，后来因参与其他生意而破产，所以清马从小生活就很贫困。长大以后家里的生活也不安定，因为父亲工作不稳定，所以连住的地方也经常变动。他的母亲是一个温柔的女人，虽然一字不识，但总是忍受着丈夫在生意上远多于成功的失败。对孩子而言，贫穷最难忍受的就是饥饿，总是吃不饱。有时候因为家里没有吃的东西，甚至只能将人家收芋头时扔在地里的切下来的芋头根捡回来煮一下，穿成串烤一烤分着吃，或者一天只吃一次薄得没有黏性的稀饭。即便如此，清马还是每天到位于高知市内的初小上学。清马像他父亲一样，从小性子急，经常和人吵架。他的母亲总是担心地对他说："你那急性子没啥用处，就像是一棵葛根缠绕、满是疙瘩的树，最后只能当柴烧。"因为父亲生意失败，好不容易上了小学，结果也在二年级时退学了。贫困就像影子一样紧紧地跟在家人身后，他们每天都要四下寻找食物。因为贫穷，所以被人称为"盗贼"，遭到鄙视。"贫穷太难受了，我希望早点摆脱贫穷，必须消除贫穷"——这成了清马的初衷。

一天，父亲突然回来了，于是清马也复学了，没想到这回他从初小一直读完高小，进了海南学校——这所学校是县立初中，在这里清马做起了将来要当陆军大将的梦。他在海南中学学习成绩不错，但在二年级时突然说讨厌学习而退学，过了三年又进了县立第二中学，结果又因为父亲生意失败而被迫休学，后来又被迫退学。就在那一时期，他受到老子思想的影响，又被否定一切权力和权威、主张建立相互扶助和具有连带责任的社会的无政府主义思想所吸引——对于希望摆脱贫困的清马来说，这是一种照亮未来的光辉思想。1906 年的夏天，受到上述思想影响的清马，怀抱着当外交官的理想，走出了高知，当时他二十一岁。在东京，他干过各种各样的活，在小石川兵工厂当保安的时候读到秋水写的《社会主义神髓》一书，深受感动。接着，受到 1907 年 2 月发生的足尾铜山暴动事件以及当时从美国回来的秋水发表在《平民新闻》（月刊）上的《直接行动论》的刺激，他变得情绪激昂。清马本来就性格直爽，易于激动，受到刺激后的他马上给故乡受人尊敬的前辈写信，鼓动他们起来。他在信中写道，"我觉得革命的时期已经临近，让我们大家团结起来大干一场吧"，如此直率的表达恰如其人。此后，他开始了与秋水的书信往来。"你很像是无政府主义者，这次聚会你来吗？"清马收到秋水的来信后，于那年4月第一次见到了秋水。首次见面，秋水将清马带去了大杉荣的住处，在那里，清马认识了堺利彦和管野须贺子等人。

清马性子急，喜欢和人吵架的脾气在东京也没有改变。1910年9月左右，主要是因为顶撞上司和吵架，他的炮兵工厂保安的工作也丢了。当他把此事告诉秋水后，秋水说"到我家里来吧"。就这样，清马成了秋水家的书生，他的人生舞台发生了重大转换。

当时的秋水，和妻子千代子、母亲多治三人一起生活。清马作为书生，住在门口的两叠大小的小房间里，平日里打扫房间、提洗澡水、清洗秋水用的砚台等，没什么大事，余下的时间就沉迷于书中。在清马眼中，秋水待人冷淡，还有点神经质，但其实他也能让人感觉到温暖。也就是从此时开始，传言秋水与比清马大三岁、时常来访的管野的关系越来越亲密。

清马第一次被捕是因为"周五会屋顶演说事件"。在社会主义运动分裂成"议会政策派"和"直接行动派"两派之后，堺利彦和山川均等创办的"周五会"经常召开演讲会。"周五会"举办的"周五演讲会"具有较为浓厚的"直接行动派"色彩，当局加强了对其的镇压。1908年1月17日晚在位于本乡区弓町二丁目的平民书房二楼举办的"周五演讲会"，清马也参加了。这场演讲会从一开始就接连不断地被"叫停发言"，最终整个演讲会被本乡警察署的警官叫停。无可奈何之下，堺利彦、大杉荣、山川均等四十名与会者将演讲会改为茶话会，但还是被勒令解散。忍无可忍的堺利彦向聚集在平民书房周围的群众控诉警察的蛮不讲理并鼓动罢工，被以违反《治安警察法》为由逮捕。当时被逮捕者多达二十人左右，清马也在其中。在此次事件中清马首次与国家权力发生碰撞，领受了禁锢一个月的轻刑。有了狱中的体验，清马变得更加激昂，他向直接行动派色彩浓厚的《熊本评论》投稿。"革命即快乐"，他受在狱中读到的德富苏峰的《吉田松阴》一书的启发，在给《熊本评论》的投稿中赞扬无政府共产主义，并呼吁为"快乐的革命"而牺牲。堺利彦看到他的来稿后，对他说，仅仅读书的话并不是做学问，推荐他到人手不足的熊本评论社工作。《熊本评论》5 月 20 日那一期刊登了清马的《入社感想》，在这篇小文章中他完全无视当时连工会都几乎没有的时代和社会条件，激昂地写道，"余之为无政府共产革命主义者之一员，乃社会总同盟罢工论者"。虽然他的文章受到东京的同志们的嘲笑，但是清马并不介意，之后他继续不时地在《熊本评论》上发表无政府主义的文章，以至于最终被"秋水先生"提醒"要慎重，因为现在还不是那样的时代"。

为了支持 1908 年 6 月发生的"赤旗事件"，清马离开了熊本评论社，再次成为秋水的书生，这是他人生中第二次在东京活动的时期，正是在这一时期他被强行牵扯进"大逆事件"，受到连坐。当时秋水的家已经搬到了淀桥町的柏木，清马住在秋水家里，向"先生"尽弟子之谊。想到秋水身体虚弱、晚上睡相不好，就帮他把掀掉的被子重新盖好；秋水说"想吃金枪鱼做的生鱼片"，清马就赶紧跑到卖鱼的铺子，"试过毒之后"买来；秋水说想要看什么报纸，清马即使花三个小时，也会到外边帮他去找。即使到了晚年，清马还时常说起这些事情，作为当时自己如何关心秋水的例证。也就是在此时，纯真而又死心眼的清马陷入了荒唐的爱情之中。当时清马认识了一个给"赤旗事件"募款活动捐款的人，名叫"太田清子"，在与这位住在宫崎的"太田清子"的书信往来中，他爱上了对方，于是每天给对方写情书，作情诗，不久还向对方提出结婚的请求，但是最后发现"太田清子"是个男的。

正当清马为"恋爱"而痛苦之时，秋水从柏木搬到了巢鸭。为了秘密出版在故乡中村翻译好的克鲁泡特金的著作《面包与自由》，他给住家的保姆放了假。受此影响，清马不仅要"恋爱"，还要准备秋水吃饭以及处理家中所有其他杂务，有客人来访时，要泡茶、点燃取暖的火盆等等，忙得不可开交。在这种情况下，作为书生的清马根本不可能参与到秋水与客人的谈话中。1908年11月19日新宫的医生大石来的时候是如此，25日《熊本评论》的松尾来的时候也是如此。他和大石过去不认识，那天只是互相打了个招呼。和松尾因为是在熊本分手后第一次见面，讲了几句话，但也只是随便聊了几句。当局捏造的所谓"十一月谋划"就是指此时的交流和闲聊，清马被认为也参与了这一谋划。

1909年1月，秋水翻译的《面包与自由》秘密出版（平民社译），清马成了该书名义上的出版人。虽然该书出来后立即遭禁，但是对清马而言能够在秋水翻译的书上署名是一件很光荣的事。此时的清马因对管野抱有的隐隐约约的爱慕之情而受到了秋水的斥责："难道你心里爱管野小姐啊？"秋水提醒清马，"爱情使人昏头"，管野是荒畑寒村的妻子，她的丈夫因"赤旗事件"在坐牢，你对管野怀有这样的情感不仅是错误的，也对不起同志。清马气鼓鼓地进行了反驳，但是眼泪却不由自主地夺眶而出。此刻他突然全身血液沸腾，愤怒一下子爆发，清马跳起来大声喊道："到底是您革命还是我革命，我们来比一比吧。"这事发生在2月初，从那以后直到秋水被杀，两人即使面对面也再没有说过话。

与清马"吵架"后不久，3月，秋水与在一起十年的千代子分手。之后，过了三个月，也就是6月，他开始和管野一起生活，那时寒村还没有出狱。浪漫主义者秋水为新型的"革命女性"须贺子所折服。"爱情使人昏头"这句话这回也适用于秋水自己了。秋水和清马师生之间的"吵架"，或许是因为秋水的嫉妒心所致，尽管他当时主观上并没有意识到。后来，清马之所以每每提及此事总是激情难抑，可能也是出于在这件事上对"秋水先生"的爱与恨。

清马离开"秋水先生"后，先是去了宫崎、熊本、广岛等地游历，而后又回到了东京，在这一过程中他得到了基督教社会主义者石川三四郎的照顾。检察官、法官，包括后来的判决都将清马与秋水吵架分手后在各地的游历视为招募"决死之士"的行动，并将其编入捏造的故事之中。但是，易于受人迷惑的清马此行根本谈不上去招募什么"决死之士"，因为他差点和在熊本认识的一女子私奔。1910年4月，清马为了和秋水的"革命"对抗，想要成立"暗杀党"，暗杀内务大臣、警视总监等，为此，他通过写信和走访，邀请东北地区以及关东北部地区的社会主义者参加，但是没有得到任何人的支持。于是他抛弃了原先的想法，决定从此退出所有社会活动，前往法国研究温室栽培。这种移情别恋的做法，实在称不上是脚踏实地的行动，还是一副儿时的模样，不过清马对此并不介意。

　　清马是在从东北地区回来的路上，从《大和新闻》的独家报导中得知秋水被捕的消息的。据说当时清马非常后悔，想如果自己在边上的话绝不会让"先生"那么倒霉。他急忙赶回东京，向因"赤旗事件"被关押的堺利彦的妻子为子打听情况。为子对他说："据说犯的事很吓人，说都不能说。"当时他想到案子应该是和皇室有关，但一点都不知道是"大逆事件"，而且也完全没想到两年前的11月大石和松尾等的来访会让自己也被牵扯进去。

　　为了实现当一名外交官的理想，清马离开高知已经整整四年，尽管在此期间他从未思考过天皇和皇室的事，但还是因"大逆罪"而遭到囚禁，而这一罪名是为了根除无政府主义和社会主义，作为守护天皇制的装置而被嵌入明治国家的法律体系中的。

　　在被判死刑后的第二天，19日的夜里9点左右，根据"恩命"，清马被减为无期徒刑。得知这一消息后，他高兴得不得了，流下了眼泪。但是，稍微想一下之后，他感到无论如何不能容忍国家和司法的做法，绝对不能原谅它们，它们竟然要以莫须有的罪名杀死自己。1月底，他和飞松等人一道，被送到了冬季酷寒的秋田，关进了一间三叠大小的单人牢房，被编为"六四八号"。一想到自己将在看守的监视和怒吼下在牢房里生活，什么时候能够出去也不知道，清马就怒不可遏。我是冤枉的，他无数次在心里喊道。他想做点什么。我是冤枉的，但又无法从监狱里逃跑……虽然成为服刑者后要服从规则，但是清马决定绝不服从蛮横的暴政。

　　清马的斗争从被改判无期徒刑送往秋田之日起就开始了。当然，被处死的许多受牵连者在判决前都相信自己会判无罪，但是在被减为无期徒刑的受害者中间，在狱中坚持喊冤的只有清马一人。

来秋田后过了三年，1914 年 9 月 30 日，清马"上书"当时的司法大臣尾崎行雄，因为他当时觉得这个人大概能够明白自己的冤枉。现存的"上书"有一个标题：《呜呼！命非在天不在人也》。"在这封"上书"中，清马凭着自己的记忆详细地记述了自己的行动，从第一次到访秋水家的 1907 年 4 月，一直到两人"绝交"的 1909 年初，强调自己和事件没有关系。约一万四千字的"上书"汇聚了清马的满腔激愤，但是清马在其中并没有触及事件本身的陷害性质，而是聚焦于自身的冤枉。这也是可以理解的，因为当时他在牢里，没有资料，无法出示具体的证据。在"上书"的末尾，清马写下了"拜托"：年迈的双亲在等待，希望放我出去，假释也行。

"上书"被驳回了，但是清马并未因此而放弃。

其实，清马在同一天，即 1914 年 9 月 30 日，还给尾崎写了另一封"上书"。这封名为"保护请愿书"的"上书"篇幅很长，其内容不是叙述自己的冤枉，而是"请求保护"。在这篇长文一开头，清马就将从 7 月 14 日早饭开始每一餐大麦饭里混杂的小石子和沙粒的数量列成了一张表，并注明"前面表格中'石'指的是挑出来的石子，'咽'指的是牙齿咬上去有声音的被咽下去的沙粒"，比如"石叁咽壹"，指的就是挑出来三粒石子，咽下去一颗沙粒。表格后面说明平均每天有多少粒，并注明数目在增加。

清马曾向狱医反映过此事，但是遭到狱医否认。他在信中详细记述了以下对话。他要求狱医，"你吃一下我吃的麦饭确认一下"；狱医答道，"那不可能。你先把自己的身份搞搞清楚，你是犯人"。尽管狱医这样说，清马还是揪住狱医不放，他对狱医说，"我们长期坐牢，这样下去说不定身体会出毛病"；狱医答道："什么？身体出毛病？！人的身体不知什么时候总归会出毛病的，但是现在不是还没有出毛病吗？"清马要求改善服刑待遇，不仅是去除饭里面的石子和沙粒，还涉及防寒、活动、洗澡等十几个事项。这些要求都写在八张监狱的划线信纸上，字写得很小，密密麻麻的，必须仔细看才能看清楚，它强烈地反映了受冤的清马要在狱中健康地活下去的执念。

我是从"道枝资料"中发现他在同一天寄出两封性质迥异的"上书"的。清马在秋田期间，共寄出十六封关于要求改善服刑待遇的"上书"。根据其《自传》上的记载，他因为反抗看守被关入惩罚屋不下百次，其中多数是因为对那些作为权威象征的看守的言语上的反抗，可见清马的性急、叛逆的性格在监狱中也丝毫没有改变。我在藏于四万十市立图书馆"坂本清马文库"中的秋水赠送给清马的《德日字典大全》中，再次感受到了清马令人惊讶的执念。翻开这本内容浩瀚的字典，几乎所有空白的地方都写满了细小的文字。这些都是他在秋田监狱一笔一笔写下的，内容都是对于饮食和罚则等的不满。我从这本已被翻得破烂不堪的字典中，看到了清马绝不屈服的神情。

如此之清马令监狱外的人担心不已，尤其是大杉荣。"关于君与家人之书信，我提醒一点，君只需反复说自己极健康、极谨慎即可。其他事情只会令君之家人徒添担忧，故尽量不说为好。有事可一任于我。就我而言，无论君对我说何事，均不会感到恐惧。"大杉对同志的关心细致入微，令人印象深刻。他的这封信写于1914年4月14日，其抄件现存于四万十市立图书馆。1915年冬天大杉到秋田去探望清马等人，在那里他悲痛地得知高木显明已经自杀身亡。

清马想要的清白只有通过申请复审，改变判决，判其无罪才能获得。但是国家设置的申请复审的门槛很高，墙壁很厚。根据当时的《刑事诉讼法》，可以提出复审申请者仅限于新出现真正的犯人，像"大逆案"这样的国家犯罪事件是不可能重新审理的。不过，1923 年 1 月，修订后的《刑事诉讼法》开始实施，根据修订后的法律，更早的案件如果有新的证据的话也可以申请复审。在狱中的清马得知了这一消息。与此同时，大杉荣和伊藤野枝夫妇等被虐杀的消息也传到了监狱中，清马深感震惊。清马立即要求得到六法全书，当他确认第四百八十五条第六款规定有新证据时可以申请复审时，兴奋地跳了起来。他将申请复审的意愿也告诉了狱中的教诲师，并开始在狱中进行相关准备。

1928 年 4 月 26 日，清马收到了在高知的姐姐近子寄来的信，这封信的信封里夹着一封石川三四郎（1876 年出生）给近子的信，信中写道：

"已就清马先生事拜访宫岛（次郎）律师，但因其久病卧榻而未能见面。已向其代理律师说了情况，但似有种种复杂手续较为困难。……绝非没有希望，唯稍需时日。时下多忙，暂请等待，我将去看望清马。（后略）"

石川三四郎是社会主义者，可以说是清马的前辈，清马在各地游历时曾经得到他的照顾。"大逆事件"后，石川一度离开日本，在欧洲浪迹七年；1923 年他再次前往欧洲，第二年回国。他和清马早已不通音信。从这封信中可以看出，此时清马通过姐姐请石川三四郎帮助自己申请复审。石川在信中甚至表示要来看望清马，可见他是一个可以期待的人。但是，在 5 月 1 日经由清马姐姐转来的信中，石川表示因为安排上的原因不能去看望他了。清马收到这封信后很失望，但是他仍然毫不气馁，在问明地址后给石川写了一封长信。在信中他一方面诉说自己的困境，一方面恳求石川帮助自己申请复审。这些信件均收录在有关复审的资料以及他的《自传》中。

"（前略）我一直在等待时机之到来。……我在此决心申请复审。……然此事须委托律师，而赤贫如我者可悲之至，身边竟无一文律师费。……唯有仰仗先生之帮助。……伏请先生务必拨冗前来，专此。"

清马当时推测石川之所以来不了是因为经济上的原因，他在信中解释道，自己曾向所长要求给石川十五日元来往火车票的钱，但是所长没有同意。他在信中继续哀求道："先生可否拨冗移驾前来，我将面向先生之仁心伏诉自身之情况。""我知晓若复审失败，将坐牢至七十。……恳请先生务必拨冗前来。暑期休假或其他时候均可，请务必移驾前来。专此祈复。"

希望申请复审的清马拼命地乞求、哀求石川。在信后面的附言部分，他还向石川提了两个细小的具体问题：一是复审申请情况说明书的书写格式是怎样的；二是复审申请情况说明书上是否需要贴印花税标签，如果需要的话希望告诉其金额。

清马缠着石川不放。收到来信后的石川直接给他回了信。信是 8 月 3 日写的。信中表示，虽然自己也很想立刻来见他，但是"为兄台计"，还是保持距离为好。他还写道："我自身亦为政府关注之人物，若知晓我等之人在为兄台尽力反而不利。我以为自身乃和平之爱国者，然他人却不如此认为。"在一番说明之后，信是这样结尾的："我想还是勿写信交往等为好。"[1] 来信口吻之冷淡，

---

1　原著所引的这句话的假名书写似有误，故原作者在其边上作了"原文如此"的注释。

像是要推开对方。但这大概并非出自石川的本意。1928 年的形势是这样的：共产党在"三一五事件"中受到大镇压，当局发布了解散工农党等的命令，通过紧急救令公布了附带死刑的修订后的《治安维持法》，并将在全国的警察局设置特别高等课，等等，这些情况甚至在"大逆事件"前后都不曾出现。在对外方面，从第二次出兵山东，到炸死张作霖等，对中国的军事侵略已经开始。也就是说当时石川等社会主义活动家已经无法开展活动了。清马在监狱里，当然不可能充分认识到上述情况，想必清马在看到自己所拜托的石川的来信后所受的打击极大，恐怕他的心都要碎了。然而，即使遭到如此挫折，清马仍然没有放弃。他在 1929 年 1 月 30 日给石川的信中这样写道：

"我考虑至迟于今年 10 日（此处"日"可能是"月"之误——原书引者）前一定申请复审，故恕我冒昧，恳请先生务必于今年 7、8 月之前拨冗前来见我。……先生来时，务请从宫岛先生处取一委任状，持该状作为宫岛先生之代理律师前来。伏请先生勿忘此事。千祈万祷。"

在信的最后，清马甚至还希望石川收到这封信后，尽快到大审院书记课帮他了解一下复审申请书的格式以及制作审判判决书的副本需要多少钱，并写信告诉他。这封信显示了清马一心一意地想要申请复审的强烈意愿，但是石川最终还是没有（或者说无法）行动。无奈之下，清马于 4 月向大审院提出获取判决书副本的申请，但之后此事就停了下来。可见在当时国家和社会不断走向战争的背景下，清马从狱中拼命想要通过石川进行的申请复审的努力受挫，他非常沮丧。

# 第十一章　复审申请

在运平墓前摆放供品的荣子（细井好提供）

来了一个好安静的人啊，这位其貌不扬的大叔，他是从哪里来的？

隔壁搬来了一位个头矮小的邻居，母亲觉得有点奇怪。那是败战后的第二年，1946年，当时志愿去参训的胜敏刚从佐世保的海军训练团回来不久。被母亲这么一说，他注意到这位大叔时常进出附近一所名叫"花屋"的旅馆，在町里各家各户出来打扫路面、疏浚水沟以及填埋防空壕等时经常能见到他。他看起来很老实，几乎不怎么说话。胜敏当时觉得这个人有点神秘。

有一天晚上，不，好像是傍晚，胜敏拿着给各家各户传阅的板报去他家。"进来吧。"戴着眼镜的大叔用略显含混不清的声音叫住了胜敏。他穿着和服，俯身在桌上像是在写什么。

"我啊，实际上因为名叫'大逆事件'的一个大案在秋田监狱关了二十年。"当时刚过二十岁的胜敏听着吓了一跳，大逆事件？怎么回事？蹲了二十年监狱？胜敏目不转睛地盯着这位看起来很安静的大叔。大叔毫不理会胜敏的惊讶，继续说着："秋田那个地方寒冷刺骨。因为同一案件，我们四个人被送到了那里的监狱，其中一个人上吊自杀了，之后其他人都出去了，我被留到最后，后来被移送到了高知，全部加起来在牢里蹲了二十四年。"

这就是三国胜敏当时与坂本清马见面的情况。胜敏现在在四万十市经营着一家石材铺，他出生于 1925 年，儿时就被告知不要在幸德秋水墓地附近有一棵杉树的地方玩耍，他问母亲为什么，母亲只是将食指放在嘴唇边，不告诉他。当时三国根本不知道"大逆事件"是怎么一回事，他之所以吓了一跳是因为清马竟然在监狱里蹲了二十年。不过那时清马好像没有说是冤案，也没有说申请复审的事。

后来过了三四年，清马在附近盖了一栋两层小屋，他搬到那里去了。他和一个年轻的女子住在一起，很久以后才知道那是他的养女道枝，申请复审的事情好像也在那前后才听说的。

大概是 1970 年的秋天，三国接到了清马打来的电话，说"想请你帮我建个墓"。于是三国就按照他的要求，在正福寺的墓园里，用漂亮的花岗岩建了一座墓，上面刻着"师冈千代子之墓"，时间是 1971 年 2 月。秋水的墓也在正福寺的墓园里。师冈千代子是被秋水逼着离婚的，但是秋水坐牢期间她仍然帮助过秋水。千代子是 1960 年 2 月去世的，享年八十四岁。当时在东京谷中的多宝院已经有她的墓，清马为什么还要在幸德家墓地所在的墓园里树一块师冈千代子的墓碑呢？"千代子的墓是清马自说自话建的。一开始建在秋水墓的斜后方，后来因为有人反对，结果移到边上去了。里面应该也没有骨灰。"四万十市议会议员、"幸德秋水表彰会"会长北泽保告诉我。谁也没有直接问过清马为何要在秋水墓的旁边建千代子的墓。虽然有很多人认为，或许是因为清马觉得千代子可怜，和秋水一起生活了十年的她由于管野须贺子的出现而被赶走了，但是也有可能是出于对投奔须贺子的"先生"的揶揄。不管出于何种考虑，居然擅自给别人建墓，这种事情也只有清马做得出来。

假释出狱后的清马"加入"大本教后，先是在当时的《高知每日新闻》做校对、记录，后来在牛奶工厂干过，然后又去了东京干活。之后，正当他打算去中国东北时，经朋友推荐，成了一家采收松脂的公司的代理。据说松脂是生产军用通信器材的必需品，高知县的幡多郡当时盛产松脂，被称为日本的"盛产松脂的乌克兰"[1]，加之该项目又是"国家项目"，所以他就积极参与了，这件事在他的《自传》中有记载。

他之所以工作不稳定、频繁更换，或许和其他假释者一样，与身上带有"大逆事件"的烙印以及警察的监视有关。不过清马毫不掩饰地表示，他之所以从事松脂采收是因为这件事是国家项目，也就是说是为了协助战争，而这一点与其自认的无政府主义者的身份相距甚远，和其景仰的"秋水先生"的非战思想也不相吻合，这一近乎愚直的正直令人哑然。在漫长的牢狱生活中，他一方面形成了要洗清冤罪的坚定意志，但是与此同时，他好像也把作为"天皇国家"的近代日本融进了自己的思想之中。不过，山泉进在关于该《自传》的解说提到，"《自传》有被第三者动过手脚"，所以我们不能按其字面的意思加以接受，但是，结合他留下的其他文字可以看出，他的天皇观好像并非经他人虚饰之物。

三国提到的"花屋"旅馆，清马在从事松脂采收工作时住过，当时他在中村没有住的地方。我想了解"花屋"时期清马的情况，但是这家旅馆现在已经没有了。旅馆"若松"位于市内，是北泽介绍给我的，我偶尔会去住。有一次我向"若松"的女老板问起

---

1    当时乌克兰是世界上松脂类产品的主要出产地。

清马的事，没想到她竟然回答说："我认识他。我就是'花屋'老板的女儿。"

　　清马在那里住了很长时间，是的，是战前。他一个人住在很暗的放被子的房间里。这个人感觉有点怪，和一般人不一样，有点吓人。不过我当时还是学生，多数时候就像现在一样，关在家里不出去，大概因为如此才会那么看。而且我当时也不和住店的客人说话，所以只是印象而已。

　　"花屋"是明治时代开办的老铺，纯旅馆，所以不会让客人免费留宿。大逆事件啥的，当时我完全不知道，因为从我进小学时开始就已经打仗了。到了战后有人告诉我们说，那是捏造的。

　　是的是的，做了养女的道枝就是安冈道枝，她做过"花屋"的"宴席女佣"，负责上菜的。她是从爱媛的一本松町（现在的爱南町）来的，脸瘦瘦的，长得很漂亮，是个话很少、很有耐心的人。当时大概二十来岁吧。她和清马，大概是在"花屋"认识的。道枝听别人说话时很有耐心，所以，她那时大概经常听清马讲他的事情吧。

　　现在想想，当时只有道枝一个人听清马讲他自己的事，因为周围其他的人都躲避他（在《自传》中清马提到有一个远房亲戚的女儿来给自己做养女，但是没有记载她的名字，想必是道枝吧，虽然她好像不是清马的亲戚）。

　　战后，我来到这里（"若松"是1952年开业）以后，有时还能看到清马。他来卖《中国画报》啥的。是的是的，他牵着那条黑狗。那时候也开始时而和人家说说话了，不过，

> 我感觉他不会用能够说服别人的方式讲话。申请复审的事我知道。我想，对清马来说，支撑他活着的就是申请复审。他为这件事耗尽了一生，周围的人大概想象不到这件事对他有多么重要。

"若松"的女老板久保田三千代是三国小学同年级的同学，她用清脆、爽朗的声音捡拾着关于清马的记忆碎片，听上去感觉不出她的年纪。最后她加了一句，大概是因为当时正在打仗，所以他整个人看上去比以前更加灰暗了。

从"花屋"搬到了三国家的旁边，在那里将安冈道枝收为养女（顺便说一下，根据后来的采访，道枝在一本松的娘家留下一句"有个人我必须照顾"就走了），而后，借钱盖了一栋小房子，据说先是在那里开了乌冬面店，夏天还卖冷饮，接着稍稍扩大为一家经营简餐的饭店，所有这一切都是为了实现清马申请复审的愿望，他的这样一种生活大概是来自道枝的主意吧。

随着战败和《日本国宪法》的制定，天皇制发生了变化，追究"大逆事件"的大环境由此形成。另外，《刑法》上"对皇室犯罪"中的"大逆罪"和"不敬罪"被删除了，这也是一个很大的变化。然而，清马的申请复审之路并没有因此而变得平坦。

说到申请复审，律师森长英三郎的作用非常大。我们不知道清马和森长是从什么时候开始交往的，也不知道两人是因为什么契机、以何种形式开始交往的。有人根据留下来的森长保存的资料，认为二人的交往源于清马给著名法学家平野义太郎写信一事，事实是否如此难以判断，不过有一点可以肯定，他和森长的交往从战后很早就开始了。

森长 1906 年出生于德岛，1936 年当上了律师。据说他在战争时期就持有今村力三郎的《刍言》，由此可见在那时他就很关注"大逆事件"。战后，1947 至 1948 年，他也帮助过活下来的清马、冈林寅松、飞松与次郎、崎久保誓一四人争取特赦（除了清马，其余三人均于 1955 年前病故）。关于特赦，之前也提到过，它既没有确认该案是冤案，也没有宣布涉案者无罪，而是保留了"大逆罪"这一有罪判决。因此，对于受害人而言，特赦并不意味着春天的来到，只有明确此事件是国家犯罪，并且在此基础上获得平反，真正的春天才会到来。

根据 1976 年森长写的《从坂本清马翁的信说起》一文，他和清马的交往有三十年。文中还写道，在此期间他收到的来自清马的书信超过二百封。在 1946 年 2 月 5 日给森长的信中，清马在感谢森长对其争取平反（获取特赦）活动所给予的帮助之后，表示为了给秋水洗刷污名，他要写文章，并且希望在新宪法实施之前"向全世界发送"。这好像是森长收到的来自清马的第一封信，或许就在此时他为清马所表现出的略带恢宏的气势所感动。不过在这封信中，清马并没有表现出要请森长协助申请复审的意思。当时清马正忙于参与其居住地中村的事。1949 年，中村町用以建设公民馆的名义分配到的材料建起了剧场，他当时正在追究这一不当做法，并为此一直跑到东京与县里选出来的自由党议员林让治直接交涉。清马是一个一旦知道有不当行为就会马上行动的人。公民馆的事情刚结束，他又参加在当地引入和建造受到居民反对的结核病疗养所的活动，并且取得了成功。趁着这一势头，他参加了 1951 年 3 月举行的町议会议员补缺选举，以七百七十一票当选。不过在次年任期届满后的选举中，他以三票之差落选。在为期不到一年的担任町议员期间，他因引入结核病疗养所一事，认识了县立结核病疗养所的医生坂本昭[1]。坂本当时是一位正直、有强烈的正义感和行动能力的医生，他后来当上了社会党的参议院议员，还当过高知市市长。清马当时多次前往位于高知市内的坂本家请教，在与他的交谈中好像提到过希望给"大逆事件"这一冤案平反。这件事情发生在他当上议员前不久，并且与后面发生的事情有关。

忙东忙西的清马一时间好像忘记了申请复审的事，但是在战争中就一直秘密调查"大逆事件"真相的神崎清给他寄来了管野等人写的《狱中手记》，由此他受到强烈的刺激。清马给森长寄去了一封很长的信，这封信的时间落款是1950年6月2日。他在信中写道，自己将进一步充实之前的内容，作为事件唯一的幸存者用日语和英语向全世界讲述事件的真相；将向GHQ要求与平沼骐一郎对决；将要求举行"非常特别审判"，判自己无罪；将就被以冤罪囚禁"八千两百零七天"申请损害赔偿和慰问道歉金共计"三百二十八万两千八百日元"。他还告诉森长，为此自己要在东京逗留二十天以上，旅费和西装购置费用约需五万日元，眼下自己正在为筹措上述费用而奔走。森长看到这封信后大概发出了苦笑，但是他还是和收到同样内容的信件的神崎清进行了商量，两人判断，要想如愿获得损害赔偿，就必须在法律上被判无罪，于是开始认真探讨申请复审之事。而当事人清马只是到处寄信，描绘其近乎空想的计划，迟迟没有采取申请复审的具体行动。确实他当时因为其他的事情太忙了，但是贫穷也是一个

---

1　　坂本昭（1913—1978），日本的医生、政治家。1956年至1962年任日本国会参议院议员，1967年至1978年任高知市长。

重要的原因，因为当时的他即使偶尔得到一点钱也会马上将其变成书。

尽管自己迟迟不动，清马却还是给飞松写信，表示对自由律师协会成员森长不满意，不会委托他申请复审。但是森长这个人确实非常包容，在这种情况下他仍然忍着继续和清马往来。

在 1953 年 1 月 13 日给森长的信里，清马转身一变，向森长提出，由他来担任申请复审的主办律师，此外，他还选了正木亮和布施辰治[1]等人担任主办律师，并且提出，让荒畑寒村、石川三四郎、神崎清担任特别辩护人，让当初在事件中担任辩护人的今村力三郎和鹈泽总明二人担任"顾问辩护人"。当然这些都是清马独自作出的决定。在这封信中他还写道，关于申请复审的理由自己已经整理了四卷，约一千三百页的材料，准备制作三百套分送给国内外媒体以及人权保护机构等。勤于写作的清马想必给各种各样的人寄出了同样内容的信。今村听到要自己担任"申请复审的顾问"后，于 1953 年 7 月 4 日给住在埼玉县上尾市的熟人、与其徒弟铃木义男律师私交也很密切的石垣芳之助（此人和清马也有交往）的信中，表示了不满：

"（前略）坂本没有给我任何通知。坂本如果想要提起什么诉讼的话应该和我商量。坂本有点怯懦。冠以顾问之名，只是装点门面而已。诉讼不需要顾问。如果没有旅费就不必来了，写信就完了。（后略）"

时年八十八岁的今村（次年 1954 年去世）对清马的态度忍无可忍。清马从石垣处得知今村震怒之后，好像给今村写了道歉

---

1　布施辰治 (1880—1953)，日本明治至昭和时期的律师，社会活动家，和平主义者，自由律师协会创始人。

信。今村或许也因此而平息了怒气，回信给清马，向他推荐铃木担任复审申请一事的核心人员，并要他与森长好好商量。

如此看来申请复审一事好像有眉目了，但是此时的清马仍然心思不定。1954 年，他成立了中日友好协会中村支部，自己当理事长，开始在中村市内叫卖《中国画报》等。此时，他还开始与当地工会协议会的活动家森冈邦广交往，后者后来成为"幸德秋水表彰会"的会长。与此同时，清马还在继续讲述他的将申请复审理由书变成庞大著作的"梦想"，按照他的构想，这本书要从原来的四卷扩展到十五卷。不过令人失望的是，直到清马去世，森长连一卷都没有收到过。当然，在要求复审、改判无罪问题上，清马的想法非常坚定，只是他关注的领域太多、好奇心太强，在复审的问题上，固守自己的考虑和设想。当然，当时关于申请复审一事的意见不统一，他无法采取行动，这也是原因之一。在此期间，在他那狭小的家里书倒是越堆越多。他的房子占地面积只有八坪[1]，一楼包括小饭馆在内共有两间房间；二楼有一间房间，六叠大小，里面放着床，兼作书房。就连森长也有一段时间搞不清楚清马的真意，但他还是耐心地等待着，因为森长已经下定决心，无论如何也要实现"大逆案"的复审。而他当时也知道，此事当事者不行动的话绝对办不成。

1959 年初起，事情有了进展。当时已经当上了参议院议员的坂本昭拜访了森长，问他："复审申请遇到的障碍是什么？"坂本

---

[1]　坪，日本的面积计量单位，1 坪约等于 3.3 平方米。

是注重行动的人，他对森长说，要推进复审申请，就必须有组织，于是在 1960 年 2 月 23 日，也就是事件发生五十年后，以学者和文化人为中心，成立了"大逆事件事实揭示会"。

"'大逆事件'还活着。"该会的成立说明这样写道。成立说明还表示，该会将具体参与到清马的复审申请中："要求复审的声音终于高涨起来。幸运的是，土佐的坂本清马老人还健在，他可以说是目前唯一活着的证人。""申请复审，就是要广泛宣传大逆事件的真相，唤起对牺牲者的记忆。尽管被剥夺的生命已经无法挽回，但是要从基本人权的立场出发，恢复其受到错误审判伤害的名誉和利益。"这一要求申请复审的组织的成立恰好与事件发生五十年这一"时间点"重叠在一起，于是，以相关地区为中心，人们对"大逆事件"的关注高涨，1960 年至 1961 年，在东京、中村、新宫、名古屋、京都、大阪等地纷纷举行了集会或演讲会等。

复审申请的主角清马所居住的中村是秋水的出生地。1960 年 1 月 24 日，首次有遗属之外的工会等组织在秋水墓前举行了扫墓活动。第二天举行的集会邀请了来自东京的四名研究者参加，参加集会的人数多达两千人。这可以说是中村的氛围发生变化的表现。在中村，过去有人在读女校的时候被告知，经过秋水墓前时不能呼吸，要吐口唾沫才能通过。虽然这些活动与安保斗争、三池斗争[1]等大型政治运动、工人运动联动，具有浓厚的以工会为中心的特点，但是通过这些活动，"大逆事件"是国家制造的冤案这一认识开始在社会中萌芽。

---

1　三池斗争指的是 1959 年至 1960 年在日本九州三池煤矿发生的反对大量解雇工人的大罢工，这一斗争在日本全国产生了很大影响。

这张照片拍摄于 1960 年 1 月 24 日举行的秋水遇难五十周年纪念活动，地点在"花屋"。前排左起为神崎清、岩佐作太郎、坂本清马、高仓辉，一个人站在边上的是盐田庄兵卫。（四万十市立图书馆提供）

　　清马掀起的申请复审之风，也伴随着光亮，吹到了森近运平的出生地、位于冈山高屋山坳深处的田口。在那里，五十年间，森近运平连座墓都没有，只是用碎石堆砌了一下。清马自己也在来自当地工会会员捐款的支持下行动了起来。他于 1960 年 2 月底来到高屋，参加了在那里首次公开举办的悼念运平的法事。当时，在冈山，以吉冈金市为中心已经开始了筹建运平狱中诗碑的活动，吉冈通过研究运平的事迹告诉世人，运平是一位优秀的农业家和蒙冤的受害者。以清马到访高屋等为契机，吉冈劝运平的妹妹荣子一起参加复审申请。

　　1961 年 1 月 18 日下午，坂本清马和森近运平的妹妹荣子一起，向东京高等法院提出了复审申请，这一天距离大审院判处二十四人死刑正好五十年。

"坂本清马、森近运平，谨就明治四十四年（1911）1月18日于大审院特别刑事部因所谓（当时《刑法》第七十三条之）大逆案所受之有罪认定，为要求判决无罪，特提出此复审申请。"

明治时期的国家犯罪总算在司法上受到了追究。清马从二十五岁被囚禁以来鸣冤不止，从狱中开始就拼命地想要申请复审，如今这一天终于到来了，对他而言，这是获取清白的第一步。虽然四处碰壁，但是清马最终还是站到了复审大门的门口，这就是执念。此时的清马意气风发，仿佛自己离"春天"近了一步。

"只要研究预审笔录就可以发现我等的无辜。这一案件是捏造出来的，目的是要镇压社会主义者和无政府主义者。法院如果努力发现真相的话，这一点应该会很清楚。我希望通过申请复审，揭露这一审判是政治审判的事实，一扫日本的审判污点，荡涤过去的错误历史。"

在提出复审申请后举行的记者会上，清马这样说道。报道出来的内容经过了整理，当时在记者会上清马大概像倾盆大雨似的、不顾前后脉络地向记者们发泄了对司法的满腔愤怒。这个来自土佐的清马，个子矮小却浑身充满能量，我的眼前浮现出了东京的记者们面对这位来自土佐的"一根筋"满脸困惑的神情。不过看一下照片，可以发现当时参与复审申请的主任律师森长在场，他像是在边上按着清马，一直在点点滴滴地揭露事件真相的民间研究者神崎也在边上，所以我想他们当时应该已经拽紧了正在狂奔的清马的缰绳，否则场面还不知道会变得怎样。清马当时虽然已是七十五岁，但是头发乌黑，和他的精神状态一样，仍然像是一个年轻人，看不出已是老人。

因"大逆案"被判有罪的"犯人"提出纠正判决的复审申请，这在战败前是极为困难的。虽然明治的"大逆事件"是神圣不可侵犯的天皇制孕育出来的国家犯罪，但是在明治宪法之下，不要说不可能公开探讨其真相，甚至连讨论到底有没有暗杀天皇的计划本身都会被视为不敬。因为在当时，以"天皇的名义"作出的判决是不可能有错的。先后在两个"大逆事件"中做过辩护人的今村力三郎写的批评审判的《刍言》之所以不能公开发行，原因也在于此。当时在狱中的清马，当然因《刑事诉讼法》修订后规定可以申请复审而欢欣鼓舞并想要复审，但即便如此当时恐怕也没有律师会接受他的诉讼委托，这一点从清马自己在假释出狱后，一直到战争结束为止都无法采取行动申请复审这一事实中，就可以看出。更何况当时已经走向战争的天皇制法西斯主义比明治时期更加暴虐。虽说那时如果平出修活着，或者是委托铁骨铮铮的布施辰治的话，未必完全不可想象，但恐怕也很困难。

申请复审的是"大逆案"，提出复审申请意味着要正面追究导致多达十二人被判死刑的明治国家的罪行，因此，这一异议申请的提出本身就具有极其重要的划时代意义。

但是，"大逆案"的复审申请毕竟与一般刑事冤案的性质不同，所以难度特别大。当复审申请提出后，事件当时负责"明科事件"的长野地方检察院次席检察官、后来当了律师的和田良平在《产业经济新闻》报上说："我当时只是调查在长野的事情的起源，所以不太清楚坂本是什么人。但是，个别的事实姑且不论，该案的整体构成具有明确的证明，关于这一点作为当时参与此案的检察官，我至今坚信不疑。复审不会否定案件本身，而且现在提出复审申请，这本身也太奇怪了。"（1961 年 1 月 30 日刊行）

"大逆案"不是对客观存在的犯罪事实的审判，而是根据"故事"判定个人有罪，而编造"故事"的目的是要"杀死"国家不喜欢的思想，这才是"事件的整体构成"。而原检察官和田竟然如此自信和放肆，令人哑然。正因为"大逆案"的复审申请直接拷问着法官的历史认识和人权意识，所以虽然检察官和法官并非一回事，但是他的话语似乎也在暗示着某种结论。因为虽然当时作为"天皇的法官"对二十六个人作出判决的那些人已经死去，但是那些在战争中参与遂行战争，不仅对社会主义者和无政府主义者，甚至对自由主义者也使用《治安维持法》进行彻底镇压的法官在战后继续原封不动地留在了原来的位子上，他们并没有像在德国那样被追究战争责任，也没有一个人自己出来承担责任，这也是申请复审"大逆案"这一国家犯罪事件阻力重重的原因。森长在复审申请提出前约一年的一次演讲中就已经说过："最高法院能否诚挚地承认大审院的错误，也关系到最高法院自身今后的定位，仅就此而言，这次复审申请也具有当下的意义。"申请复审"大逆案"是在拷问国家和司法，其本身就是日本近现代史上的一个"事件"。

复审申请由东京高等法院第一刑事部处理，长谷川成二任审判长，四名法官担任审判员。在最初和复审申请书一并提交的证据中，从案发之后开始到1960年为止表明无罪的"新发现的明显证据"，有当事人和相关者等的信件、回忆录等四十四件之多。后来，辩护团还分别在1961年9月提交了十四件，1962年7月提交了七件，1963年9月提交了十六件，1964年6月提交了十四件、9月提交了五件、12月提交了五件，1965年1月提交了两件、2月提交了一件，先后总共提交了一百零八件数量庞大的新证据。这些证据每一件都是新的。与此同时，辩护团采取的将支撑大审院判决的事实作为一个整体、运用新的证据从综合的角度予以推翻的辩护思路，也领先于后来成为决定复审基准的"白鸟决定"[1]。此外，为了证明运平和清马两人的清白，辩护团还申请将与他们处于同一时代、好不容易活下来的寒村，以及当时在高屋、生活在运平周围的人等九人作为证人出庭。尽管如此，有关这一复审申请的审理本质上仍然是极其不讲理的，因为案件是在没有任何有形的具体犯罪事实的基础上捏造出来的，而在当事人要求推翻有罪判决时却被要求提供新的确凿无误的证据。

面对申请复审这一极费心力、令人踌躇的事，坚信哥哥无罪的森近荣子毅然决定作为申请人出面，我觉得她确实是一个爱恨分明的妹妹，尽管在这一过程中吉冈金市等人也对她作了工作。荣子参加复审申请时她的儿子细井好二十来岁，后来他在给我的信中说，"我觉得母亲当时真是了不起"。读着他的信，我不禁想起出生于高屋的今川德子在读小学时听到的荣子的喃喃自语："运平被国家杀死了。"

荣子相信哥哥无罪，但是促使荣子一起提出复审申请的原因或许还是清马的执着。清马1961年到高屋，访问了在高屋的荣子、菊雄夫妇。细井家里有当时在客厅里拍的照片，照片上的清马在逗猫玩。1961年1月5日，也就是申请复审前不久，吉冈写

---

1　1952年1月，警察白鸟一雄被人枪杀。日本警方认为此案系日本共产党党员所为，实施逮捕和通缉，虽然被告人坚决否认，但日本最高法院仍然于1963年裁定判决该案"首犯"二十年有期徒刑。判决后有被告申请复审，日本最高法院最终于1975年驳回申请，其驳回该案复审申请的决定被称为"白鸟决定"。"白鸟决定"驳回了申请人的复审申请，但是该决定指出，如果经过对审判中所使用的证言、证据的综合判断，对判决结果有合理怀疑的，可以作为复审的对象。这一决定，明确了"疑点利益归被告"这一刑事审判原则同样适用于申请复审，而在此之前，因为要求申请人在申请复审时须出示足以完全颠覆原有证据的证言和证据，所以复审申请基本不可能获准。

的《森近运平——大逆事件中最悲惨的牺牲者之思想与行动》一书付梓。这一年的秋天，以吉冈写的传记为原本的舞台剧《森近运平》由冈山的地方剧团上演，荣子夫妇前往观看，报纸上也报道了此事。随着复审申请的提出，高屋这块"冻土"似乎也逐渐开始化冻了。

清马的生活方式像是堂吉诃德式的，是其性格、幻想、梦想和现实的混合物，在这种生活方式的作用下，他想要改变不正当、不合理、不讲理的判决。他的这一想法，加上森长对此的宽广胸怀与耐心，以及周围众多人的坚持，在这些因素的共同作用下，申请复审的大幕终于拉开了。


1963 年 9 月 13 日、14 日两天，在东京高等法院二楼的大会议室，开始了关于"大逆事件"复审申请的事实调查。从一开始提出申请到此时，时间已经过去了两年零八个月，说是阅看原审相关记录（虽然公审始末书已经去向不明）和辩护人提出的证据等需要时间。

首先进行的事实调查是对坂本清马的询问。当时清马已是七十八岁的高龄，这样做也有证据保全的意思在里面。

大审院判处清马死刑的"判决事实"，概括起来就是虚构的"十一月谋划"。因为当初有许多受害人就是死于"谋划之陷阱"，所以这实际上是一个非常关键的"判决事实"。就此而言，清马的复审申请背负着众多被残忍杀害的受害者的愿望。

辩护团事先向高院提出公开进行询问。因为当初大审院没有按照惯常的做法通过公开审理做出有罪判决，而是在非公开的情况下做出有罪判决的，所以辩护团认为，决定开始复审前的事实调查非公开进行的话不符合先例，应该公开进行。辩护团要求，如果一定要非公开进行的话，至少也要对媒体公开。但是，长谷川审判长没有同意。结果，原审时大审院法庭采取非公开审理的方式，到了申请复审时，对当时"被告人"中唯一活着的证人坂本清马的询问也没有公开。关于"大逆事件"复审申请的裁决也和明治时期的大审院法庭一样，采取了非公开的方式，也就是说，不管在哪里，司法都是在暗中进行的。

包括长谷川审判长在内的五名法官，作为见证人的八名辩护人（第二天为四名），以及来自检察官方面的两人出席了对清马的询问。13 日上午 10 点，询问开始。首先，辩护人黑田寿男再次陈述了辩护方关于复审申请的想法："大逆事件的判决既不允许旁听，也没有传唤一个证人，就判处了多达二十四人死刑。判决至今仍然被黑雾所笼罩。放置不管不利于司法的权威。希望法院就此充分留意。"

询问记录至今尚未公开，因此，此处以与清马的复审申请理由有关的参与、同意、实施"十一月谋划"等问题为中心，根据法政大学人原社会问题研究所收藏的"大原慧文库"中的"'大逆案'复审申请资料"予以呈现。

对清马的询问，首日由审判长进行；次日，一直到傍晚，由作为见证人的辩护人、检察官进行，随后审判长也再次进行了询问。两天时间，整整十一个半小时，对清马而言确实很不容易，但是他还是精神饱满地回答了询问，难以想象他当时已是七十八岁的老人。作为见证人在场的森长事后回忆道："大概是因为审判长说了这里不是法庭，不要太过拘谨，请放松，所以他在回答询问时，时笑时哭。坂本的陈述，是他一生的记录。"或许当时清马觉得，进行询问表明复审一事已经进入了第二步。

以下若无特别说明，提问者均为审判长。（问题的顺序，和现场不一致。标记为记录上原来就有。）


——（前略）申请人当时好像信奉无政府共产主义，这一立场在当时（假释出狱后）也没有变化吗？

"从假释出狱一直到战后，对于所谓无政府主义我没太思考。……但是，我的基本的思想的根基，即使在现在也还是秉持无政府主义思想。（后略）"

——申请人应该也在（1910 年）7 月 26 日被芝署[1]逮捕过，对吗？

"是的。"

——那么，当时因为游荡罪，被处以拘留二十天，对吗？

"是的。"

——以游荡罪立即予以处罚，你不觉得奇怪吗？

"我自己也觉得奇怪，因为我当时有工作。或者是因为过去的游荡罪，不过此事我当时提出过，但是警察不理。（后略）"


关于这件事，在第二天的询问中辩护人齐藤一好也进行了询问。


——被捕后是否围绕着游荡罪受到过审问？

---

1　此处的"芝署"指的是东京的芝警察署。

"没有。"

——那就是说被捕后突然就从大逆罪的角度受到审问，对吗？

"是的。"

在此，我们回到第一天审判长的询问。

——关于天皇制，你是如何想的？

"关于天皇制以及所谓的天皇的事，当时我什么都没想过。对于我等而言，不断壮大运动，这就是目的，所以如何对待天皇这类事，我当时绝对没有考虑过。"

——你认为天皇制和天皇个人可以分开来考虑吗？

"我当时没有想过，不过，嗯，当时就是这样子的。"

——你当时不认为天皇位于政治的顶点，即是权力机关中地位最高者吗？

"对此当时宪法上有那样的规定，但是我申请复审是关于我自身有没有具体的犯罪事实，所以像当时的调查一样，问我幸德怎么样、无政府主义怎么样的话，我回答不出来。关于我自身所持的无政府主义的思想，我会说的。所以希望尽量不要问那样的问题。"

——当时（1908 年 11 月至 1909 年 2 月，在巢鸭，清马住在幸德那里），在幸德那里还有其他同住人吗？

"没有。"

——当时，有同志等经常出入幸德家吗？

"和大久保百人町（位于柏木）时相比，少很多，大约只有十分之一。"

——（前略）和出入的客人一起吃饭或者恳谈的时候，你没有参加过吗？

"我当时就是倒倒茶、搬搬火炉啥的，不过……当时秘密出版的工作很忙，所以没有一起坐在边上啥的。"

——那么当时你没有和那些客人一起讨论革命、谈论主义的事吗？

"没有。（后略）"

——当时在幸德家有没有举行过读书会、研究会之类的？

"没有。为什么说没有呢？因为幸德住在那幢房子的储藏室里，我住在六叠大的房间里，门口的房间里有跟踪幸德的两个警察以及跟踪我的一个警察，所以根本没有那种机会，而且实际上人家也不愿意来。

——没有这种情况吗？比如听幸德讲解社会主义？

"没有。"

——不仅是巢鸭的平民社，当时政府取缔社会主义者的一般情况是怎么样的？

"'赤旗事件'（1908 年 6 月）后取缔非常严厉，所有的活动都被禁止了，处于这样一种状态。"

——关于这一情况，请具体说一下。

"只要皇室的人一有行幸等出行活动，就会立即对社会主义者进行跟踪。"

——关于演讲会等，当时情况怎么样？

"演讲会等，完全没有。"

——完全没有？是因为不允许吗？

"允许也好，不允许也好，当时完全没有那样的计划。因为当时既没有钱，也没有人，同志都进去了（监狱），幸德一个人着急也没用。当时幸德经常对我说，在'赤旗事件'中，堺、山川（均）等，原来主要的一些人都进去了，因此，作为运动方针，现在绝对不能开展活动，只有等他们出来。在此之前，我们就搞些秘密出版啥的吧。"

——那么，在日常生活中，申请人，你们没有因为取缔而感到不自由吗？

"在巢鸭时我没有。但是幸德有，他是靠笔杆子生活的，而当时到处都不接受幸德写的东西了。"

——那是为什么呢？

"因为禁止出售。……即使是以前出版过的，当时也不能重新出了。"

——有没有在日常什么事也没有的情况下被跟踪？

"有。外出的时候他们一定会跟着。我出去的时候一个人，幸德出去的时候两个人。"

——申请人，他们为什么要跟踪你？

"因为我当时被定为需监视者。"

——申请人你当时也被定为需监视者吗？

"是的。"

——关于"赤旗事件"，幸德有没有对申请人你说过要报仇之类的话呢？

"幸德说过这样的话：虽然不知道要到几年之后，但必须做点什么。为此，你们到乡下去招募值得信赖的同志如何?"

——(前略) 当时的情况请再说得稍微详细一些。什么时候? 在哪里?

"我记得是在巢鸭，和幸德喝酒、吃饭的时候他说的，但是什么时间、在哪里记不清了。"

——这些话说过多次吗?

"只说过一次。我想大概是为了撺我出去才说的。"

——他说了什么?

"我记得当时他说，两年之后还是三年之后不清楚，但是必须开展更加积极和具体的活动。为此，需要找一些意志坚定而且热心的同志，所以你可不可以去外地转转?"

——到外地转转，这话的意思是说募集同志吗?

"我想是那样的。"

——所谓积极和具体的活动是什么意思?

"就是其字面上的意思，没有特别的含义。秘密出版啦，进行启蒙活动这样的事。"

——也就是说让你募集从事那样的活动的同志?

"是的。"

——用炸弹开展直接行动，这是怎么一回事?

"我没有听到过那种话。那种事情竟然 (在预审笔录中) 说得那么夸张，真是太奇怪了。如果真要干的话，那也是机密中的机密，所以将这种事告诉好几个人，这本身就不可信。何况，当时身后还有跟踪，根本不可能做那种蠢事。"

——申请人，幸德对你说了你现在所说的这些话后，你答应了吗?

"（前略）我自己当时心里倒是想干一下试试。"

清马回答的"干一下试试"指的是到地方上去集合同志这种扩大组织的活动，而不是指为了"大逆"招募"决死之士"。

下面是主办律师森长英三郎的询问。

——根据大石（的笔录）说，11 月 22 日，幸德、管野、堀（保子）、森近、坂本（以下还有五人，共举了十个人的名字）聚在了一起，那是怎么一回事？

"我不记得有那么多的人聚在一起。"

——当时如此多的人聚在幸德家，这种情况有吗？

"没有那种情况。尤其是幸德的家（巢鸭的平民社）当时受到警察的监视……即使有人聚集，最多也就是三四个人吧。"

——大石、森近、幸德当时具体说了些什么？

"这个，不管问多少次我都只能说我不知道。"

——松尾和幸德说了什么话？隔着墙板（清马在隔壁六畳大小的屋子里）没有听到过吗？

"没有。假如你在隔壁，不管我在这边说什么，只要你心不在焉，就像看也看不见的绝对真理一样，你不会去关心。另外，如果你手头在做事，也会听不见的。"

以下，审判长长谷川再次询问了 1909 年 2 月初清马离开平民社的情况以及其后的行动。因为原判决断定当时清马接受了秋水的指示，到地方上去募集"决死之士"了。

——你是因为什么事情离开的？

"当时，秋水已经约好和管野结婚，而他嫉妒我和管野的关系。记得是 1 月 31 日夜里，我和管野从街上刚回来，幸德就对我和她出去一事表示不满。我对自己因为这事受怀疑感到很意外，也很生气，于是就和他吵了起来。我对幸德说：'到底是您革命还是我革命，我们来比一比吧，这种地方我不待了。'说完就离开了幸德那里。"

在清马用含糊的语气说出这番话的瞬间，五十四年前那个夜晚发生的事情，像一道闪电掠过他的心头，令他无法忍受，七十八岁的清马嘴一咧，在审判长、检察官和辩护人等面前呜咽了起来，眼泪扑簌扑簌地掉了下来。

但是长谷川好像无视清马那爱恨交织的眼泪所作的解释，继续发问：

——申请人，你是和幸德和好之后出去的吧？

"不，吵架之后就出去了。"

——那么说当时幸德应该对你说过"滚出去"了？

"是的。"

——在那之后，申请人，你和幸德的关系如何？

"信也不写，也没有见过面。（后略）"

清马从秋水那里离开后，在九州的宫崎、熊本等地游历。审判长顺着"判决事实"发问，那次旅行中是否进行了招募"决死之士"的活动。但是当清马回答说在九州什么活动都没有时，审判长表示惊讶，他这样发问道：

　　——但是，申请人当初离开幸德那里时，对幸德说过，我们来比一比，到底谁革命，难道你不是抱着自己要搞革命的想法离开的吗？

　　"是抱着那样的想法离开的。"

　　——那么那种热情到哪里去了呢？

　　"那时好像一时间处于中断状态，当时和松尾等人也没有信件来往了。"

　　——你当时对这事（离开幸德，自己独立开展革命活动）具体有什么考虑吗？

　　"（前略）说到具体事实的话，在去熊本的时候，想要制作、散发反军事主义的传单，就这事。"

　　——这件事不是没有做吗？

　　"是的，还没有做就出了这一事件。"


　　大审院的"判决事实"中，作为清马将"谋划"付诸实践的证据，提到了其在九州的活动，包括"结成"暗杀团，向路上遇到的人打听炸弹的制作方法等。但是，当时的清马，一没有资金，二没有纲领和组织构想，三没有同伙等，有关炸弹的制作方法的询问，也没有超出无关紧要的聊天范围。关键是，清马的话是诚实的，其内容几乎没有刻意准备。像是为了确认，长谷川问道：

　　——当时你真的想干（和秋水比一比"革命"）吗？

"是的。我是怀着真干的心情出走的。但是那也不是多少年思考、琢磨的结果，说起来也就是一时兴起。"

清马一直满不在乎地承认当时的无计划性，这本身就是说明其无辜的"行为证据"。但是，对于这样一个人，天皇制国家还是使用"大逆罪"这一极端的法律将其逼入了绝境。

清马没有看穿明治国家的性质，他在假释出狱后参与了批判天皇机关说的活动，这一点之前已提及。此后，1935 年秋天，清马还在高知见了小山松吉，小山是"大逆事件"搜查阶段的检察官骨干之一，后来担任过大审院检察官、检察总长、司法大臣，1935 年 7 月任法政大学总长。在询问的最后阶段，出席见证的检察官提到了清马去见小山的事。

——（和小山原检察官见面后）你们谈了些什么？请简单地讲一下当时的经过。

"小山先生是为宣传国体明证，来高知做演讲的。我当时对小山先生有好感，所以就去拜访他，谈了关于国体明证的事。（中略）于是，小山先生说了，意思是那时（事件当时）不得不那样做"。

——"不得不那样做"是什么意思？

"小山先生这句话的意思当然是说对不起你了，我做的那件事（即以‘大逆罪’进行追究和起诉）。"

如果小山说过这样的话，那也许是他隐约表达的某种"悔悟"。清马在这里将这句话说成是连当时的检察官都承认自己是冤枉的，但是考虑到包括十二名死者在内，共有二十六人被不当强制坐牢，他们的人生和家人受到残酷折磨这一事实，小山的"悔悟"发言是对全体的一个道歉吧。虽说只是传闻，但小山的这句话是具有重要意义的证言，它让人窥见在事件背后存在着重大的国家意志。

　　对清马的询问结束了，总共用了两天、十一个半小时。虽然有点重复，但是我还是要说，正因为记录被告们在大审院发言的公判始末书去向不明，所以清马的讲述尤为珍贵，它就像是"过去与现在的对话"。为什么战后的媒体没有报道这一讲述呢？清马在问询结束之日起的一个月左右的时间里，从东京到横滨、长野，再到东京，然后又是京都等，在各地拼命地进行巡回演讲，继续诉说复审和无罪，同时接受报纸、电视、电台等媒体的采访。媒体出于对"大逆事件"唯一活着的人的好奇和兴趣追逐着清马，既没有任何直逼国家进行的"思想暗杀"和谋杀这一事实的报道，也没有有关检讨以往媒体追随国家进行"大逆报道"的报道。尽管当时已近战后二十年，但是媒体、司法、宗教并没有变化，它们的意识还和战败前一样。

　　回到中村后的清马好像真的累了，他住进了医院。但是没过多久，他又开始在各地巡回活动。森长在第二年的春天访问过中村，他向人们传达了清马的"变化"，说他现在"能接受本地年轻人的意见了，在当地的支持度好像也在不断提高"。

　　接下去，申请复审的舞台将移至森近运平的故乡——位于冈山的井原。

# 第十二章　攻防

森近荣子及其家人与森长律师。时间或许是在 1964 年 1 月。左起为吉冈、森长、森近菊雄、荣子及其四子细井好。(细井好提供)

东京高等法院在询问另一名申请人森近荣子之前，已在1963年11月29日和12月20日两次对荒畑寒村进行过证人询问。寒村生于1887年，与清马几乎没有交往，但是和森近运平关系倒是很亲密，二人的交往主要是在大阪平民社时期。寒村曾经因为"赤旗事件"被判一年零六个月徒刑，1910年2月从千叶监狱出狱，那时正是"大逆事件"发生前不久。

收藏于法政大学大原社会问题研究所的"大原慧文库"中有寒村的证言，1975年刊行的《关于大逆事件的证言》中也有收录。在寒村的证言中，有部分内容讲到当时运平的思想，这对于理解复审申请是不可缺少的，所以以下摘录一段他的证言。

"森近的思想，用今天的话来说，就是社会民主主义。就此而言，我觉得他的想法与前辈堺利彦最接近，或者可以说几乎相同。当然，对于直接行动的主张，他当时大致也抱有理解和同情之心，但是其思想本质上属于德国式的社会民主主义，即主张通过由社会民主党的代表占据议会的多数、以法律手段实现社会主义。森近和堺两人合著出过一本名为《社会主义纲要》的著作，不过那本书其实是森近一个人写的，只是书店为了扩大销路，把堺的名字也写上去了。……今天持完全中立立场的非社会主义者的批评家对这些著述给予了很高的评价，认为是当时有关社会主义思想的极为系统的著述，显示了当时社会主义者的思想水平。这些著述的立场明显是社会民主主义的。从那之后，在（明治）四十年(1907年)的社会党大会上就有了其与田添铁二的议会政策论，以及与幸德秋水的直接行动论之间的争论。但是那时，社会党的……中央执行委员会提出的方案……是一个所谓的折中方案，它将上述两条路线都作为党员自由开展活动时的方针，而制定这个折中方案的就是堺和森近。我相信，这一方案大致反映了森近的思想倾向。森近是一个深谋远虑、非常慎重的人，在大阪平民社的时候，每个月都会举办茶话会啥的，我们年轻人偶尔会在会上说些过激的话，此时他总是一本正经地说，你们不要说那样的蠢话，要更加努力学习。现在想想，虽然他当时年龄并不大，但就这一点而言，却已经是一位想法非常老成的人。"

读一下在寒村两次作证过程中审判长提出的问题就可以发现，其顺序与构成一步也没有脱离大审院作出的有罪判决，其逻辑和当初"对思想进行制裁"的平沼等人没有两样：被告都是无政府主义者，无政府主义赞成恐怖主义、否定天皇制，因此就有"大逆"的阴谋。作为证人的寒村似乎也中过套，他对此非常不满，他在《大逆事件真相揭示会通讯》第八期上抱怨道："审问过程中很多地方用的是原判决中的三段论的方法。"

寒村作证后的第二年，即1964年的1月13日、14日，高等法院在冈山井原市进行了有关森近运平的事实调查。13日整个上午，在井原简易法庭对认识运平的两名证人进行了询问。下午2点以后，舞台移到了位于高屋山里的田口村的森近家中两间连在一起的客堂间，在那里对申请人荣子进行了询问。

运平出生和长大时的农家大院虽然现在已经没有了，但是一直到 20 世纪 90 年代初，正房等建筑都还在，尽管房子已经腐朽不堪。这一天从早晨开始，天上就布满了厚重的云层，天气阴冷刺骨。荣子是家里六个子女中（另有一个夭折的姐姐）最小的一个，出生于 1897 年，与哥哥运平相差十六岁。运平被杀时，她十三岁，还是一名普通小学高等科二年级的学生，而此次接受询问时她已是六十六岁、育有七个孩子的母亲。

> 你说去一下就回，马上就回，却不知说的是悲哀无常的
> 死亡之旅

妹妹一直相信自己的哥哥是无辜的，她回想起在很久以前的那一天发生的情形，写下了上述诗句。在接受询问之前，荣子来到被处刑五十年后才刚刚建成的哥哥运平的墓前报告："哥哥，这一天终于来到了。"荣子的询问记录至今也未公开，所以只能听其讲述。以下若无特别注明，提问者是审判长长谷川（标注根据原记录）。

——你当时听说过你的哥哥在从事社会主义活动吗？

"小时候听说过。"

——社会主义在当时究竟是怎样的东西，我想你当然不清楚，但是你有没有想过它是一种被人讨厌的运动呢？

"没有。"

——你没有那么想过吗？

"我听说并且觉得那是好事。"

——你没有听说过有人因为从事社会主义活动多次进了

监狱吗？

　　"时常听到。"

　　——既然听到过，你还认为那是好事吗？

　　"我当时认为是好事。"

　　——不仅是你，当时其他的人也认为运平做的是好事而支持他吗？

　　"大家经济情况都不好，即使自己不敢参加也还是认为他做的事非常好。"

　　——也就是说，在事件发生之前，家里的人都认为运平当时做的事是好事，对吗？

　　"是的。"


　　我仿佛看见荣子穿着和服坐着，身材瘦小却气势凛然地回答说家人认为运平从事的社会主义运动是好事，而审判长对此显得有点吃惊。

　　在荣子作为证据提交的供述书中，这样讲述当时自己作为小孩子对社会主义的印象：

　　"我从哥哥那里看到的社会主义就是帮助穷人，我觉得帮助百姓和拉车的穷人等就是在做大好事，所以当哥哥因为这一事件被带去东京时，我一点也不担心，当时我相信他一定会平安回来的。"

　　荣子的话语中，充满对哥哥的毫不动摇的信任和自豪，她的话语深深地感动了我。然而，审判长还是表示不明白包括小妹妹在内的运平的家人为什么都认为社会主义是"好事"，欲言又止、不断地重复询问，但是荣子不为所动。

　　其实当初大审院判处运平死刑的最大依据也就是"十一月谋

划"。至于大审院举出的其他证据，什么 1907 年末向来访的宫下太吉表示日本的神武纪元的历史不可信，使其产生了"不敬"思想，宫下曾经劝其加入"大逆"，被其以家里有人为由拒绝，以及关于古河力作的为人所说的一些话等，更是站不住脚。这些所谓的证据不要说构成实施"大逆罪"，连预备、阴谋"大逆"都谈不上。作为"判决事实"的所谓"十一月谋划"只不过是在社会主义受到严厉镇压这一极端不自由的状况下社会主义者之间进行的交流，其内容并没有超出茶余饭后发泄愤慨情绪的范围。最明显的事实是，当时运平在东京尝尽了镇压和生活之苦，加之已经失去了对幸德的信任等原因，疲惫不堪的他带着妻子和幼小的女儿离开了东京，开始了新的生活，这一新生活就是做农校毕业生应该做的事，立足于大地，从事先进的农业。当然他并没有抛弃社会主义思想，对天皇制或许也还抱有怀疑甚至是否定的态度，但是这些都够不上"大逆"。在当时的环境下，即便运平想在乡间从事社会主义活动也是不可能的，一方面会遭到严厉的镇压，另一方面当时的他已经被贴上标签，更何况即使搞这种活动也完全与"大逆罪"无关。

长谷川的询问聚焦在了运平回乡后的活动上。

——（他从东京回来的时候）你没有听他说过要放弃社会主义活动吗？

"他放弃了才回来的。"

——社会主义活动在哪里都可以搞的。

"他放弃了才回来的。"

——他当时大概是放弃在东京、大阪搞那些事了，但是我说的是放弃社会主义活动。

"当然是因为放弃活动才回来的。如果没有放弃的话，回到哪里都可以，就是因为放弃了活动才回到了乡下。"

——在乡下也可以搞社会主义活动啊。

"既然住在乡下，就要从事适合乡下的职业，无所事事是不行的，所以他是发现了一份可以做的事情回来的。这不能从回来的心情看，而应该从结果来看，因为毕竟他放弃活动回来当了一名新的百姓。"

——我问的是他本人当时说过自己已经不搞社会主义活动了吗？

"不放弃就不会回来。"

——你说的是理由，我问的是他说过没有。

"反正他放弃了。"

审判长长谷川的提问显示，他和半个世纪前的检察官、法官同样持有一种偏见和预断，那就是认为搞社会主义活动就一定和"大逆"有关系，而荣子的态度极为凛然，她在应答中坚决拒绝了审判长的观点。但是，长谷川这个人很顽固：

——他回来之后，没有所谓的同志来找过他吗？

"是的，我想没有。（后略）"

——他和村里的人关系相处得好吗？

"是的。"

——难道没有人觉得有点害怕，不想和他接触？

"没有，大家都和他接触。"

——（前略）你不知道他向弟弟（良平）说过一些社会主义的话吗？

"（前略）说社会主义的话？这种事情好像几乎没有。他当时忙着筹钱（温室栽培和生活费用），过着连报费都觉得心疼的节俭生活……因为自从他开始认真从事农业后，还订了英国的报纸。"

——作为你，当初听到（运平）和"大逆案"有关时，是怎么想的？

"他是我哥哥，所以我觉得那事绝对不可能。"

——对于"大逆案"的死刑判决，村里的人们当时是怎么想的呢？

"认为是搞错了。"

——你当时就认为森近是因为冤罪吗？

"是的。"

荣子根据记忆和感觉所作的陈述，用纯朴直率的语言证明了运平在"大逆罪"中的无辜。

——你大概是从什么时候开始考虑想要对此（运平因冤罪而受到惩罚）申请复审的？

"从当初开始就一直在想，但是过去不知道如何进行。"

——知道可以申请复审是什么时候？

"那是坂本（清马）来看我之后知道的，不过具体记不太清楚了，在那之前也有两三个人对我说过，说是现在提出申请的话会受理的。"

——（申请复审）这么做的目的是什么？

"一定能够得到这件事是冤枉的这样的判决。"

——森近运平的家人情况如何？

"嫂嫂（繁子）和他们的女儿（菊代）都已经死了。"

荣子一直照顾比自己小六岁、像妹妹一样的侄女菊代，直到她结婚成家。之后，审判长又询问了森长被判死刑后村里的人们发起的救命活动，问到了金光教佐藤范雄去做工作、结果没有来得及的事，以及当时未能建墓的事等，还问了菊代的孩子（1926年出生）的事。

——那个人（菊代的儿子）赞成这次复审吗？

"他说，他过去一直听说外公是一个很坏的人，现在阿姨[1]为大家做这件事（指申请复审），我真的非常高兴。（后略）"

荣子的四子细井好的家里存有唯一的一张菊代的儿子寄来的明信片，其内容大致是希望外公无罪。明信片是寄给荣子夫妇的，上面用流畅的文字写着："我期待能够早日挥手告诉世人，外公被判无罪。您明确地告知我，五十年前，外公是社会主义者，是爱好和平的人，对此晚辈非常感谢。"

询问快要结束了，检察官平山长也和审判长一样，询问了运平有无继续从事社会主义运动的意思。

---

1　原文如此。按照辈分应为姑姥姥。

——森近运平当时有没有考虑待堺利彦出狱后再和他一起搞活动？

"没有。如果有的话他就不会搞温室了。"

询问全部结束了，时间已近傍晚 4 点半了。冬天的太阳下山早，周围已经暗了下来。灰暗天空还开始下起了小雨，周围茂密的竹林和杉树被打湿了，运平的诗碑也被雨水淋湿，石碑上有运平在狱中用指甲刻下的诗："魂牵梦萦犹伤故乡 / 依稀又见　雷霆中的父亲　还有涕泪交垂的我。"询问结束后，面对记者们的提问，荣子满意地说道："我把想说的话都说了。"森长等辩护人带审判长等去看了刚建起来不久的运平的墓，吉冈金市在那座墓的三面刻上了运平悲剧性的一生。第二天当地报纸《山阳新闻》刊登了审判长站在墓前的照片，并且配上了"前来扫墓的长谷川审判长"的说明。在运平的墓前，长谷川想到了什么呢？

第二天即 14 日，对另一名证人山村久一郎进行了询问，询问在他家里进行。在接受询问时，山村讲了根据回乡后的运平的提议，种植富有柿、建设公会堂的情况，还讲到了运平当时交给他保管的《新社会》这一手稿中的内容。山村证实该手稿中写了一些非常有远见的内容，包括没有军备的社会、国家负担教育费的社会、社会保障的社会以及合作社的社会等。不过据说《新社会》手稿在事件发生当初就被警察搜走了。

法院上门询问与运平有关的复审申请的证人一事在当地媒体上进行了报道，有四个人新站出来，希望提供证言，但是结果他们的愿望没有实现，尽管如此，还是让人感觉到，通过有关运平的复审申请，一缕曙光照进了当地人对于事件的看法之中。

　　在后来的审理过程中，进一步对四名证人进行了询问。1964
年已是岁尾的 12 月 28 日，辩护方根据已经提交的新证据资料一
百零五件（最终有一百零八件）等，向东京高等法院第一刑事部
提出了要求复审的意见书。同一天，检察方也提出了要求驳回申
请的意见书。

　　辩方在意见书中提到，申请复审有三个最大的目的：一是为
申请人雪冤；二是维护司法权独立；三是让司法机关承认申请人
是无辜的这一在学界已成定论的认识。意见书认为，"要向国民表
明原判决是国家机关制造出来的，是错误的，就必须由相同的国
家机关予以宣布"。

　　意见书还认为，原判决是"空中楼阁"，它是在经由检察官们
的拷问、胁迫形成的强制的审讯记录和预审法官通过强迫手段获
取的调查笔录的基础上制造出来的，这一点已经为被告人等的书
信和狱中记录等新证据所证明。意见书还根据秋水、森近等人的
著述等指出，当时的无政府主义和直接行动的主张并不会导致暗
杀主义和加害天皇个人。关于辩方的意见书，辩护人之一的齐藤
一好在《大逆事件真相揭示会通讯》第十期中做了这样的说明，
该事件的本质是"思想的暗杀"；"在本案中，遭到起诉的是思想，
受到处罚的是思想，这一点贯穿了原判决始终。因此，（意见书）
所指出的该思想本身与大逆没有关系这一点极其重要"。

　　关于清马和运平个人，辩方综合判决书、检察审讯记录、预
审笔录以及新的证据，全面否定了作为判决依据的企图暗杀天皇
的"十一月谋划"说，并且揭示，"十一月谋划"说始于检察官武
富济在位于纪州的熊野出差时，通过夹杂着拷打的审问所捏造出

来的审讯记录。

虽然复审申请只是针对清马和运平两人，但是事件是捏造出来的这一观点对所有的被告都适用。意见书在今村力三郎和平出修的《公判笔记》、《特别法庭备忘录》、小说等资料的基础上，再加上当时同为辩护人的鹈泽总明写的《回忆大逆事件》等作为证据，也论证了该案其他被告人被控罪名的冤罪性质。鹈泽的片段式的"记录"，从不同于平出的视角，向人们揭露了大审院审判的非正当性：

"关于作为本案发端的'明科事件'，我等辩护人只有检察方出示之记录，无法依据事实详细调查其于何种程度上属于'有效爆炸物'，其是如何秘密制造的……无任何证据证明'明科事件'之当事人等与彼等（秋水等人）间具有无政府主义者同志之联系。非但无可证明'共同谋划'之根据，甚至有关'大逆'之具体内容也未得到明示……（辩方）认为，暴力革命乃至共同谋划之证据亦不充分，故始终主张当事人在法律上无罪。"

复审申请辩护人提出的意见书的最后部分，虽然是从法律角度论述的，但是其主张的内容实际上是有关复审的人权问题。

该意见书总结道："原案极不正常。规定一审即终审；审理过程非公开，不让国民了解其内容；对辩护人提出的传唤证人到庭的请求概不采纳，全部驳回；判决后第六天即对十二人，即半数被判死刑者执行死刑；之后也将此案隐藏于暗处，害怕国民的批判，时间长达三十五年。"

意见书指出，因为复审的目的"是对既定的误判进行司法救济"，这就要求"法院特别贯彻尊重人权的精神，以谦虚的态度复审司法权的行使有无错误"。意见书要求法院，由此出发，以尊重个人生命和救济为先，而非强调"法制的稳定性"、维护"错误的结果"，在审理复审申请时也要贯彻"存疑处不予惩罚"的原则。

不过，辩方的意见书虽然认为"大逆事件"整个都是编造的，却在被判死刑的二十四人中，将宫下、新村忠雄、管野、古河力作和幸德五人排除于无罪之外。对此，复审支持者中有人提出反对，要求"坚持全体无罪的立论"。但是辩护人解释道，"从预审笔录和证据看，要推翻对这几个人的有罪指控，无论是从纵向进攻还是从横向进攻都是困难的"，所以"不得已"作了排除（见《大逆事件真相揭示会通讯》第十期）。神崎清也对反对意见提出了批评，认为其缺乏对天皇制的深刻研究和认识。他批评道："法律家没有空想和使用跳跃式推定和逻辑的自由。"关于事件的编造与天皇制的关系，神崎清看上去有点痛苦地说服反对者："法官总是就事论事、只看表面，要让其理解所有的一切是极其困难的，辩护往往就是辩护人的一厢情愿。"（出处同上）

检察官方面的意见书主张，复审应该建立在发现了足以推翻既定判决的"法制稳定性"的真实这一基础上，轻视这一点、以尊重人权为由对申请者进行救济的做法不能允许。检方表示，根据上述认识，对申请人方面提出的所有资料进行了仔细的检查，但是，"无论选哪一份"材料都"完全看不出"符合"证据的明确性"这一申请复审条件。检方断言，那些材料甚至连"证据通常所具备的证明力"都完全不具备。在此，检方的做法是，先将辩方提出的一百零八件证据拆散，然后一条一条地认定新证据毫无价值将其砍去。对于在学者们中间已成定论的申请人无罪的观点，检方的意见书认为，那或许只是"根据残存的有限的记录发表的意见"，这些学者"既没有权威，也没有权能断定原审判中的事实认定是否妥当"，并表示"对其真意深表怀疑"，也就是说，要非法律界人士不要插嘴。

检方在意见书中甚至还提出了歪曲运平想法或真意的主张。意见书引用森近在狱中手记《三十年回顾》中有关的自己的清白和法官所判的死刑之间既"矛盾"又不"冲突"的叙述，歪曲说当时他自己不是也承认犯了罪吗？但是运平在狱中手记中强调的是，作为冷酷无情的国家权力组成部分的法官所寻求的"真实"，与被统治者中的个人所寻求的"真实"，二者虽然字面相同但背后的内容迥异，他是在尖锐地追究法官所寻求的"真实"的虚伪性。

最后，检方还试图在法律上进行规避，其意见书认为，该案的申请复审权已经随着《刑法》第七十三条"大逆罪"的废止、免于诉讼事由的产生而灭失。

换个话题吧。在审理复审申请时，最高检察厅负责此案的检察官中有平出修的长子平出禾（时任最高检察厅公诉部长）。当然，这本身并没有什么问题。但是，对我们这些知道平出修当初如何"活跃"的人来说，不禁会想，这是多么讽刺的巧合啊。平出禾的内心或许也是那么想的，不过据平出修的孙子平出洸说，平出禾是一个正儿八经的司法官员，不仅是申请复审案，他对于所有具体的案子都没有透露过一句话。

辩方迅速对检方的意见书提出了反驳，那就是 1965 年 1 月29 日辩方向高等法院提出的第二意见书。在第二意见书中辩方反驳道，复审申请所要求的不是"明确的客观上无罪的证据"，而是"明确的应当宣告无罪的证据"，在新证据与旧证据的关系上，只要新证据足以动摇有罪的心证就足够了，而这一点只要"统一把握全部证据"就很清楚。

　　这是一场攻防战，一方是检方，他们无视国家犯罪的错误，将人的生命置于次要地位，强调"法制的稳定性"；另一方面是辩方，即使冤案的后果已经不可能完全消除，他们也要争取恢复人的权利。在双方的攻防中，最终受到拷问的是法官们，他们从开始审理"大逆事件"以来，就抛弃了"司法的独立"，一直到战败为止，始终追随政治权力，承担着"暗杀思想"的工作。

　　1月29日，对"一根筋"清马提出的复审申请的审理结束。
　　在整个1965年，清马对预想中的法院的决定充满期待，他述说了自己的梦想：
　　"此案能否复审，现在正在审理。我静静地等待着作出复审决定的日子。不过，现在承办此事的审判长实际上正在仔细阅看包括口供在内的材料，他们的态度很清楚，就是要客观地看这个案件，所以我相信会作出同意复审的决定。如果得到平反，我想在乡里建和平之塔。在南国的阳光下，和平之塔熠熠生辉。这就是我近期的梦想。"——说这话时清马已经八十岁了。
　　但是，从审理结束前后开始，法院里发生了不可思议的事，这些事连辩护人也没有注意到。

　　"大逆案"的复审申请提出后，有关该事件的研究出现显著进展，相关运动也在扩大，社会上有关事件的认识也出现了变化的迹象。在清马接受询问三个月前即1963年6月6日的上午，神崎清和森长英三郎作为参考人被邀请至众议院法务委员会，就"大逆事件"和复审申请向出席委员陈述意见。这是"大逆事件"的冤罪问题第一次被提上国会。在该委员会上，神崎首先就事件的捏造及其过程做了叙述，他激动地说，被当作犯人的宫下等人否定忠孝道德，试图表明天皇不是神，这一想法在战后被人们所接受，他们是时代的先觉者。身为法律实务工作者的森长讲述了唯一幸存者坂本清马历时半个多世纪的冤枉，介绍了复审申请，并说明有若干新证据表明此案系冤案。森长还回答了来自委员的质问，他说，"大逆事件"并不是历史，坂本清马这样的受害者还活着，它是一个仍在发生的冤案，他"仿佛听到了来自地下的受害者的悲惨的鸣冤声，自己是怀着这样的心情"来承担复审申请工作的。森长与清马有着长期的交往，他在战争时期就开始对"大逆案"及其判决产生怀疑，一到战后立刻致力于要求对被害者进行"特赦"。不知听了森长的意见，国会议员作何感想。按理说接下去应该在国会中做出认定"大逆事件"是国家犯罪、恢复受害人社会权利等的决议的，但是却未见动静。

复审申请的提出，也使得相关地方有关该事件的社会认识发生了松动。

"您一直热心调查此事。下一期《熊野志》要出一期有关大石诚之助的特辑，想请您给我们写篇稿子。"

杉中浩一郎（生于 1922 年）当时是和歌山串本町的一名初中教师，也是和歌山县文化财产保护审议会委员，他经常去新宫市立图书馆查阅"大逆事件"相关资料。清马等人提出复审申请后不久，1961 年年初的一天，他正在新宫市立图书馆查阅资料，突然有人和他打招呼，打招呼的是图书馆的临时工作人员仲原清。仲原在战败前一直在东京的一家出版社当编辑，是一名自由派的乡土史家。后来他帮助森长出了《禄亭大石诚之助》，甚至还用蜡纸、铁笔加钢板刻印了《风霜五十余年》（油印版），这本小册子是"大逆事件"相关资料中最让我感动的。

"1960 年春天，那时我刚刚调动到位于串本的一所初中。一天，我在一家偶尔进去看看的书店里看到一部《牟娄新报抄录》（关山直太郎编著）。我随手翻了翻，发现里面收录有大石的题为《卑劣的文相训令》的文章，内容是抨击对学生的阅读书目加以限制这一错误。明治时期写的文章竟然有如此大胆的主张，当时我觉得很新鲜。原来我只知道大石是医生，因大逆事件被处死了，但是自那以后，我对该事件产生了兴趣，开始在新宫市立图书馆等处调查相关资料。仲原向我约稿时我有点犹豫，但是最后还是决定胆子大一点试试。结果，文章被接受了。不过，研究大石的人很多，难度比较大，于是我就将研究聚焦在当时还没有人研究的成石平四郎的生平上了。"

杉中曾经多次前往平四郎的出生地本宫町（现在的田边市），采访当时还在世的成石兄弟的妹妹饭田登美和其他相关者，他将采访的内容汇总成了每页四百格、共计六十页文稿纸篇幅的文字。传记《成石平四郎的生涯》刊登在《熊野志第六期：大石诚之助特辑》（1961 年 7 月发行）后面，但是因为篇幅的关系，有近三分之二的内容在那一期上没有刊载，当时在该文的后面注有"请见以后各期"。不过，后面一期实际上并没有继续刊载，杉中的稿子被长期埋没。

熊野文化会（现名熊野地方史研究会）是熊野的文化和地方史研究团体，其 1958 年 3 月刚刚创办的杂志《熊野志》在当时已经不定期地出到了第五期。熊野文化会设置在图书馆内，由图书馆馆长兼任会长，该会目前还存在。当时的馆长是浜畑荣造（1959 年 10 月就任）。他是当地的一名研究人员，历任教育委员等职，虽说是保守派，但被认为是一位性格豪爽、处事磊落，不会轻易改变自己想法的硬汉。当时乡土志上还没有提到"大逆事件"。在出过事件牵连者的地方一般禁忌意识都很强，在与公立图书馆有关的乡土志上编撰被处死刑者的特辑，这在当时大概还是全国首例。我注意到，在此之前，从1954年11月开始，在有松尾卯太郎等四人受到连坐的熊本，地方月刊《日本谈议》就已经分十三期连载了《大逆事件和肥后人》（作者宫本谦吾），不过那不是地方志。

　　在新宫，尽管相关禁忌意识也很强，但是私下里仍然有不少市民爱戴大石；社会在对事件表示"恐惧"的同时，也隐含着对国家的怀疑和不解。"横滨事件"的受害者、新宫出身的木村亨，一直要求复审。1946年1月，他当上了战败后不久成立的"熊野自由人俱乐部"的代表之后，立即向市长要求恢复大石等人的名誉。1960年1月24日（26日、27日连续），召开了"幸德秋水事件五十周年纪南地区相关者追悼纪念会"，该纪念会是由部分市民举办的，担任会议执行委员长的是新宫出身的和贝彦太郎，事件发生时他在平出修法律事务所担任书记员。《熊野志》（第六期）就是在这次纪念会后的第二年企划的。它是通过市民之手传承相关记忆的首次尝试，但是在杉中看来，这次企划是在"禁忌仍然浓厚"的环境下进行的。

　　浜畑早就看出"大逆事件"是权力犯罪，他高度评价明治时期的社会主义者同时也是自由主义者的文人、慈父般的医生大石。他从担任教育委员时起，就提出有必要将大石作为"地方先觉者"予以表彰，并开始收集大石的遗稿等。当了图书馆馆长之后，他利用这一机会并在仲原的帮助下，筹划在《熊野志》（第六期）上编撰大石诚之助特辑，将大石的形象传递给市民。我们知道，浜畑在少年时代曾经从其寄宿的宿舍的窗户缝中窥视到大石出殡时的队伍，受到很大冲击。

特辑的内容是划时代的，其中有大石的外甥西村伊作、和贝彦太郎以及峰尾节堂的胞弟三好五老等了解当时情况的人所作的宝贵的证言，以及"大石诚之助相关资料"等。浜畑给这一期特辑写了"代序"：

"无需赘言，由今日唯一之幸存者、来自土佐的清马向最高法院提起复审，诉说大逆一案并无根据、自己乃无辜者一事，即可想见当初审判之捏造程度。由此，大石诚之助之大逆徒污名亦恐怕永久无法去除，因为时间已过去半个世纪，若要发现颠覆该罪名之证据已极为困难。思来想去，我等乡党后辈，即便不能为其昭雪，亦要调查其足迹，为乡党子弟留下其身影，并告知此等误解之徒，其行为何等伟大。"

因为清马等人的复审申请，浜畑不仅燃起了向乡人介绍大石的热情，同时，一股自豪感也油然而生。大石出生于熊野这片敞亮、开放的土壤上，气度不凡为日本人中所罕见，浜畑显然是迷上了他。浜畑干劲充沛，自己也帮着一起干，结果他的目标实现了，第六期特辑的发行数量达到五百册，大大超过了前五期，而且几乎全部售罄。然而，很快暗中传来了这样的声音："这不是在向市民宣传共产主义和无政府主义吗？"、"这不是在表扬大逆罪中被处死的大逆徒吗？"，等等。还有人指出，杂志封面上不应该标明"新宫市立图书馆"。但是前面五期都标了，第六期和前五期并没有两样。大石是一位优秀的医生和文人，即便是被人视为自由主义者，只要他没有在"大逆罪"中被绞死，就不会有人批判他。这些批判和疑问也传到了教育委员会，但是委员会没有就发行特辑一事对浜畑直接说过什么。其实浜畑早就料到会遭到批判，所以他做得很周到，事先咨询了根据《图书馆法》产生的图书馆协议会的十名委员的意见，得到了他们的认可；在出版费用方面也很当心，纸张由造纸公司赞助，印刷费用由销售收入冲抵。然而尽管如此，还是出现了对特辑的批判，只不过是以其他理由发表的。

作为第二波，浜畑计划在《熊野志》上搞一次大石的遗稿集，这也是他最想做的事。入秋时分，这一消息刚传到市教委的耳朵里，教育长就来到了图书馆，对他说："希望停止遗稿集的发行。这是教育委员会的意见。如果要搞的话希望以个人名义搞。"但是浜畑没有退让，他说，向市民介绍大石是图书馆的责任。结果两人约好，由浜畑到教育委员会去进行说明。但是当浜畑在指定日期来到教育委员会想要参加会议时，教育长却斩钉截铁地告诉他："会议已经结束。结论是不能发行。"忍无可忍的田中发火了，他脱去外套，扔掉背心，穿着衬衣拍着桌子怒吼道："会怎么结束了？马上开会！互相沟通一下就能明白的事情为什么要放弃？这是怎么回事？为什么要放弃？想要我放弃的话，就把我撤掉。"他在那里大骂了一通。由此，浜畑和市教委之间的矛盾一下子激化了。市教委之所以害怕，不仅是因为当地存在的根深蒂固的禁忌意识，还因为听到保守派的市议员可能将在议会上追究此事。按照惯例，图书馆馆长的任期为一届两年，通常可以连任一届，但是浜畑在1961年9月任期届满后没有获得再次任命。浜畑将此事的经过用生动的笔触记了下来，投给了当地的报纸《纪南新闻》，"请市民来评理"。该报从1962年1月9日起，分四次刊登了他的来稿，不过，图书馆馆长的位子他再也没有坐上。

杉中了解新宫发生的情况，他已经感觉到下一期《熊野志》大概不会刊登平四郎的传记了。果然，如同估计的那样，稿子被退回来了。"我可以说是'城门失火殃及池鱼'，不过通过这件事我切身感受到，即便在新宫，只要和大逆事件有关，即便大石也是禁区。"在那时，"大逆事件"影响之深远确实非同一般。"刚毅的浜畑想要打破禁忌，但是看上去当时时机未到。不过，我想那本特辑刊行的意义还是非常大的。"杉中后来当上了田边市立图书馆的馆长，此时的他以端庄的神情和柔和的谈吐，淡淡地回忆起五十年前发生的这件事。

至于浜畑，他非但没有屈服于压力，反而将压力转化为动力，1972年，也就是"吵架事件"发生十一年之后，他在当地的出版社出了一本《大石诚之助小传》。

杉中将退回的手稿"扔进"了箱底。但是，后来（1964）他见到了原先在调查平四郎的过程中认识的平四郎留下的女儿、住在大阪的冈意知子，于是他下定决心，亲手制作了五十本包含原来未刊部分在内的全本作品，分送给了平四郎的遗属以及"事实揭示会"等。之后，从1969年3月开始，当地报纸《熊野商工新闻》连载了他的这部《成石平四郎的生涯》，历时半年。1981年刊行的私家版的《纪南杂考》中也收录了《成石平四郎的生涯》。但是，原来在《熊野志》（第六期）上看到过杉中写的该传记的前面部分的读者，看到后面的续编则是在三十九年之后。2000年12月刊行的《熊野志》（第四十六期）收录了标有"大逆事件特辑"的该刊第六期收录的全部作品。这一期印了一千册，全部售完，并且没有出现任何批评。可见在此时的新宫，人们有关"大逆事件"的观念已经发生了很大变化。虽然当时浜畑和仲原都已去世，但是，像劲草一样的市民力量最终还是使其复刊了，这种力量始终以批判性的眼光持续注视着国家的判断及其决定。

　　《熊野志》（第六期）存世极少，在新宫市立图书馆现在也只有一册了，它被收纳在保险箱里。

# 第十三章　疑惑

清马葬礼的照片（四万十市立图书馆提供）

清马的期待很快就破灭了。

1965年12月10日，清马因心脏病正在中村市内的县立西南医院住院，东京高等法院的驳回复审申请决定（日期标注为1965年12月1日）送到了他这里。本来清马觉得此案很有把握，因为负责此案的审判长很诚实，在审问时也认真地倾听自己的讲述并做出了回应，何况自己五十年如一日，一直在诉说着自己的清白，没有比这个更加雄辩的"行为证据"了，所以他觉得自己的申请不可能不通过。

清马告诉前来采访的报社记者们，"我实际上很不高兴"，八十岁的清马用了"不高兴"一词来表达自己的失望和愤怒。接着他又把审判批了一通，最后他以他一如既往的气势表示："我是革命者，绝不会因为这点小事而气馁。"

六十八岁的森近荣子则对驳回申请的决定表示遗憾："我哥哥是无辜的。虽然我不怨恨法院，但是感觉很遗憾。""不怨恨法院。"荣子好像也在拼命地压抑对法官难以克制的愤怒，他们追认了大审院的残暴判决，而正是这一判决夺去了她的哥哥。

"母亲在家几乎没有讲过复审的事，但她一直相信运平舅舅是无辜的，所以她（得到这一消息）心里一定非常难受……"虽然事情已过去很久，但是四子细井好说起母亲当时的情况仍然眼睛湿润了。

关于驳回清马申请的理由，决定这样写道：

"坂本在整个检察笔录、法庭审理供述中一贯否认有大逆之犯意，然而综合幸德等人的预审笔录等证据可以认定，明治四十一年（1908）11 月于平民社，当幸德告知其谋逆一事时，其表示了同意，并同意招募决死之士。此外，虽然坂本在服刑中一直主张无罪，但在其判决后之行为中未见可以推断其无罪的有力证据。"（要旨）这些话和大审院判决的内容几乎相同。

做出驳回申请决定的长谷川等五名高院的法官，在 1963 年 9 月 13 日、14 日进行的审问中，听取了清马本人根据事实所作的诚实的叙述，之后也看过速记记录，并且他们还应该看过在提交的证据中的清马在秋田监狱服刑期间向当时的司法相尾崎行雄诉说自己无罪的"上书"，以及清马给石川三四郎的请求帮助自己申请复审的书信等。但是，这些证据均遭到法官们的无视。在决定中反复出现"根据预审笔录"这样的表述，这和原审判决的风格完全一样。检察口供和预审笔录的可靠性一直受到人们的质疑，然而法官不仅不想对这一"大逆事件结构"进行检证，甚至连装模作样做点姿态出来都没有。在原审中检察官和预审法官使用了一个二十六个人中谁都没有说过的制造出来的词语，叫作"决死之士"，而这次高等法院也和原审中的检察官和预审法官一样，原封不动地引用了这一制造出来的词语，这一点清楚地表明高等法院做出的是一个什么样的决定。

关于运平的情况又是如何呢？

最大的关键是"十一月谋划"。对此，高等法院的决定在大段引用预审笔录后表示"可以认为，森近与大石一起，参加了与幸德之间的所谓十一月谋划"。（引自决定原文）此处也照抄了大审院的判决。因为运平已被处死，所以他不可能像清马一样自己出来进行申诉，或许是高等法院考虑这样做缺乏说服力，于是在决定中提到了运平的思想并根据其思想做出如下断定：

"可以认为，森近在明治四十年（1907）后，信奉幸德提倡的无政府共产主义，为实现该主义之目的，虽未全面排斥议会斗争，但同意最终必须经过（包括总同盟罢工在内的）直接行动，即暴力革命，据此，不能说森近未同意幸德等人的大逆谋划……"

高等法院的决定不断重复原审检察官和大审院法官等的"预断和推测"，认为无政府主义就会走向"大逆"，而且没有出示任何证据就将运平视为无政府主义者。寒村的证言遭到歪曲，他在证言中所说的"森近思想的一个方面"的限定语被没有根据地去掉了。

关于运平的回乡和生活的判断，高院的决定也是以预审笔录为基础，无视在荣子的证言中也提到的"行为证据"。决定写道："可以认为，森近在回乡前当然已预想到宫下（太吉）谋逆一事，不能说其回乡这一事实表明其与大逆案无关。"（决定要旨）高院的决定极其粗糙，像是大审院判决的"战后版"，其采用的论证逻辑正是寒村所担心的三段论。

最后，高等法院对辩护人提出的根据一百零八件证据，该事件整体上是虚构的，清马和运平两人无罪这一主张，做出了如下判定："不能说有新发现的可以宣告无罪的明确证据，不能认为坂本清马、森近运平当时无罪。"高院的这一决定等于是说，1911 年 1 月 18 日大审院做出的判决仍然成立。在当时，事件已经过去了五十多年，不用说当事人，连相关者都几乎不在了。而且，本来必须保存的法庭记录也给当局弄没了，在这种情况下，辩护人竭尽全力搜集了大量的证据，或许这些证据单个地用来证明当事人的清白的话，证明力有所不足，但是，如果整体地加以把握，不能说其不能充分地证明事件本身的虚构性和原审判决的错误。

申请复审的目的是要"对确定的错判给予司法救济"，在询问中，清马做了长篇的讲述，荣子的发言虽然语气平淡，但坚定地诉说了被杀的哥哥的无辜，寒村等人也提供了证言，审理此案的战后的法官当然也已经不是"天皇的法官"了，按理说如果他们有意从中解读事实并得出结论的话，应该会同意复审申请，但是，战后司法机关最终选择的不是生命，而是检察官所主张的"法制的稳定性"，而这种所谓的"法制的稳定性"就是不把明治国家的错误当作错误，反而对之加以维护。

公判始末书是"大逆案"审判记录中必须保存的最重要的材料，但是它却去向不明，关于这一点本书中已多次提及，在复审申请中，这件事当然也成为问题。在驳回申请的决定中只是说"公判记录的原件早已不见，其副本现在也未发现。推测在终战前夜的混乱中消失，但无法确认。"既没有努力寻找，也放弃了追究最高法院的责任。在"横滨事件"这一根据《治安维持法》捏造出来的事件中，诸多被告的判决副本等审判记录也没有找到，横滨地方法院在1988年3月做出的驳回复审申请的决定理由中，不得不承认那些材料当时被焚烧处理掉了。

在清马等人的复审申请被驳回前，发生过几件奇妙的事情。

在作出驳回决定的七个月前，1965年5月8日的上午，配合宪法周活动，在四国各地视察的最高法院法官横田正俊到访了高知地方法院，并会见了记者。横田在谈论了加快审判速度等与当时一些受到关注的案件有关的事项之后，谈到了清马等人的复审申请，5月8日《高知新闻》晚刊简短地报道他的发言：

"决定大概会在年内做出。因为是个旧案，资料也不充分，所以在审议时特别采取了由五名法官合议的方式慎重进行。"

不知他的这番发言是不是对记者提问的问答，不过最高院的法官谈论东京高院的个案是不寻常的。他在发言中估计了作出决定的时间，指出了涉及审理本身的资料的不充分，其发言内容涉及案件的审理情况，干预了法官的独立性。横田在第二年即1966年8月就任最高法院第四任院长，开始与"大逆案"的复审申请一案正面相对。

在"横田发言"四个月前，还发生过一件有关法院人事的令人无法理解的事。

那是在1月29日星期五，上午10点至中午12点多进行的最后陈述环节结束后不久，当森长等五名辩护人结束了所有工作、松下一口气来到高等法院的走廊时，却从等候在那里的记者处听到了一个意外的消息："据说长谷川审判长明天30日转任浦和地方法院家庭审判庭庭长。"

辩护团成员吃惊不已，会见完记者后，森长和齐藤一好立即前往长谷川的房间，确认从记者那里得到的信息。

按照通常的诉讼程序，审理结束后，要进行法官合议（评议），然后制作决定文本，所以如果审判长30日调任，后任的审判长势必要重新开始阅读大量的记录，那样一来，做出决定的时间就会推迟。即便如此，这件事情也来得太突然了。而且29日上午法庭审理时合议庭法官上野敏缺席，这样的话合议只能在 29 日下午进行了。接下去怎么办，森长等人急于确认。面对森长等人的询问，长谷川承认自己即将调任，并说明了情况：

"实际上原来是想让后任的审判长处理的，但是光是阅读数量如此庞大的记录就要花很长时间，得出结论的时间就更加迟了，而且申请人坂本先生身体还有病，所以决定还是由我来做。"

"那么这么大的案子，合议在今天进行吗？只有半天时间了？"

"不，在此之前已经进行过多次合议。[1] 今天接下去要合议的是今天法庭审理的那部分内容。"

次日的主要报纸报道了该案审理终结，还提到了审判长转任一事。例如《日本经济新闻》向读者传递了进行过合议的"事实"："29 日进行了合议，但是决定的公布看来将延后相当长的时间。"森长等辩护人本来已经觉得不错了，因为面对困难重重的开始复审，辩方能够做的事情都做完了，但是这样一来却在最后关头萌生出了对法庭不信任的感觉。这件事与"大逆案"原审判决被怀疑事前泄露给了宫内次官河村金五郎以及平沼骐一郎等人之类的事合在一起，使得这一事件在半个世纪后仍然处于云遮雾罩之中。怀疑原审判决被事先泄露，这是申请方申请复审的理由之一，他们认为这证明当时大审院受到了政治上的压力。暗影重重的这件事轮廓的逐渐清晰，是在清马等人不服高院做出的决定、向最高法院提出特别上诉前不久。

1965 年 12 月 14 日，清马和荣子以高等法院做出的决定违宪

---

1　其意为之前法庭审理的内容已经合议过了，无需再合议。

为由，向最高法院提出特别上诉。因为申请复审的"大逆案"系根据旧《刑事诉讼法》判决的案件，所以只有认为高等法院做出的决定违宪时方可提出上诉。特别上诉提出了五条理由，包括大审院以极其薄弱的证据以及申请人的思想和良心为依据，做出了处罚判决，而高等法院的决定支持了大审院的判决，因而违反了《宪法》的前言以及第十三条和第十九条；以及该决定违反了《宪法》第三十七条第一款，剥夺了申请人在公平的法院接受判决的权利等。其中还指出了1月29日并未进行合议一事。这件事是经由辩护人调查浮出水面的。确实，如果没有经过合议就作出决定，那么其决定书就是无效的，最高法院就可以要求此案退回重审。

森长认为，申请对大审院做出的判决进行复审的案件，需要五名法官同时、在同一场所进行合议后做出决定。合议时不能有人缺席，即使提交委托书也不行；合议也不能通过传阅和电话等方式进行。当初森长等人之所以相信审判长长谷川所作的"今天（29日）接下去进行合议"的说明，是因为长谷川的调令上写的调动日期是1月30日，法官上野虽然没有参加上午的审理，但是合议他要参加的，所以只能在29日的下午进行。

但是根据辩护团的调查，上野从29日星期五开始到30日星期六都在长野出差，不在东京。29日下午2点至3点20分，他在位于长野县小诸市的国立小诸疗养院进行出差询问，当晚住在位于户仓的上山田温泉，次日，即30日上午和下午在长野县地方法院进行证人调查。辩护团甚至搞到了上野在旅馆前拍的照片。也就是说，上野至少从29日正午起至30日在长野县，无论如何不可能从长野奔回来参加长谷川所说的29日下午"举行"的合议。长谷川到底是在不知道上野出差的情况下告诉森长等人下午举行合议的，还是在明知其不在的情况下那样说的呢？不管怎样，根据事后的调查，确定 29 日事实上并没有进行过合议。显然，驳回清马等人复审申请的决定，是在违反宪法第三十七条第一款有关审判活动应该在"公正的法院（即其组成等不存在偏颇的法院）"进行这一规定的情况下作出的。这件事情实在是匪夷所思。在对大约五十年前发生的这件事情的经过进行调查时，我为这个国家的司法的黑暗黯然神伤。然而，事情比我想象的更黑，更曲折。

让我们回顾一下，一审即终审的"大逆案"的审判是背着国民进行的，在一个证人都没有到庭的情况下，仅仅经过三个星期左右的审理，就对二十四人做出了死刑判决。判决后，在来自海外的批判声中，仅仅过了六天，包括运平在内的十一人就被处刑，第七天，又有一人被处刑，一下子处死的人数达十二人之多。其余十二人中，有五人死于狱中，七人被迫在狱中生活了十四至二十年不等。如果换个角度看的话，所谓"大逆事件"实际上是"大逆罪审判事件"。在对日本近代史上这样一个如此残暴的审判作出是否同意复审的决定时，即使真的像长谷川所说的那样已经有过数次合议，在辩护人和检方做了重要的补充意见陈述后，仅仅经过当天下午一次合议就做出结论，这种做法和原来大审院的做法并无差异，同样野蛮和残暴。何况实际的驳回申请决定书上的落款日期是 12 月 1 日，也就是十个月之后，而申请人被告知这一决定则是在 12 月 10 日。

如此一来，特别上诉中的最大的问题就聚焦在了到底有没有进行过合议上。清马和荣子对驳回复审申请的决定产生怀疑，于是和九十一名律师一起，于1966年6月2日向众议院法官追诉委员会提出申请，要求对当时参与决定的审判长、后来"荣调"浦和地方法院家庭审判庭庭长的长谷川进行追诉。或许也受到这一因素的影响，9月20日，最高法院将原本归属于第三小法庭处理的这一特别上诉案转交给了大法庭处理，此时的最高法院院长已是横田正俊。

大约过了十个月，1967年7月5日，大法庭作出决定，驳回有关"大逆案"复审申请的特别上诉。所有法官都赞成驳回，无人反对。最高法院是基于怎样的理由对令人怀疑的合议的有无作出最终判断的呢？

一般认为，最高法院通常不进行事实调查，只进行法律判断，但是辩护人却发现，这次驳回上诉决定书上，写着"根据本法院事实调查的结果"，也就是说，最高法院进行了事实调查。这是不同寻常的。据森长说，事实调查包括通知当事人的辩护人时间、要求其到庭、出示证据、听取意见等环节，但是最高法院并没有进行这些程序。

驳回上诉决定书上记载了最高法院进行的"事实调查"的内容，由此，疑惑进一步加深。"事实调查"由四份材料构成：一是来自最高法院人事局长的书面答复，上面注明了有关长谷川调任的调令日期等；二是一封来自东京高等法院办公室主任的材料，上面是有关调令交给长谷川的日期以及有无与调任相关的东京高等法院法官职务代理情况的说明；三是长谷川给最高法院大法庭的"禀报书"；四是长谷川调任时担任东京高等法院院长的下村三郎（在清马等提出特别上诉时已任最高法院法官，但当时因担任过东京高院院长一职而回避）的"禀报书"。其中重要的是下村和长谷川两人的"禀报书"。我在法政大学纪念博阿索纳德[1]现代法学研究所的"森长文库"中看到了下村和长谷川的文档等，以下将这些文档分别称为"下村文档"和"长谷川文档"。

根据"下村文档"，长谷川调任浦和地方法院家庭审判庭庭长一事实际上是在 1964 年 11 月下旬内定的，也就是在案件终结前两个月。因原来的浦和地方法院家庭审判庭庭长于 11 月 2 日退休离职，11 月 20 日最高法院人事局通过下村告诉长谷川将由其接任。对于长谷川而言，这是一次令其高兴的"荣调"，但是因为当时手头有"大逆案"复审申请等若干个大案，因此他同意前往就任，但希望推迟发出调令。下村经与最高法院人事局长和长谷川数次商量，于 11 月 25 日作出长谷川职务调动的内部决定，条件是"调令发出日期为 1965 年 1 月 30 日"和"不指令其代行高院审判员职务"。在此时说好两个月后调任是意味深长的。就像森长指出的那样，"根据常识，复审一案只要决定开始审理，就由该审判长负责，直到最后"。（引自《直到大逆案特别上诉被驳回》）在内定长谷川调任一事的 1964 年 11 月下旬，不要说辩方的意见书，连检察官的人选都没有定，此时不可能算准其在距离调任只有两个月时间内能够负责开始审理后的所有程序直至结束。因此森长推断，在内定其调任之时，已经"预断"申请将会驳回。当初在"大逆事件"中，无论是在搜查阶段还是在审判阶段，此事与社会主义、无政府主义有关这一"预断"起了很大的作用，难道在半个多世纪之后的复审申请中"预断"也起了作用吗？尽管

---

1　博阿索纳德（Gusutave Emil Boissonade de Fontarabie，1825—1910），法国学者，在日本明治时期应邀前往日本参与重要法律的起草以及法律人才的培养，被称为"日本近代法律之父"。

它是对另外一件事的"预断"。

　　内定调任的另一个条件是不设高院审判员职务代行，这一点也很重要。根据"下村文档"，下村曾向最高法院提出，如果案件的处理进展不如预期那么顺利，则同意发布有关其代行高院审判员职务的命令。但是最高法院认为此事不妥，没有同意，理由是没有命令庭长代行审判员职务的先例。新年过后，1月18日，长谷川到下村的办公室确认自己调任一事，下村告诉他，最高法院法官会议也已通过，最高法院将按预定的那样发出调令，调令的落款日期是1月30日。

　　"长谷川文档"中又是如何记载的呢？1965年1月30日正午时分，东京高院人事局长小林信次来电，说"据说调令已经出来，我先通知您一声"。"下村文档"认为，"由事务局长通过电话通知这一做法是惯例"，但是长谷川写道，"我当时不认为这是正式的通知"，理由是他认为小林应该知道上野不在和自己必须处理案件，只是因为关系密切，所以才"好心地赶快告诉我"调令的事情。也就是说，他当时收到的是内部消息，并没有收到正式的调任通知。

　　那么，包括法官上野在内的合议有没有进行过呢？在"长谷川文档"中有这样的记载："（上野）法官1月29日、30日两天因其他案件的证据调查要去长野出差，而且因为其他情况日期无法更改。"如果是这样的话，那就说明长谷川事先知道29日上野出差不在、下午无法进行合议，他向森长等辩护人所说的那天下午进行合议是有意撒谎。报纸记者和森长等人一样，也不知内情，于是报道说那天进行了合议。

　　按说应该在29日进行的合议实际上并没有举行，那么何时进行的合议呢？在此，最高法院不同意长谷川代行职务这一点尤为重要。东京高等法院确实没有发文任命 30 日起已经转任浦和的长谷川担任代行法官。"长谷川文档"中，继上野出差不在东京的记述之后这样写道：

"决定 2 月 1 日上野法官来机关上班时举行最后合议，事实上如以上计划的那样……举行了事实的调查、合议并且做出了决定"，"如同前述，2 月 1 日整个上午全体成员结束了合议，小官的责任也到此结束，因此，同日中午过后，前往高院院长室，报告大逆案一案终结"。

也就是说，根据"长谷川文档"的记载，合议是在 2 月 1 日星期一举行的，而这样的话按理说已经不能参加合议的法官也参加了这次合议。不过，证明在 2 月 1 日举行过合议这一"事实"的资料，只有"长谷川文档"一种，除此之外，既没有包括上野在内的其他四名合议庭成员的"禀报书"，也没有对长谷川的询问，在此情况下，难以相信长谷川所说的 2 月 1 日进行过合议。

即便 2 月 1 日有过合议，作为浦和地方法院家庭审判庭庭长的长谷川在没有命其代行东京高等法院审判员职务的文件的情况下，有什么资格能参加东京高院的案件合议呢？在此，如果我们将目光再度回到"下村文档"就会看到，在该文档中下村写道，他认为，2 月 1 日长谷川到自己的办公室是来作调任告别的。事情应该是这样。因此，下村记述道："当时我想，案子到 30 日为止也处理完了。"对于这些错综复杂的谜团，最高法院是如何回答的呢？请看其做出的驳回特别上诉的"理由"：

"根据本院事实调查之结果，认定昭和四十年（1965）2 月 1 日，包括该法官在内的五名法官举行了有关本案的合议，因此，

（上诉）理由缺乏依据。"仅此而已。其证据只有"长谷川文档"。关于长谷川无身份参与合议一事，决定书认为这是因为长谷川在接到 1 月 30 日调任的通知时，以为那是非正式的通知，此外"并无他意"，并且认为他"在任何时候都具有受命代行东京高等法院审判员一职的资格"，"即使偶尔没有形式上的发文"也没有问题，这一结论支持了长谷川的做法。最高法院的上述理由与其在拒绝设置审判员职务代行时对下村的说明不一致，这难道不正说明最高法院做出的决定本身"缺乏根据"吗？

隐藏在最高法院判决理由背后的逻辑等于是，即使客观上已经收到了正式任免的通知，但是只要将其当作"内部消息"、主观上认为自己仍然具有审判员的身份，就可以参加原本不能参与的合议。就像当时的辩护人之一齐藤一好在《大逆事件真相揭示会通讯》第十五期上愤怒地指出的那样，如果这种逻辑行得通的话，那么"任何人，只要主观上认为自己是法官，都可以在任何法院进行审判了"。

从上述经过可以看出，东京高等法院作出驳回决定的过程颇为怪异、疑点重重、极不正常，故而不能否认合议本身是虚构的，或者是在没有上野出席的情况下举行的。最高法院明知长谷川的做法错误，却依然加以维护，难道不是这样吗？这样的疑问无论如何也消除不了。这种做法并不仅仅是在维护一名审判员，更等于是在用战后司法全体的力量维护位于该审判员背后的大审院的判决。然而，无论其判断多么不可理解、有多少疑问，既然是最高法院作出的决定，即使其蛮不讲理也无法提出不服申诉。众议院的法官追诉委员会也于 1967 年 12 月 20 日追认了最高法院作出的驳回特别上诉决定，做出了"不予追诉"的结论。

长谷川有一篇关于申请复审案的"回忆"，名为《一名刑事法官的备忘录》，收录在《栎林中的伙伴们：七十年的回忆》中，这是一本浦和高中首期毕业生的回忆录集。他在这篇回忆中用相当长的篇幅提到了"大逆案的复审"，但是在末尾，他却像是什么事情也没有发生过一样一笔带过：

"在驳回申请的合议结束的同时，昭和四十年1月30日，我调任浦和地方法院家庭审判庭庭长，因此没有参与该决定书的制作，决定书是在我调任之后的同年12月1日制作完成并送达的。"

权力的介入意味着"司法的危机"，虽然这一危机的表面化是在1969年以后，当时发生了"平贺书信问题"[1]，札幌地方法院的院长向承办长沼奈基导弹基地诉讼案的法官、福岛重雄审判长写信，介入该案的审理，但实际上司法的危机在那之前就已经存在于司法的内部。"大逆案"复审申请的经过说明了这一点。1967年，申请复审之路被阻断，与此同时，在反对越南战争以及大学抗争的浪潮中，国家将过去称为"纪元节"的2月11日定为"建国纪念日"，并且试图像将神道教奉为国教的时代一样，由国家来护持靖国神社，这些做法将与时代和社会不断发生摩擦。

最高法院强行终止复审申请，这一做法影响很大。有些遗属原本虽然不能像清马、荣子那样成为申请人，也不能公开表明自己的姓名，但是他们满怀期待地注视着复审申请的进展。"得知特

---

1　1969年，因日本政府防卫厅决定在北海道夕张郡长沼町建设奈基防空导弹基地，当地部分居民以自卫队的存在违反宪法、基地建设破坏环境等为由向法院提起行政诉讼，此为"长沼奈基导弹基地诉讼案"，在该案审理之初，时任札幌地方法院院长的平贺健太多次口头"指导"负责该案的审判长福岛重雄，要求其按照国家的主张处理，当发现福岛不听其"指导"后，平贺更是直接写信给福岛。这种赤裸裸地干预法官独立审理案件的做法曝光后引发日本社会公众的强烈不满，是为"平贺书信问题"。

别上诉被驳回，不禁愕然。……或许只是愚生过虑，窃以为系因复审涉及法院之威信，甚或恐波及天皇而作此决定。"在秋田监狱和清马一起坐过牢的崎久保誓一的女婿睦男向"真相揭示会"寄去了他对此事的感想。

战后大约过了五年，当时已经成为基督徒的大石的妻子英子给富士见町教堂的牧师写了一封信，表示不参加申请复审。这件事我是在森长的《禄亭大石诚之助》一书中读到了。在这封信中英子承认：

"（前略）我一生的愿望就是无论如何要帮他洗去污名，但是我想我自己是不会'哇啦哇啦'地去叫的，世人自然会知道真相。时至今日，我不想被人唧唧喳喳地挂在嘴边。政府做出的事情必须由政府自己去收场。（后略）"

遗属的心情是复杂的，然而他们都想要洗刷"不白之冤"。但是政府并没有出来解决问题。

在中村，与清马的愿望不同，相关活动像海水退潮一样平静了下来，人们的注意力重新倾注到了秋水的身上。清马要发现新的可靠的证据并在司法场合争取无罪已非常困难，近乎绝望。在运平的家乡，情况也一样，专业研究暂且不论，从被国家所杀这一角度把握和评价运平的活动以及市民意识就像绿芽刚一露头就被冰雪覆盖了一样，再次被埋入冻土之下。在没有出过秋水那样的"角色"的地方，"大逆事件"中的这些人是有罪的这一认识，虽然在社会中有所动摇，却依然根深蒂固。复审申请被驳回一事的影响竟然如此之大。但是，清马并未因此而气馁。

在向众议院申请弹劾长谷川时，清马充满了战斗的激情。即使在向最高法院提出的特别上诉被驳回之后，为了再次提出复审申请，他仍然在到处收集资料，见到一个人就强烈要求与对方握手，说"拜托了"。同时他还秉持其一生不变的天皇观，念叨着要向天皇直诉等。在清马的词典里，没有"放弃"和"失败"，他还是坚定地希望要通过审判给自己平反。然而，当时在中村当地，人们觉得和他交往"真是累死了"，北泽保这样告诉我，虽然时间已经隔了那么久，但是北泽保说这话时脸上仍然流露出对清马的抱歉的神情。人们和他拉开了距离，或者说他被人们疏远了。清马如此表现不仅源于其个性，与其近二十五年被囚禁在高墙之中、不具备与他人妥协的处世之道也有关系。在这种情况下，其养女道枝的存在就显得尤为重要。当时除了道枝，经常在他边上、和他说话的只有市议会的议员尾崎荣。虽然清马似乎并不在意，但是其内心大概很寂寞。不过，来自市外的那些支持他申请复审的人仍然继续和他交往，或许也是因为这些人平日里并不和他生活在同一地方。1964 年夏天，成石平四郎的外孙冈功首次来中村，受到了清马的欢迎和接待，那一年冈功二十一岁。从那以后，冈功一直说，"清马先生是我在'大逆事件'问题上的老师"。

　　1974 年 12 月 5 日早晨，清马正要像往常一样牵着狗出去散步，不料身体被狗绳缠了一下，一脚踏空，从自家二楼的楼梯上重重地摔了下来，因为背部受伤、脊椎疼痛住进了西南医院。当时道枝在他身边照顾他，一直到 1975 年过完新年才恢复健康。当他着手重新申请复审时，精力一下子又变得旺盛起来。但是毕竟已是年迈体衰，1 月 15 日早晨吃早餐时，因为一口痰堵住气道而去世。道枝和尾崎给他送终，时年八十九岁。当无法通过法律手段恢复名誉时，清马像在鼓舞自己似的说过："我会努力，争取活的时间比现在长一倍。"

东京经济大学教员大原慧从一开始就协助清马申请复审，当时他是一名"大逆事件"的研究者，后来继森长之后担任了"大逆事件事实揭示会"的事务局长，他在清马的追悼会上这样说道："总之，他一步也不让。即使森长希望他说话温柔一些，他也不肯让步，说不行，我就是这么想的。清马先生常常是人家还没问他就开始说，而且从头说到尾，搞得律师走投无路。他之所以会这样，正是因为他坚信自己是清白的。即使年老体衰，他也绝不示弱。尽管如此，大概是 1972 年，有一次他紧紧地抓住我的手对我说，'大原，不管怎样，总之我还是希望再次申请复审。你是事务局长，所以我希望要克服任何困难再干一次，这是我拜托你的事'，说到这里，他的眼泪不住地往下掉……"（以上根据大原慧讲话要点总结。演讲录音带由啄木研究者伊藤和则提供。）

清马的墓和秋水一样，在正福寺的墓园里，位于师冈千代子墓的右侧，最里边靠着墙边的位置。它是 1977 年 1 月 15 日由"大逆事件真相揭示会""中村地区工会协议会""追悼坂本清马之会"三家联合建造的。清马假释出狱后，养女道枝一直照顾他，支持他实现复审的愿望，时间超过三十年。清马去世时她五十九岁。二十一年之后，1996 年 5 月 16 日，道枝在清马住过的同一家医院去世。道枝去世后，两人的牌位被安放在了位于道枝的故乡爱媛县爱南町的常宝寺。

1983 年 6 月，森长离开了人世，他虽然被清马弄得很头疼，但还是在法律问题和事件研究上给了生活清贫的清马很大帮助。在森长之后，大原也于 1985 年 2 月 17 日在英国谢菲尔德大学留学期间突然去世。

"他是因为冤枉而被判有罪，并因此坐了二十五年的牢，所以他大概会认为，要消除这一怨恨就必须在审判中获胜、被判无罪，否则无法恢复名誉。我在清马乱糟糟的书房里见过他十多次，每次见面他总是紧紧地握着我的手说，希望你能帮助我消除这份怨恨。当时我感到这事恐怕是不能推辞的。当然，我也不想躲避，因为我觉得，清马申请复审一事关系到未来，就将有关这一事件的记忆传递给未来而言，意义非常重大。不过，清马去世后，森长觉得申请复审会给成为申请人的人造成很大的负担，所以今后可能还是开展市民性的平反活动比较好。"听着继大原之后担任事务局长的山泉进的话语，我想到了森长的胸襟，正因为如此设身处地为"大逆事件"受害人着想，森长才能与清马一直交往到最后。虽然不要说一百五十岁，他连活到一百三十岁的梦想都没有实现，虽然清马不会说"再来一次……"了，他也不会再提出复审申请，但是，他的执念将在很大程度上得到继承，尽管形式不同。

# 尾声　希望

2010 年 4 月 29 日在运平墓前举行的祭扫活动

"时间"是残酷的，无论多么骇人听闻的事情和案件，都会因其而被忘却。它冲走受害者的愤怒，吞没他们的眼泪，压碎他们的仇恨；而与"时间"共存的我们，很容易在无意之中成为"时间"的"共犯"。但是，偶尔一次的邂逅也会让这样的"共犯"大吃一惊。

当我看到有绿色边框的两封"电报送达纸"时，不禁倒吸一口凉气，感觉身体一下子变得僵硬起来，一百年的时光"嗖"地飞了过去，眼前浮现出的是突然被夺走最爱的人，甚至连心灵的归宿都失去了的妻子和孩子。

"请来此处拜托"——一张看上去并不很破旧的电报纸上写着这样几个字。发电报的是堺利彦，收电报的是当时已经回到弓削娘家的森近繁子。另一封电报发、收报人也分别是堺利彦和繁子，上面的内容是"请明晨过来拜托"。两封电报的发报人地址写的都是位于冈山笠冈的"岩居"旅馆。是的，这两封电报是堺利彦在路上发出的，得以幸免于难的堺利彦在岩崎革也的资金支持下，于1911年樱花飞舞的3月末起，踏上了慰问"大逆事件"中罹难者遗属和家属的旅途。这是他为了见森近运平的妻子繁子，分别于4月7日和8日从笠冈的旅馆发出的电报。关于堺利彦的慰问的情况，前面已有述及，但是相关资料原来只有尾随其后的警察的报告以及堺利彦事后所写的记述《暮春的旧衣裳》两种，现在

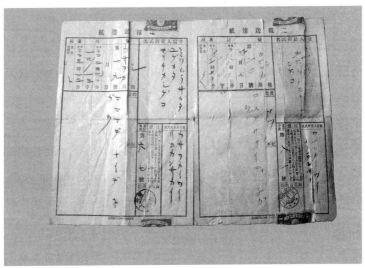

历经百年沧桑新发现的与森近运平有关的书信（上），以及堺利彦发给森近运平的妻子繁子的电报（下）。（在弓削宏之家中拍摄）

堺利彦的电报原件打破长时期的沉默跃然而出，令人激动不已。

收到两封电报后的繁子，那天早上，一定是手里紧紧地捏着电报，极力按捺住急迫的心情，从位于三和村的老家佐方（当时的名称）赶到旅馆的。看着这两封只有寥寥数字的简短电文，我的视线逐渐模糊了。这两张意外出现的电报纸上的浅浅的折痕，应该是繁子手掌留下的痕迹吧。

弓削繁子出生的娘家位于浅口市金光町的佐方，我是2009年6月21日午后去访问的。高知县立文学馆原学艺课长、长期从事森近运平研究的别役佳代当时联系我，说"繁子的娘家发现了一些与运平先生有关的资料，你要去看一下吗"，于是我就和"森近运平讲述会"负责人、冈山大学荣休教授坂本忠次，以及金泽星陵大学荣休教授森山诚一一起去了。

"因为快速路建设，要动迁，所以我们开始整理东西，在整理正屋二楼时发现了这个纸箱，里面有与运平有关的信啥的。我没有见过繁子，也不大关心此事，所以搞不清楚……"说话人是弓削宏之（1934年出生），他是繁子的哥哥的孙子，繁子的哥哥名字叫新。弓削宏之一边说着一边在我们的面前打开了纸箱盖。出现在我们面前的有运平在狱中写的上面盖有检查印章的信，他在冈山县官厅工作时的信，结婚时的信，大阪平民社时期的信，在东京开咖啡馆时的信，同志的来信，给妻兄新的信等等，分成了一沓一沓，但未整理。里面甚至还有一封夹着菊代出生时的胎发的来信。想起了二十多岁就去世、生前连父亲的"遗言"都不知道的菊代，我不禁眼眶发热。前面提到的那两封电报就夹杂在这批数量庞大的书信中。

有一张来自堺利彦的女儿真柄的绘画明信片，从中可以窥见两个同龄的社会主义者的孩子之间的心灵沟通。在这些信件中还有堺利彦的妻子为子在运平被处刑后给繁子的慰问信以及来自秋水的妻子师冈千代子的明信片和慰问信。

"刚才我高兴地拜读了您寄来的明信片。或许您很遗憾，其实这次的事情我真的无法对你说什么。我知道您万分悲伤。不过，虽然您的丈夫给您带来了无尽的麻烦，但是他毫无贪欲，做的事情很伟大，所以我相信一定会有人替他报仇的……"这是千代子在 1 月 26 日，即运平被处刑后不久寄出的慰问信。信中含有感谢的话语，所以大概此前繁子寄来过明信片。千代子信中的"报仇"一词，像是把自己作为秋水前妻的想法与运平妻子的想法重叠在了一起，读来印象深刻。这封信相当长，在末尾作为补充，还加了一句"我很讨厌狗和记者"。这里的"狗"毫无疑问指的是警察，她在其他明信片上也写过"狗很讨厌"。

这批书信有八百多件，就进一步确定运平的思想和行动以及家庭关系等以还其清白这一点而言，也是宝贵资料。"大概我的祖父新曾经嘱咐过我的父亲元雄要好好保存这批书信，但是我过去什么也没问过。或许问我母亲就清楚了，但是她现在已经一百零八岁，恐怕也回答不了了。因为我不关心此事，所以……"宏之说着，听上去像是有点抱歉，但是考虑到从事件当时开始持续了一段时间的镇压风暴，以及连繁子都被列入了"需监视者"的名单（1911 年 6 月）等情况，这批书信能够保存下来就已经很不容易了。当年繁子在撕心裂肺的思念中，将菊代托付给了运平的父母，回到了娘家，甚至在法律上与运平离了婚，但是她却随身带走了大量运平亲笔书写的书信，这难道是她的公公等人的安排？想必繁子直到去世，一直将包括运平亲笔写的书信在内的这些数量庞大的书信放在自己的身边，因此她的爱恨与悲伤才得以穿越百年的沉默，与现在的我们相遇。

看到这些书信物品，我想起了已故的久保武。1991年，他在井原市乡土史研究团体井原史谈会的帮助下，成立了"森近运平讲述会"。虽然在他生前我们没有来得及见面，但是不知怎么，我总是会想起他留下的那张表情柔和的相片。卸下仓敷市议会议员一职之后，久保武把家搬到了妻子的故乡井原，把精力投入到了之前就开始的运平研究及为其平反的活动中。当时在井原的相关活动已经进入低潮，但是他去了之后又将活动重新振兴了起来。但是，如同本书前言中所提到的，他于2006年突然去世了。我开始参加讲述会的扫墓活动是在久保武的妻子富美子继承了他的工作之后。2008年4月，我参加讲述会组织的扫墓活动，去过位于佐方的繁子墓。久保武一直希望井原市议会能够通过一项给运平平反的决议，当然，如果他当时看到师冈千代子给繁子的慰问信的话，或许会认为，其实在社会层面或者市民层面的"平反"就是对国家的"复仇"，因为久保武在世时，就已经敏锐地察觉到新宫地区相关活动的活跃，并对此充满期待。

那是1996年3月初一个夜晚发生的事。当时是早春时节，距离议会定期会议开幕大约还有一个月。新宫市议会议员芳井昤吉正在平时关系就很密切的建设公司经理大辻泰三的家中，与同僚议员前田贤三等人一起研究12日就要开始的有关议会预算一般质询事项。说着说着，不料大辻从书架上取出一本厚厚的书说，希望给"大逆事件"中罹难的大石诚之助平反昭雪，恢复名誉。那本书就是森长写的《禄亭大石诚之助》，这是芳井第一次看到这本书。大辻生于1940年，喜欢历史，也爱好读书。他在二十岁左右时看到过当时的乡土史专家仲原清到与大石认识的人家去，希望对方能提供与大石有关的资料却遭到拒绝的情况。当时对方说："事到如今，不希望再提这些事了。"他看了森长写的书之后，觉得"新宫市民好像应该更多地了解大石"。

芳井1932年出生于三重县桑名市，在辗转各地之后，二十岁时来到新宫定居，这里是他母亲的故乡。他是1987年和前田一起首次竞选市议会议员并当选的，此时已是第三届连任了。两人都是保守系的无党派议员。此前，芳井对"大逆事件"只是听别人说大石是"逆徒，逆贼"之类的，有所耳闻但并不关心，因此，面对大辻出乎意料的建议，他一时有点不知所措。但他马上想到，在新宫市1996年度的预算草案中，列入了用于保存文化学院创立者、大石的外甥西村伊作的纪念馆的调查费，借着这个名义就可以对该事件和大石的事情进行质询了。于是他"临时花了几乎一整夜的时间看了"从大辻那里借来的《禄亭大石诚之助》，"深受启发"，知道了大石是国家权力捏造出来的事件的受害者。1996年3月21日上午11点过后，在审议预算的议会会议上，芳井在质询完与阪神淡路大地震灾害有关的熊野川上游大坝安全问题等之后，向市长质询起了"大逆事件"和大石问题。

芳井：接下来是关于"道克特大石诚之助"的事情，预算大纲中有用于将西村纪念馆作为近代文化遗产加以保存的调查费项目，一位市民看到这个后向我建议，希望为西村伊作的舅舅大石诚之助平反昭雪，恢复名誉。请问市长，您如何看待大逆事件和大石诚之助之间的关系？

市长岸顺三：战前是以军部为中心的政治体系吧，我认为是在那种环境下产生的冤案。关于大石诚之助，也就是那位医生的事情，有的人称他为"道克特大石"或者"毒克特医生"。我听老一辈的人说，在明治时期，在旧制下的新宫町，他作为"毒克特医生"、老百姓的医生，非常热心地给大家看病，当时我的祖父母常常带孩子去看病，而且没钱的时候他也给他们看。这些事在我们小时候就经常听到，铭记在心。市民中很多人都充分肯定"道克特大石"的功绩；还有在史迹中，好像不是新宫市史，而是医生的遗稿或是原来报纸记者写的关于新宫市的逸事中，都记载了大石诚之助先生作为一名医生给各阶层市民的帮助。就此而言，我认为他是一位优秀的医生。

这是自 1933 年町改市以来，包括战争之前、战争当中，当然还有战后，"大逆事件"以及被处死的大石的事情首次在议会上被提及。在此之前，即使在有事件牵连者的高知的中村，以及运平的故乡冈山井原，或者是熊本等其他地方，也从未有过在议会上提及"大逆事件"的情况。正因为如此，芳井议员的质询本身就可以说是划时代的。更何况他在质询中还提到了恢复名誉的问题。战后，随着"大逆事件"是国家权力犯罪这一事实被揭露，发生了《熊野志》（第六期）事件，这一事件表明，"大逆事件"发生后新宫成了"恐惧之地"，长期生活于此的市民，思想受到禁锢，很难摆脱禁忌。岸顺三市长在回答质询中略微涉及该事件是冤案这一事实，并赞扬了大石的功绩。芳井市议员和市长的问答继续进行：

芳井：根据我自己这次调查到的情况，所谓"大逆事件"是
　　　以元老山县有朋为首，包括总理大臣桂太郎、司法省
　　　民刑局长平沼骐一郎等在内的当时的国家权力为彻底
　　　清除正在兴起的社会主义运动，利用破获宫下太吉等
　　　人准备暗杀天皇的阴谋的机会，将当时法律上没有问
　　　题的、分散各地的社会主义者事件像是互相有关联似
　　　的合在一起制造出来的。本地受到牵连、被处死刑的
　　　是大石诚之助。大石诚之助出身于一个具有艺术家氛
　　　围、有点新派的家庭，而且是美国回来的博士，比较
　　　前卫，加之家境殷实，性格又有点过于随意，被视为
　　　当时社会主义、无政府主义者的靠山；他给到访新宫
　　　的那些主义人士提供庇护，让他们寄宿，因此和幸德
　　　秋水等人也有了交往，并义气相投；最终被强行牵扯
　　　到"大逆事件"中，受到连坐，真相好像就是这样。
　　　自那以后，一直到昭和二十年（1945）战败为止，新
　　　宫人受到歧视，连近卫军都不能参加，名誉严重受损。
　　　我认为，在此之际，作为新宫市应该给大石诚之助洗
　　　刷冤屈，恢复他的名誉，哦，不，应该是恢复新宫市
　　　的名誉。市长，您觉得怎样做才能恢复名誉？

市长：我觉得关于此事为冤案的问题，随着战后种种情况的
　　　变化，而且这件事在出版物里也有写到，所以大家对其
　　　真相好像已经有所了解。至于您提到的问题，我们也在
　　　考虑可否在市报等刊物上宣传"道克特大石"的事迹。
　　　我觉得可以介绍一下他为我们祖辈所作的种种善举。

芳井：能够有办法在法律上恢复他的名誉是最好，但是如果
现在不可能，我强烈希望，作为新宫市要研究恢复其
名誉的办法。除了刚才市长讲到的在市报上开展恢复
名誉的宣传外，还应该在这次西村纪念馆完工后在馆
内设立大石诚之助之角，陈列有关"大逆事件"和大
石诚之助的书籍，并布置有为其平反内容的解说等，
市长以为如何？

市长：我感觉十六号议员（芳井议员）的建议非常好。如您
所言，他与西村纪念馆有渊源，我认为最好以纪念馆
落成之日为目标时间节点作进一步研究。

2005 年，当时已经卸去议员一职的芳井告诉我："当时我是
根据大辻的建议，借了本书看了之后受到的启发。在议会中提出
问题是想要投一块石子，其实并没有想好具体如何为他恢复名
誉。"芳井议员"完全没有想到"自己在议会中投入的这块"石
子"会成为原本蒙上了"恐惧之地"阴影的新宫氛围变化的契机。

市长的答复迅速得到了落实。市里的宣传报纸《新宫》（月
刊）从 1996 年 11 月这一期开始，连续三期在《人物》专栏中各
用一页的篇幅介绍了大石诚之助、位于市内的真宗大谷派净泉寺
的僧侣高木显明以及在新宫出生的临济宗妙心寺派僧侣峰尾节堂
三人的为人。虽然介绍的内容都很简单，但这是一份分发给所有
住户的报纸，而相关的介绍又是建立在该事件是国家权力制造的
冤案这一认识基础上的。

这是行政当局所作的首次尝试，也就是说，在《熊野志》（第
六期）事件后大约过了十年，情况开始发生变化。

1972年刊行的《新宫市史》记载道："从（判决死刑的）18日开始，仅仅过了六天，24日，大石、成石（平四郎）就与其他死囚一起在东京监狱的绞首架上被杀死了。"（第508页）在市史这一官方史书上，没有使用"执行死刑"、"处刑"这样的词语，而是使用"被杀死了"这一表述，表达了对于此事的认识。新宫市史中的这一表述具有标志性意义。虽然在事件发生后不久，当时还年轻的诗人佐藤春夫受大石的强烈影响，写过一首具有批判精神的诗，名为《愚者之死》，发表在当时受到限制的杂志《昴》（1911年3月1日刊行）上，其中也有过"大石诚之助被杀死了"的诗句。但是后来佐藤变了，写了大量颂扬战争和赞美天皇的作品；运平的妹妹荣子说过"运平被国家杀死了"，但是她的这一愤怒的自言自语是私下里发出的；而在其他相关市町村史中未见有"被杀死了"这样的表述。

当然，市町村史之类的，普通人不大会去看，所以不能说《新宫市史》上关于该事件的认识就是市民共同的认识，但是在以往令人"恐惧"的新宫，对大石的敬畏之情好像并未消失，存在着某种通过大石从另一个角度看待"大逆事件"的迹象。"横滨事件"的受害者、新宫出身的木村亨儿时从其祖母那里多次听到的一个故事就是代表。"道克特大石绝不收穷人的钱。他说如果来看病不好意思说没钱的话，在玻璃窗上敲三下就可以了。这样的医生不可能犯大逆罪啥的。"

这个"咚咚咚"敲三下的故事像是民间传说，在当时的新宫广为流传。中上健次[1]出生于新宫，写过许多以新宫为舞台的小说，

---

1　中上健次（1946—1992），日本当代著名作家，出生于新宫市。

他在 1977 年写道："大石诚之助之所以在我的脑海中不是一个历史人物，而是一个活着的、有血有肉的人，就是因为那个'嘣嘣嘣'地敲玻璃窗的传说。我岳父的母亲，对我而言也相当于祖母，她就那样敲玻璃窗，请他看过病。"（《我心中的日本人》）中上还揭示了大石等人的思想的核心，他写道："听到'嘣嘣嘣'敲窗户的声音，开开门请看病的人进来，那就是大石诚之助的无政府共产的含义。"由此可见，《新宫市史》中出现了"被杀死了"这一表述，也可以理解为人们对大石，同时也是对"大逆事件"的私下里的认识终于表露了出来。在新宫，这种认识长期以来一直在地下涓涓地流淌着。经过了复审申请的提出和被驳回，到了 20世纪 70 年代，在其他地区确实也出现了一些看上去像是变化征兆的事。

光泽寺，位于甲府市相生三丁目，这里也是真宗大谷派在甲府的别院。在这座寺院的墓园里，有一块宫下太吉的墓碑。宫下出生于甲府，他虽说是整个事件的开端人物，但好像在案件审理过程中很孤立。他被处死后先是被暂时葬于位于杂司谷的东京监狱的集体墓地，2 月 5 日由堺利彦等人送至落合火葬场火化，骨灰被送至其胞姐居住的甲府，据说葬在了位于光泽寺的宫下家的墓地。墓石上没有宫下太吉的名字，但是 1972 年 9 月，以山梨地区的工会活动分子、文化界人士为中心，捐款六十万日元，建起了一座大的石碑。

2007 年 7 月下旬，我和新宫的人们一起，顶着酷暑来到了他的墓地。碑上的铭文"我 随时准备 跃身而起"取自石川啄木《墓碑铭》，字则是山梨农民运动的元老秋山要书写的。我起先感觉啄木的想法和宫下的实际行动之间有些不一致，但是转念一想这句诗也许最适合当初的宫下。走到石碑后面，发现刻有这样一段文字："革命工人宫下太吉长眠于此。宫下于1875年（明治八年）9月30日出生于甲府市角町八十三番地，是一名机械工，长期做工，其挺身参加黎明时期日本的工人运动而遭受绝对权力的迫害，因批判天皇制而落入所谓大逆事件之陷阱，于1911年（明治四十四年）被处刑。我等同乡之人，为缅怀其先驱作用、传递大逆事件之真相，特立此碑。1972年9月23日，宫下太吉立碑实行委员会"。碑文是上世纪70年代初撰写的，自那以后，三十年岁月像是已经拂去了立碑时的热情，碑身已倾斜，墓地周围也是一片荒凉和寂寞的景象。"宫下先生的墓很少有人来。"看管墓园的年轻僧侣的话令我想到了宫下的孤独。

管野须贺子被葬在位于东京代代木的正春寺的墓地里，1971年7月11日在那里竖起了石碑。石碑的正面镌刻着堺利彦书写的"阳光透过窗户黑色的铁栅栏照在墙上，我守着移动的日影，时光飘然而逝"，这句诗是管野在狱中吟诵的。背面写着"革命先驱管野须贺长眠于此 1971年7月11日 大逆事件真相揭示会 建 寒村书"。每年1月下旬，即在管野被处刑日前后的星期六，很多人会从全国各地来到这里，参加大逆事件真相揭示会举办的追悼集会。这一集会已经延续了半个世纪，尽管期间有过中断。

在促成上世纪70年代出现上述变化的因素中虽然也有来自时代潮流的影响，但是这种潮流并没有强大到能够在社会层面为受害人平反的程度。进入90年代以后，长期沉默的佛教教团突然开始行动，给纪州熊野的人们带来了新的动力。

前面已经提到过高木显明的平反经过，但是实际上内山愚童的平反更早。

　　乘坐登山电车从箱根汤原站出发，十八分钟后来到了大平台站。一出站就可以看到曹洞宗的林泉寺，它坐落在面向一号国道的拐角处。每年正月的"箱根驿传"[1]的时候，选手们在林泉寺前的公路上跑上跑下，"加油"声在清冷的山间回荡。2007年11月，箱根路上秋色尽染的时节，我来到了林泉寺。进了寺院，沿着一条由左向右的陡坡稍微往上走一段，在本堂正后方一块不太大的墓地的一角，有一块小小的墓石，上面刻着被处死的内山愚童的名字，他曾经是这里的住持。这是一块四五十厘米见方的天然石块，它被静悄悄地置放在那里，在它的跟前什么也没有写。寺院现在的住持木村正宪告诉我，愚童被处刑后，他的骨灰就埋在这里。

　　"愚童在的时候的棕榈树现在已经没有了，枯掉了，但是榧树还在。"木村一边说着一边双手合十。当时的大平台一带人们非常贫穷，愚童提倡自由、平等、博爱的相互扶助的社会，打算在这里度过一生。大约从1977年左右开始，每年1月在他被处刑的那天，痴迷于他的无政府主义者等宗门外人士都会在此聚集举行"愚童追思会"。受到热烈的环境的影响，1992年2月，前住持木村正寿向曹洞宗的首领宗务总长及人权拥护推进本部长提交请愿书，要求取消对愚童的开除出宗门的处分，恢复其名誉。一年之后的1993年4月13日，愚童的处分决定被取消，但此时距离其被革出宗门实际上已过去了八十三年。

---

1　箱根驿传，全称为东京箱根间来回大学驿传竞走，是一项驿站接力赛，每年1月初举行。该赛事创办于1920年，是日本历史最悠久的长跑接力比赛，目前每年有来自二十所大学加上关东学生会共二十一支队伍参加。

　　我生于大正七年（1918），已经快九十岁了，但是我在十五六岁的时候就听说在这里好像出了一个坏和尚，被判了绞刑。怎么会那样的？当时我就有疑问，但是在那时的氛围下，这种事情是不能说的。我是昭和二十七年（1952）当上住持的，寺院里曾经有一个不明不白地被处死的住持，这件事令我很痛苦。愚童先生在的时候的寺院建筑已经在关东大地震中塌了，不过愚童用他的巧手制作的两尊高二十厘米左右的释迦如来像还在。一看到愚童塑造的这两尊小小的佛像，就觉得他仿佛还在我的身边。大平台这边住的，几乎都是寺院的施主，所以我曾经问过了解当时情况的几位老人家，愚童先生到底是怎样的人，谁知他们对我说，对不起，那件事情就别说啦。反正大家都说他是好人，但是除此之外大家都说不敢多言。那时的情况还是和当初一样啊。于是，我就读了愚童先生秘密出版的《无政府共产》《帝国军人座右之铭》《道德非认论》，以及他的手记《平凡的自觉》等，开始感受到他的魅力，知道了他是一位要求思想自由、否定一切战争、主张男女平等的人，而且发现愚童先生作为一位佛教徒，心系共同生活于大平台地区的穷人，立志要改变这一地区的状况。柏木（隆法）先生的《大逆事件和内山愚童》等书对我的影响也很大，加上周围的人们对愚童先生的评价不断提高，我开始想一定要给愚童先生平反。于是我对宗议会（相当于国会中的众议院）议员做工作，最后终于提出了取消处分的请愿书。有人问，不能再早点提出吗？我觉得在当时确实很难。还要考虑到"大逆事件"的性质，而且法律上又那么判了。……我们提出请愿也是因为那时在宗门内部出现了对过去协助战争以及部落歧视问题进行反省这一动向。

前代住持年事已高，耳朵又背，即使用很大的声音问他也听不清楚，借助于现任住持的"翻译"才把他讲的断断续续的话串起来。

2005年4月25日，曹洞宗在林泉寺愚童墓的旁边竖起了很大的表彰碑和解说牌。表彰碑的开头刻有愚童对友人石川三四郎所说的一句话："吾以为不准备死于该地则不能拯救该地之人。"

真宗大谷派撤销对显明的处分，这件事成为我前往新宫的契机。撤销处分的决定是在1996年4月1日作出的，比愚童的"平反"晚了三年。撤销处分的时间正好是芳井在市议会提出恢复大石名誉后的第十天，不过这好像是出于偶然。接下去，同年9月28日，临济宗妙心寺派撤销了开除峰尾节堂的处分。该教派也承认，对节堂的处分"尽管当时的时代环境极为困难，但还是应该说是错误的"。该派以宗务总长的名义表示，节堂作为一个人以及作为本派的一名僧侣，"被旨在维护国家体制的国策夺去了生存的权利，悲惨地死于狱中"，撤销对他的开除处分是因为"本派认为这是本派能够做的最大的忏悔"。

佛教三派曾经通过断绝与自家僧侣的关系来竞相证明自己对国家的忠诚，而现在又接二连三撤销了当初的处分。佛教这一宗教，是在与国家一体化、协助进行战争、站在歧视他人者一边、抛弃自家僧侣的过程中壮大起来的，而"平反"则是在重新审视上述历史错误的过程中完成的。其时间从清马他们提出复审申请开始计算的话，竟然历时三十多年。

在我小学五年级的时候，我们家搬到了一个新的地方，天野日吉当时就住在我家的旁边。他当时好像已经七十多了，我们都叫他"清凉大爷"，因为他总是穿着一身上下都很短的衣裤，给人一种夏天的感觉。他没有对我们直接说过什么，但是大概在我读高中的时候，听我母亲说过，他就是秋水到新宫来的时候，和大石等人一起去熊野川钓虾时的那个划船的人。详细情况我不清楚，但是在船上密谋用炸弹暗杀天皇，是"大逆事件"中被捏造出来的一个重要情节，所以听到母亲那么说，我感到有点吃惊。我母亲看过《大石诚之助全集》（森长等编，上下两卷），所以她应该是关注这件事的。至于我么，也比较喜欢历史，而且在东京念书的时候也多少参加过一些学生运动，回到这边以后，在从事各种各样的工作的过程中逐渐意识到，"大逆事件"是纪州熊野地区近现代史的起点。

中森常夫一边掩饰着自己的羞涩，一边断断续续地说了起来。他出生于 1944 年，是 2001 年夏天在新宫成立的市民团体"大逆事件牺牲者表彰会"（会长是原图书馆馆长二河通夫）的成员。他那被太阳晒得黝黑而有光泽的脸上长着一双柔和的眼睛，瘦削的身体里不时喷涌出足以压倒对方的能量。中森人脉广泛，从保守人士一直到自由派人士，又具有丰富的从事社会运动的经验，行动力也强，被公认为是能够在关键时刻站出来的人。

中森说他的母亲读过篇幅庞大的大石全集，联想到先前所提及的大辻泰三书架上的《禄亭大石诚之助》，令人感到熊野人对于事件和大石的想法有着非比寻常的广度和深度。《新宫市史》中使用的是"被杀死了"这一表述，这件事就是中森告诉我的。他当时还不知道芳井议员已经在市议会提出有关"大逆事件"和大石的事情，也不知道市议会正在讨论给大石恢复名誉。后来他在市里发放的宣传资料上前后三次看到了相关报道，那时的他心潮澎湃，"原来市里也在做这件事啊"。

　　我从二十多年前开始就一直参加有关环境问题的居民运动，不过想到要为"大逆事件"平反则是世纪交替之后的事情。我和 2008 年突然去世的大江老爷子（表彰会会员大江健之）也说过此事，想要为他们洗刷污名。因为我认识到，"大逆事件"是明治维新以后，导致纪州熊野受到中央权力的压迫、一直处于阴影之中的关键事件。实际上，当时大家都已经明白那是个冤案。但是，考虑到天皇的因素、国家的因素，各种想法很多，而最关键的是在法律上已经无路可走。在这种情况下，怎么做才能恢复被害者的名誉，拔掉扎在熊野身上的这根刺呢？当时我和大江老爷子讨论起来了。

　　就在中森开始考虑为了平反应该做些什么的时候，在新宫市内，以大谷派为主举办了"人权与文化：新宫论坛 2000"，目的是要在社会层面为该事件的受害者平反。新宫市官方从公共资金中出了一百万日元用于这一活动。活动持续近一周，许多市民参加了活动。中森知道此事后，"感到论坛的规模很大，但是更加重要的是有公共资金的投入，因为这表明新宫市官方也在做这件事。通过这一点我认为在为受害者平反的问题上，市里也开始有所动作了"。中森原本并没有关于如何实现平反的具体设想,但是看到市里有所动作之后,在他的脑海中,浮现出了一幅由市官方领头的画面,虽然这一画面当时还有些模糊。

熊野的市民有力量,重行动。2000年9月,中森、大江健之等十六名环境会议成员为了与"幸德秋水表彰会"开展交流,访问了高知的中村市。中村是全国范围内最早开展给秋水扫墓活动的地方,在那里,每年都在秋水的墓前开展扫墓活动。活动的主办方原来主要是工会,1999年刚刚转变为以市民团体为中心。在"大逆事件"发生约九十年之后,当时有人受到牵连的地区的市民之间开展交流,这不要说当时的受害者,恐怕连堺利彦、荒畑寒村以及大杉荣这些人也没有预料到吧。它是不可思议的,也是划时代的。大江的妻子,同为环境会议成员的真理也参加了这一活动。她清楚地记得在恳谈会上中森与当时中村的表彰会会长森冈邦广之间交流的场景:

> 中森问道,你们在从官方层面给秋水平反方面做了哪些事情?森冈举了几个例子作了回答,如建起了诗碑,上面有被认为是秋水绝笔的诗,另外还每年举行扫墓活动以及演讲会等。这时候中森问道,有没有在议会中通过表彰决议。一听到这个问题,森冈的脸上瞬间发生了变化,我至今都不能忘记当时森冈被问了一个措手不及的表情,因为我自己也没有想到过搞表彰决议啥的。

森冈担任过中村市议会的议长,还曾经是工人运动的活动家。当时他已经辞去了议员一职,但是开完这次交流会回去之后,他马上开始做议员的工作，以争取在议会通过表彰秋水的决议。他到处说服议员，说"20 世纪的问题应该在 20 世纪内解决"。但是阻力很大，有的人缺乏对事实的认知，毫无根据地说："他不是想要杀天皇吗？"还有人说，"连（坂本）龙马都没有表彰决议"，让人哑然。克服了重重阻力，最后总算形成了议员提案，并于 2000 年 12 月 19 日在市议会上全体一致通过了《表彰幸德秋水的决议》，此时距离秋水被处刑约九十周年，在中村市与其他地区合并、成立四万十市之前五年。

> 幸德秋水在此九十多年间，作为所谓大逆事件主谋，一直处于阴霾之中，值此二十世纪之最后一年，作为我等之义务，应依据正确之理解，给予幸德秋水为代表之相关者以评价，探讨恢复其名誉。据此，中村市议会决议，赞扬并表彰乡土先觉者幸德秋水之伟业。

这是"大逆事件"的受害者首次在由市民代表组成的议会中得到表彰。

在新宫市，2001 年 8 月下旬大江和中森等人成立了"表彰会"，此时他们已考虑要在议会中通过表彰决议。中森说："当时我们想要争取的不是议员提案，而是市长提案，因为由市政当局提出并得到通过的话，今后落实起来比较容易。在市长提案的基础上根据市民的总意来进行操作，影响完全不同。"于是中森就按照上述想法开始行动了。此时的新宫市长就是提供公共资金资助举办"论坛 2000"的佐藤春阳，他好像也赞成此事。这年的 9 月 21 日，在市议会全体会议上，市长提出通过《恢复大逆事件名誉宣言》的建议，得到全会一致通过。宣言写道：

> 大石诚之助、高木显明、峰尾节堂、成石平四郎、成石勘三郎、崎久保誓一所谓"纪州新宫集团"六人，在九十年前被迫遭受"大逆事件"连坐，被处死刑或无期徒刑。
>
> 然而，伴随战后相关研究之进展，此事件之真相业已大白。此乃于军国主义发展过程中，对自由主义者及社会主义者之镇压事件，彼等乃牺牲者。
>
> 彼等生长于熊野此开明环境之中，提倡和平、平等、博爱，乃我等之先驱。在此谨宣言，恢复一直以来被封闭于黑暗中之先驱者名誉，表彰彼等为家乡值得骄傲之先驱者。

这一宣言明确地将"大逆事件"定位于思想镇压事件，将熊野出生的六人定位于提倡自由、平等、博爱的先驱。因为有了这个根据市长建议通过的决议，在"表彰会"的进一步推动下，给六人建起了表彰碑，市政当局也为此支出了约九十万日元。2004年6月，在距离JR新宫站步行约五分钟的新宫市春日的市有土地上，建起了表彰碑，上面镌刻着"继承志向"四个大字。佐藤春夫纪念馆馆长辻本雄一是表彰会成员，也是纪州熊野地区研究"大逆事件"的第一人，他记得已故中上健次经常说到"志向"这个词，如"志向高远"等，他觉得"志向"这个词对六个人来说最合适，而且自由、平等、博爱毫无疑问是超越时空的"志向"，新宫市民会将其继承下去。就这样，新宫市民就在市民和游客日常都能见到的地方，堂堂正正地竖起了否定明治天皇制国家制造的附带有"大逆罪"的"大逆事件"的石碑。

在成石兄弟俩的出生地、与新宫接壤的本宫町（现在的田边市），也成立了"'大逆事件'牺牲者名誉恢复会"（会长是祐川寺住持丹羽达宗）。受中村市、新宫市相关活动的影响，该会也开始向町议会做工作。2004 年 11 月 11 日，町长向町议会提出发表恢复名誉宣言的建议，在会上获得一致通过。该町的宣言中的表述，比新宫的更进了一步：

　　成石勘三郎、平四郎兄弟，以及大石诚之助、高木显明、峰尾节堂、崎久保誓一所谓"纪州新宫集团"六人，于距今九十四年前，受"大逆事件"牵连，并于翌年 1 月被处死刑或无期徒刑。

　　然而，随着战后对该事件之认真查究，真相已被逐渐揭露。该事件乃当时之政府作为国策，为严厉镇压社会主义运动等而编造之虚构事件，六名牺牲者乃无辜蒙冤受罚之民。

　　彼等于近代日本之黎明期，身处纪南这方土地，为实践时代之新风尚及自由、平等、博爱之精神而奉献了生命，乃家乡之先驱者。

　　今此本町谨宣言，恢复长眠于黑暗中之成石兄弟及纪南先驱者们名誉并予以表彰。

饭田久代（生于 1927 年）是成石平四郎唯一的孩子意知子的表妹，过去当过老师。她在知道新宫市议会通过了表彰决议时写过一首诗，诗中写道："面对终于到来的表彰，浮想起大逆事件九十年的漫长。""九十年的漫长"，这中间凝聚了成石兄弟及其相关者多少苦难！

继通过表彰决议、建立表彰碑之后，新宫"表彰会"的活动进入第三阶段。

2009 年 11 月 20 日，"表彰会"向市长和市议会议长提出请愿书，要求在事件发生一百年时授予大石诚之助新宫市"荣誉市民"称号。请愿书是辻本起草的，篇幅相当长，无法在此全文介绍。以下摘出的这部分内容从认识到市民自身也有"加害责任"的历史观以及延续这一历史观的重要性这一角度，讲述了授予其"荣誉市民"称号的理由，传递出一种高远的"志向"：

> （大石诚之助）并没有因为其牺牲而在人们心目中变得伟大。国家权力的凶残性在于其通过将大石诚之助等人确定为"逆徒"，将正确的思想作为"危险的思想"加以镇压。如此一来，在那些将他们视作"逆徒"加以指责的人中间自然也就有了我们的祖父、祖母、曾祖父、曾祖母们，而且对此还可以简单地用一句"那是当时'时代'所迫，不得已而为之"加以回应。
>
> 但是，今日之我们希望，通过将大石诚之助作为荣誉市民加以表彰，正确评价大石诚之助的行动，诚恳地指出以往祖父、祖母、曾祖父、曾祖母们的错误，来正确地学习这一地方的历史，重新认识生活在这片土地上的我们的骄傲所在，并且，也是更加重要的，不断地向年轻人讲述。我们的希望仅在于此。

12 月，在市议会上，芳井议员曾经的同事、保守系议员前田贤一拿着这份请愿书要求市长做出决定，他指出，"这件事将留在新宫市的历史中"。市长只是说，"将慎重进行研究"，没有当场作出回答。得知有人在议会上提出授予大石"荣誉市民"称号的消息后，已经辞去议员职务的芳井昑吉激动得一时语塞，只说了一句"没想到会进到这一步……"

　　如同秋水是整个事件的标志性存在一样，大石是熊野六人中的标志性存在，授予他"荣誉市民"称号的意义自不待言。

　　在JR新宫站前，有一块很大的宣传牌，宽六米、高三米，上面写着"为熊野文化增光添彩的人们"。虽然节日庆典时未必如此，但是在平时这块宣传牌还是相当引人注目的。宣传牌上有东条、佐藤春夫、畑中武夫、西村伊作、村井正诚、中上健次六人的照片和介绍。[1]根据1960年制定的荣誉市民条例，"荣誉市民"由市长判断、经议会同意决定。现在当地共有十名"荣誉市民"，车站前挂着照片等的是其中的作家、词作家、天文学家、建筑家等文化界人士。我多次到访过新宫，也想过多次，什么时候在这些人中间也能加入诚之助、显明或者"横滨事件"中的木村。我在作为嘉宾参加"论坛2000"时，也说过这个话，但那时我是在认为此事不可能的前提下所作的一个比喻，而"表彰会"一下子超越了我的预想，直接提出了授予诚之助"荣誉市民"的要求。别说在五十年前，就是在十年前，这恐怕也是不可想象的。确实，相比于十名"荣誉市民"，诚之助的事迹不仅毫不逊色，甚至可能

---

1　东条（1877—1969），别名东条子，词作家，出生于新宫市。佐藤春夫（1892—1964），诗人、小说家、评论家，出生于新宫市。畑中武夫（1914—1963），天文学家，出生于新宫市。西村伊作（1884—1963），教育家、建筑家。新宫市荣誉市民。村井正诚（1905—1999），美术教育家，出生于岐阜县大垣市，但从小在新宫长大。以上五人与中上健次均为新宫市"荣誉市民"。

还超过他们。如果大石成为"荣誉市民"，这大概会成为地方民众对将其打成"大逆犯"的明治国家以及追认这一举措的战后司法机构开展强力反击的信号，并给有该事件受牵连者的其他地区带来巨大的冲击。辻本的长期研究积累与继承"志向"的市民运动的结合，要在面向太平洋的纪州熊野这片土地上催生出大海般的交响曲。而且，当地《南纪州新闻》持续、热烈的报道也在推动此事。诚之助是一个连五线谱都容纳不了的他的罕见的自由人，如果看到自己被套上"荣誉市民"的衣裳、收进箱子里的话，也许会扭动身躯，在白净的脸上露出苦笑，说这不符合我的性格，太拘束了。但是，这些拥有在其生活的时代无法想象的自由与宽裕生活的市民的出现，一定是他所期待的。

2008年11月下旬，我见了崎久保誓一的曾外孙雅和，此时距离"大逆事件"已近百年，在新宫，相关的社会环境开始发生很大变化。雅和出生于1977年，在我认识的遗属中年纪最轻。誓一假释出狱后一直住在自己的出生地御浜町，获得特赦之后也是如此，他依靠种植橘子这一家业维持生计，是唯一一位假释后一直没有搬过家的受害者。他本人好像也希望申请复审，但是在1955年去世了。他的女婿睦男支持复审，是当时为数不多的关注复审走向的遗属之一。

我肯定是在2002年见到曾经是著名的无政府主义者的向井孝（现已故）的。向井先生得知我是崎久保誓一的曾外孙后大吃一惊，当时端着玻璃酒杯的他"噗"的一声，刚喝入口中的酒都喷了出来。他紧紧握住我的双手，高兴得眼泪都流了下来……当时感到向井先生像是我曾外祖父的好朋友。

因为之前从未遇到过那样的人，所以当时我很吃惊，觉得不可思议，不过还是有点开心。

我小时候就总觉得曾外祖父出过事，但是完全不知道是什么事。后来才逐渐知道原来是"大逆"。到了初中，在课本或者是资料集上，看到了有关当时大审院判决的报道的照片，才终于知道是这样，原来是真的。不过即使如此，当时我也完全没有觉得那是做了坏事。不仅如此，我甚至还觉得能够写进课本里，"真是厉害"。老师也对我们说，他是一位"优秀的人"，这样我就更加觉得他"厉害"了。

以前，我看过曾外祖父誓一写的笔记，上面记载了这样的事，好像在某个村子里，有个女人因为被人当作狐狸精之类，受尽了折磨——笔记上写着，这种事情必须消除。我觉得他是一个非常具有现代意识和理性思维的人，也是一个意志坚强的人，立志要消除不合理的事情，推动社会向好的方向发展。

关于复审申请吗？是的。我知道森近运平先生的妹妹提出了申请，但是我自己该怎么做，关于这一问题我一时无法回答，不过睦男爷爷等于是我曾外祖父誓一的儿子，我对睦男爷爷和亚也奶奶非常尊敬。

雅和是那么年轻，但他说到有关其曾外祖父的表彰决议时，话语却有点含糊了。

关于新宫市议会的表彰决议，我很高兴，很不容易，也很感谢。但是要曾外祖父所在的当地的议会同样进行表彰，这件事有点……

　　看到崎久保曾外孙的犹豫，我再次联想到"大逆事件"阴霾之浓厚与漫长。那些被赶出出生地，与家人生离死别的受害者及家人，以及那些相反、无处可去只能继续生活在出生地的受害者及家人，他们的痛苦和辛酸以不同的方式和程度深刻残留着，一直延续至今，并且混入了复杂的感情。我的思绪再次回到了森长1965 年写的《风霜五十余年》中的一段话："众多被告的家属以及免于死刑的被告，由于官府的压迫和官僚政府的教育宣传，有多么痛苦，又忍受了多少痛苦……时至今日，一想到遗属们的痛苦在五十多年后的现在依然部分地持续着，我更加痛感到大逆事件是世纪大案。"即使将这段话里的"五十多年后"换成"一个世纪后"，在一些地方仍然适用。

　　确实，从熊野地区市民们的令人刮目的积极活动中，我感受到了民众中所蕴含的改变长达百年的黑暗而沉重的社会意识的"潜力"，这种社会意识是权力犯罪造成，也从中看到了从黑暗掠过的希望。确实，即使在中村，也常年举行表彰活动；在被称为"冻土之下"的运平的故乡井原市高屋也有一些亲戚参加了2009 年的扫墓活动。但是，即便如此，今川德子在2010 年早春寄来的信中说道，"高屋的冻土还很厚很厚"。熊本有四名受害者，虽然如前所述，2004 年，在当地的家乡振兴活动中，在松尾卯一太的墓地竖起了小小的说明牌，但是还没有出现像中村、熊野和井原那样的来自市民的相关活动。在古河力作的家乡小浜，至今还一点都听不到社会上有任何为他平反的声音，不过小浜有水上勉的"若州一滴文库"，去那里可以知晓古河力作的生平，由此也能激发出对他的想象。只要目不转睛，即使在黑暗中也能看见；只要聚精会神，即使在沉默中也能听到；机会是存在的，社会意识不断变化的可能和希望也将由此产生。

　　明治"大逆事件"并未随着世纪舞台的转换而落下帷幕，尚未终结的它仍在继续上演。

# 后　记

"我是佐藤！"

总编辑佐藤北江自报家门道。

"我是石川！"

石川啄木也这样介绍自己，随后两人哈哈笑着分手了。

《诗人记者石川啄木：在〈朝日新闻〉的三年间》（载《朝日新闻》晚刊，2007 年 12 月 1 日至 2008 年 3 月 29 日）中这样描绘佐藤和石川见面的场景。这篇连载从啄木应募《朝日新闻》社校对工，即从所谓的面试环节写起，差不多每周一回，总共有十七回。这是一次出色的策划，充满趣事轶闻的报道从朝日新闻社内部的角度描绘了啄木作为一个普通人的形象。因为连载的那段时间我正好在集中采访"大逆事件"，所以尽管写的是趣事轶闻，我还是满怀期待地一回一回往下看，我想知道"朝日"内部是如何描述啄木和该事件的关系的。如同本书也已提及的那样，啄木受到"大逆事件"的很大冲击，他自己承认该事件导致"余之思想发生一大变革"。要了解后期的啄木，无法回避"大逆事件"。

但是我的期待完全落空了。长篇连载中涉及该事件的内容非常少，仅有寥寥数行。我想，对于媒体而言，"大逆事件"现在难道仍然是无法发挥媒体精神的主题吗？

说到明治的"大逆事件"，很多人脑子里会浮现出幸德秋水、管野须贺子等，或许还有人会想到熊野新宫的大石诚之助、冈山的森近运平，或者进一步想起此事件的开端人物宫下太吉、禅僧内山愚童，然而有多少人会想到同样被处死的新美卯一郎、松尾卯一太呢？至于被减为无期徒刑后死于狱中的佐佐木道元、三浦安太郎、冈本颖一郎等人的名字更是几乎不为人们所知晓。"大逆事件"涉及的并不只有秋水和须贺子等人，在其中被迫遭受连坐、受到审判的有二十六人。从这样的视角出发，"大逆事件"的画面层次感就会变得很丰富。

我是 1979 年左右开始踏上采访他们的遗属和周边环境之旅的——我称之为"行走"。那些被强行连坐的人，虽然各自程度和想法有所不同，但都属于当时社会中的少数派。然而，他们坚持不参与并且反对战争的生活方式，作为宗教人士关心遭受歧视者，思索如何才能实现平等、自由的社会，以及如何处理国家、天皇和个人的关系等这些每一个活着的个体无法回避的问题。他们是一些生活在烦恼、冲突之中，时而又有些性急的人。他们在社会主义和无政府主义等思想影响下发现的这些问题，既是当时文学和思想的题目，也是当时媒体的课题，同时也是当今的问题。


"时至今日，为什么会发生'大逆事件'，大家都知道了吗？"

我在"行走"的途中被从事自由主义市民运动的人这样问道。"大逆事件"是国家将个人的思想——自由、平等、博爱——视为犯罪加以审判的事件，是扼杀所谓心灵自由的事件，这一点已被人们所知晓，我也是在这一前提下踏上采访之旅和写作的。但是，"大逆事件"是为了打压对国家不利的思想，以发生的某一件事情为契机，将虚构的故事当作真实，直至合法地将市民从肉体上予以消灭的极为暴虐的事件，关于这一点是否也可以说人们已经深刻地"知道了"呢？正是国家时而表现出的"虚伪性"和"暴力性"导致了"大逆事件"——读大石、森近等人在狱中所写的书信等，感觉他们似乎已经看出国家具有的那种性质。因此，那种将"大逆事件"仅仅视为过去发生的一起思想镇压事件的认识是不充分的。

　　媒体像是在回避百年来那些在"大逆事件"中被杀的受害者、他们的遗属以及周围的人们的生与死，我甚至需要借助啄木方能行走于他们中间。我听了众多相关者的讲述，思考了被"时间"所风化的周围的景象，倾听了就连风声也会使其颤抖的人的诉说，并追问，这个长期压迫被卷入事件的当事人和遗属的社会，在一百年的时光中是如何发生变化的？或者说这个社会其实并没有发生变化吗？另外我还相当深入地了解了"横滨事件"的复审申请，这一事件的性质和结构与"大逆事件"极为相似。

　　在"行走"的过程中，我有过意外的相逢和新的发现，有过无言以对，有过涕泪交加，有过怒火中烧，有过欣喜若狂。我曾因一张纪念照片而为松尾卯一太妻子的一生黯然神伤，曾因小松丑治和春子夫妻的爱情与孤独而难过得说不出话来。当我拿起细井好家里那张满是色斑、已经变了颜色的繁子和菊代母女的照片（见本书第五章插图）时，不禁想起了国家的"暴力特征"。在坂本忠次先生的帮助下，我得以看到有关武田九平的书信和珍贵照片。当在弓削宏之的家里，与森近运平有关的书信展现在我面前的那一刻，此次旅行达到了高潮——数量庞大的书信静静地放在那里，似乎就在等待这一刻。

之所以有这些相逢和发现，是因为有以已故神崎清先生为代表的许多先行者的长期研究和调查，他们的工作留下了数量庞大的成果。如果没有这些，我的"行走"是不可能的。尤其是得到了大岩川嫩女士细致而精准的指导、帮助以及行动上的支持和鼓励。她告诉我的已故森长英三郎律师写的《风霜五十余年》一书，成了我最好的指南。还有森山诚一先生、北泽保先生、伊藤和则先生等，或许我的纠缠不休的采访已经让他们感到厌烦。来自新宫的市民团体的充满热情的活动震撼了我的身心。我想借此场合对以上各位表示深切的感谢和歉意。当然，我走的路还不够远，有许多东西还没有能够反映出来，我希望将其作为今后的课题继续努力。

在超过十年的采访中，得到了包括前面提到的各位在内的诸多相关人士的热情的帮助，请允许我再次将他们的名字记录于此以表谢意。谢谢！（以下按照日语假名发音排序）

荒井干夫（已故）、荒木传、安西贤二、饭田久代、猪饲隆明、池田千寻、泉惠机、伊藤和则、伊奈一男、今川德子、上田穰一、大岩川嫩、大江真理、大泽哲、大辻泰三、大林浩治、冈功、冈和代、绪方顺子、尾崎清、音谷健郎、梶原定义、柏木隆法、刘谷哲也、刘谷辉子、北上田毅、北泽保、北村英雄、木村正宪、木村正寿、木村亨（已故）、久保富美子、久保田三千代、窪田充治、训霸浩、小园泰丈、小园优子、小村滋、儿山真生、金光英子、酒井一、坂田幸之助、坂本忠次、崎久保和泉、崎久保雅和、佐藤武志、佐野公保、泽近安子、泽田胜行、盐入隆、杉中浩一郎、澄田恭一、多贺沙由美、高木芳子、高桥昌之、高桥靖、谷合佳代子、谷口平八郎、田畑稔、辻本雄一、都留忠久、土岐直彦、时冈博嗣、飞松宏生、永井美由纪、中川滋、中田重显、中野雄、中村青史、中村文雄、中森常夫、二河通夫、西口孝、丹羽达宗、间贞雄、羽田野圣、滨野兼吉、滨野小夜子、原田彩香、日置真理子、平出洸、平出稔、广畑耕滋、福田计治、藤井喜代秀、古河奈奈代、古川佳子、别役佳代、细井好、前田贤一、莳田直子、正木健雄、松冈勋、松永成太郎、松原洋一、三国胜敏、三泽惠子、三好光一、水上蕗子、望月明美、森奈良好、森冈邦广、森近丘也、森山诚一、山泉进、山内小夜子、山口范之、山崎正利（已故）、山崎泰、山本健一、弓削宏之、弓削敏子、芳井昤吉、渡边顺一、渡边宽子等诸位。

　　在《世界》杂志连载时，我每一次寄出的稿子的字数都超过杂志预定的篇幅，给担任责任编辑的熊谷伸一郎先生带来麻烦，但是他还是编辑得非常漂亮。在出单行本的时候，我被年轻的编辑中山永基先生严谨之中透出的热情所打动。另外，老朋友增井润一郎先生帮我作了非常细致的校对。在此向各位表示衷心的感谢。谢谢！

　　最后，2009 年春，成石平四郎的外孙冈功先生突患重病，在此衷心祝他早日康复。

作者

2010 年 5 月 5 日

# 补 记

## 百年之后，走向新的阶段

2011年3月底的一天，东日本大地震和福岛第一核电站事故发生后不久，我的电话机里留下了一个录音电话，来自大阪的一家我不认识的律师事务所，录音里说该事务所的律师想和我联系，请我回电。

由此，我和金子武嗣律师开始了交流。我当时完全没有想到，这件事会和发起成立旨在重新申请复审的"大逆事件"研讨会联系在一起。

金子律师当时担任大阪律师协会会长、日本律师联合会副会长要职，在电话里相识后过了几天，我在位于霞关的日本律师联合会见到了他。他的说话速度有点快，大致讲了如下意思："大逆事件"是"扎在司法身上的一根刺"，作为法律工作者不能置之不理；读了黑岩比佐子写的《面包和笔：社会主义者堺利彦与"卖文社"的斗争》（讲谈社，2010年，这部作品成了她的遗作），以及同样于2010年刊行的拙作（本书单行本）之后，痛感自己作为法律工作者的责任所在。他表示，要重新从头开始调查事件，重新研讨过去提出的复审申请，成立研讨会研究再次提出复审申请的问题，希望我给予帮助。

金子律师多次将"大逆事件"的有罪判决比喻为"扎在司法身上的一根刺"，这和本书结尾部分所提到的来自熊野新宫"大逆事件牺牲者表彰会"的中森常夫的"'大逆事件'是扎在熊野身上的一根刺"的讲法同样令人印象深刻，只不过金子律师是从法律工作者的角度说出这句话的。

一直到 2010 年本书问世为止，我未曾有过再次申请复审的想法。虽然我考虑过复审的大门绝没有关闭，而且要将此事件乃国家犯罪这一本质公之于众，最好莫过于在司法层面确定所有人的无辜，这才是给包括死者在内的所有受害者平反的出发点，但又觉得很难想象在一百多年后还会有具备申请资格的受害者家属主动提出申请，因此尽管觉得很遗憾，但还是选择在某个地方停下了脚步。也因为如此，尽管本书也提到过"横滨事件"，但是该事件的受害者、现已去世的木村亨当时严厉地批评本书，认为本书"愤怒不足"，忘记了初心。虽然没有确认过，但是从各种视角和方面来看，似乎许多对"大逆事件"的关注比我时间更长、更加深入的人也认为，第二次复审恐怕是不可能的。

就像本书中所写到的那样，已故的森长英三郎律师为申请复审一事殚精竭虑，但最终还是被原封不动地继承了明治司法衣钵的战后法官所驳回。想到申请人所承受的常人无法承受的压力，感受到通过司法途径解决所受到的限制，或许他已经绝望了。因此，当时森长律师转变方向，开始致力于让社会共同认识到该事件的国家犯罪性质，试图通过市民的努力来实现平反和恢复名誉。20 世纪 90 年代以后，各地议会开始纷纷发表恢复受害者名誉的宣言，就是上述工作的成果。曾经开除过门下僧侣的三个宗教团体也都承认错误，取消了处分。在事件发生约一百年之后，与坂本清马、森近荣子提出复审申请时相比，相关活动在基层取得了显著进展。在申请复审问题上经常有人拿"横滨事件"来作比较[1]，但是我总是回答道，"横滨事件"与"大逆事件"有不同，"横滨事件"发生在"大逆事件"之后，两者在时间上相差三十多年，"横滨事件"申请复审时，受害者以及受害者的遗属还活着，等等，而且"横滨事件"中有木村亨这样一位与坂本清马属于完全不同类型的"执着的人"的存在。尽管挨过木村的斥责，但我当时还是找了这些理由。当然话虽如此，我心中还是觉得有点堵，不舒畅。

此时因为是金子律师主动提出并询问此事，我在感到震惊的同时，心中的郁闷也得到了缓解，耳边又一次响起了木村不要忘记初心的声音。

金子律师充满激情，行动迅速，而且善于组织，4月下旬，"大逆事件复审申请研讨会"就诞生了。会员中有该事件的活字典、"大逆事件真相揭示会"的召集人大岩川嫩女士，"大逆事件真相揭示会"事务局长、明治大学山泉进教授，还有龙谷大学石塚伸一龙教授、电影导演藤原智子女士、原东京都立大学汤浅钦史教授、一桥大学村井敏邦荣休教授、樱美林大学早野透荣休教授等，起不了太大作用的我也忝列其中。就这样再次开始尝试在司法领域对国家犯罪进行追究。

研讨会成立后不久，在一次会议上，金子律师从包里面拿出几个放调味品的空的圆柱形容器让大家看。容器共有墨绿、土黄以及黑色三种颜色，像是歌舞伎开幕前幕布上的三种颜色。他说，"宫下太吉制作的炸弹就和这个形状大小一样"。我当时很惊讶。

---

1　横滨事件受害者等于1986年、1994年两次提出复审申请，均遭到驳回，但是他们于1998年第三次提出复审申请。横滨地方法院2003年决定开始复审，经过几个回合，于2010年2月4日判决向五名该案原被告人支付约四千七百万日元赔偿金，并实际上认定该案为冤案。

尽管我已通过文字知道宫下制作的炸弹是圆柱形的，长度约六厘米、直径约三厘米，但是对于这种尺寸的物体实际上到底有多大脑子里并无概念。看到那几个调味品的空罐后，出席会议的其他成员也和我一样感到惊讶。金子律师说他到处找哪里有卖装调味品的空罐的，最后在阪急宝塚线沿线的清荒神站附近才找到。这一天他将这些里面没有东西的空罐分发给了我们。

金子律师是一位经验丰富的实务家，他的思路也具有实证的特点，他不仅让我们对"宫下炸弹"有了实际的感受，而且还首次着手客观地验证宫下制造的炸弹到底性能如何。之所以这样讲是因为在此之前就连被认为和宫下关系最近的新村忠雄和管野都没有看到过炸弹实物。在金子律师的"指导"下，我们制作了试验原料，进行了初试和正式试验。通过这一系列工作我再次意识到，正是这种工作的积累，使得我们能够客观、真实、实证地"在当下，了解"一百多年前的事件。

被告人的供述笔录和预审笔录的真伪是最重要的问题。对此，在奈良女子大学荣休教授浜田寿美南的指导下，来自立命馆大学的稻叶光行教授和青年研究者们着手用计算机进行解析。浜田寿美南教授是供述心理学领域首屈一指的专家，曾经在"甲山事件"等冤案审理中发挥过很大作用。这种名为"KTH CUBE"的方法将从地理、时间、争点三个层面对众多被告人的供述内容（测试信息）进行分析。通过这种方法可以分析在二十六个人的供述中频频出现的"炸弹""决死之士"等关键词是如何影响被告人的相互供述的，甚至还可以进一步分析其如何导致被告人的供述发生变化的。在法律研究方面，有关大逆罪的构成要件，它和不敬罪、内乱罪等之间的区别，明治时期刑事诉讼的实际状况，第一次复审申请中的问题等的研讨也在开展。

完成上述工作大概还需要相当长的时间，不过要发挥这些解析、分析成果的作用，需要有复审申请人。在日本，复审申请的门槛很高。根据《刑事诉讼法》，可以提出复审申请的仅限受到有罪判决的二十六个人的直系遗属。时间已经过去了一百多年，到底还有没有这样的人？如果没有复审申请人，那么复审将不得不止步于最后的环节。

当金子律师对我诉说提出第二次复审申请的必要性时，我在深感震动的同时，脑子里浮现出了从学生时代就被戴上了成石平四郎的外孙这顶帽子的冈功先生，因为我相信，他如果身体好的话一定会出来当申请人。在本书的"后记"的末尾中提到过冈功先生突然病倒的事情，写下了希望他早日康复的话，但是实际上当时他几乎已经没有可能治愈了。当我告诉金子律师有冈功先生这个人时，他说一定要去看他，于是我把医院的地址告诉了他，但是我心里明白，从冈功先生的病情看，由他来当申请人几乎是不可能的。虽然在如何突破申请人这一最高门槛上面临很大的问题，但是我还是希望能设法再次提出复审申请。

事件发生一百周年前后，著作、电影、戏剧、电视纪实片、研讨会等，有很多用各种手段、从各种角度重新探讨该事件的活动与尝试，每一项活动和努力都有助于人们了解过去不为所知的"大逆事件"以及有关该事件的新的发现，在让社会知晓该事件尚未得到最终解决方面发挥了很大作用，取得了很大成绩。但是在我看来，第二次复审申请研讨会的成立是在"大逆事件"发生一百年后，相关努力走向新的阶段这一最具有戏剧性变化的表现，因为"大逆事件"是扎在与殖民地统治、侵略联系在一起的日本近代史上的必须拔除的刺。

　　当我看到金子律师让我们看的调味品空罐时，眼前浮现出了2007 年夏天到访信州安云野市明科时看到的那个奇怪的炸弹模型。此事在本书第一章"悲哀的恐怖分子"中已有简单涉及，不知那个炸弹模型是否还在继续展示。2017 年，在相隔十年之后，我又一次来到了"大逆事件"的起源地明科。

　　那是 11 月的月中，明科虽然还说不上有多寒冷，但是周围已是草木枯寂，一派初冬的景象。天上淅淅沥沥地下着细雨，常念岳等北阿尔卑斯山脉的秀丽群峰被云雾笼罩着。宫下被认为是在1909 年 11 月的某一天（我推定为 11 月 3 日）进行的炸弹投掷试验，所以我再次到访的时候正好是一百零八年前他进行试验的同一时节。

　　竖立在 JR 明科站前的"明科文化遗产地图"更新过了，原来特别标注的"大逆事件炸弹试验地"的字样不见了。宫下试爆的场所既没有经过现场确认，也无法确定，而且就像本书业已指出的那样，与文化遗产地图也不相符合，既然如此，这一字样当然会被去掉。不过，明科是"大逆事件"的起源地，宫下曾经是这里的国营明科制材厂的机械装配工，他在这里进行过炸弹试爆，这些都是事实，所以我想还是有个什么标识作为继续讲述那段历史的线索为好。他进行试爆的场所靠近明科站，据推定是在从会田川边一个被当地人称为"抛继子"的地方到莕草泽一带中间的某个地点。

　　十年前，"明科大逆事件续说会"的望月明义先生（2011 年去世）和大泽庆哲先生（给然寺住持）带我去"现场"时，我从上往下俯视推测试验地，看到在高高的茂密草丛中竖着一根木制的白色标柱，上面写着"大逆罪（加害皇室）发现之地"。对此本书已经做过批评，认为这一名称及其说明延续了帝国日本流行的对该事件的认识，无视之后调查研究的成果，是一种时间上的停滞。

现在那根标柱已经从根上烂掉了。带路的大泽先生给我看了两张照片，对我讲述了事情的经过。

"那是 2013 年 8 月的事情。不知谁报告，说经过那里时发现标柱不见了。于是市教委的人前去确认，发现标柱已从根上断裂，掉到山崖下面去了。瞧，这就是那时候拍的照片，你看，从根上烂了，断开了。这张是腐烂部分的放大照。可以看到里面都空了，大概是白蚁咬的。"

"大逆事件"的实际状况是国家想要杜绝对自己不利的思想，而那根标柱却向社会公众误传事件的真相，结果那根标柱腐烂折断了，如今那里什么都没有。大泽他们在标柱建立之前就建议，建标柱的话其文字内容应该符合战后经调查研究查明的事实，他们甚至还提出了具体的文案。但是他们的建议遭到漠视，建起来的是那个如今已经腐朽了的标柱。

大泽告诉我，市教委好像在考虑设置新的标柱，但是"本来具体的试验场所就无法确定，所以我们对市教委说，不要建在之前的标柱的地方，而且要建的话，标柱上应该使用我们所建议的说明文字"。旧的标柱朽断、消失已经快四年了，即使竖一根标柱也不是那么简单的事情，大泽的话语中传递出这样的讯息。在明科，与该事件有关的变化并不限于文化遗产地图的变化和标柱的自然损坏。

在安云野市，有一座从明科町时期延续下来的明科历史民俗资料馆（设置在公民馆内），其中常年设有全国唯一的"大逆事件之角"。这个展示角的展示品中有一件宫下制作的炸弹的模型——一个黑色的铁皮罐，看上去像是一顶小遮阳帽的模型，无论是形状还是尺寸，都和宫下实际制作的炸弹完全不同。当时我看了之后只是觉得形状很奇怪，后来看到金子律师带来的调味料罐，觉得那个才比较符合我心里想象的黑色的仿制炸弹。

2012 年，公民馆和历史民俗资料馆因建筑年久失修而关闭、拆除，建起了新的市政厅分部和公民馆，建筑物的所在地有一部分就是原来宫下工作过的国营明科制材所的遗址。在建设新公民馆时发现的留下来的红砖结构清楚显示了当时制材所的痕迹，但是现在作为资料保存着的只有照片了。

新的公民馆建立在明科制材厂遗址之上，但是"大逆事件之角"却从新公民馆中消失了。代替它的是"近代史与'大逆事件'"这一展览策划。这一展览采用的是面板展示这一形式，一年展览一次，多的话三次。规模很小，有时只有一块面板，有时有几块，稀稀拉拉的。虽然如同本书也已提到的那样，原来的"大逆事件之角"中，不仅是仿制的炸弹，其内容也存在许多问题，但是如果能够接受研究者们的建议不断改进的话，该展示角存在的价值大概还是可以提高的，但是现在却已经没有了。据说展示角撤销后，大部分展示品被其他资料馆收去了。

大泽他们的"明科'大逆事件'续说会"也一直希望和尝试在公民馆里搞一个常设展览，但是好像行不通。如果有那样一个"空间"的话，就会出现各种可能性。有和没有，就像是一和零，具有决定性的差别。如果根据迄今为止的研究和调查成果，对那些展品重新进行整理和展出的话，它们可以得到重生，因此，我期待安云野市教育委员会能够作出英明决断，不要让资料埋没掉。

有一件划时代的事情令人感到"大逆事件"依然活着，并且已经进入了新的阶段。2011年，在幸德秋水的出生地高知县的四万十市，来自全国各地的市民团体汇聚一堂，成立了"要求恢复'大逆事件'牺牲者人权全国联络会议"（简称"'大逆事件'高峰会议"）。随着"高峰会议"的成立，市民们开始可以共享相关信息和研究成果等，并且向社会发布。第一次《"大逆事件"高峰会议中村宣言》中的以下这段话，浓缩了"高峰会议"的历史观和人权意识：

> 我们有必要永远牢记，"大逆事件"是国家犯罪。当年，它是和吞并韩国、侵略亚洲的历史重叠在一起。
>
> 事件发生时，日本国内实行严厉的报道管制，事件的真相不能被讲述，而是埋葬于黑暗之中。但是，不能忘记，当时在国外，以纽约为代表，包括伦敦、巴黎、罗马等，都发出了要求进行公正审判的呼声，出现了抗议思想镇压的行动。
>
> 战后，众多人士对"大逆事件"的真相进行了揭示和阐述。在判决五十年之后，还提出了申请复审的要求。"联络会"向这些先辈的努力表示敬意，同时希望消除目前仍然存在的事件牺牲者的人权尚未得到恢复的状况。

读了这份宣言我再次想到，要恢复遭到国家侵犯的人权，最重要的是国家向受害人道歉、反省，以及构建防止重蹈覆辙的框架。金子律师提出的拔除"扎在司法身上的刺"的工作如果能够和"高峰会议"结合在一起进行，"大逆事件"的真相或许会更加鲜明地呈现在社会面前。

至于本书提到的那些人和事之后的情况，我想举两个例子加以说明。

一是新宫的"'大逆事件'牺牲者表彰会"所推动的要求授予大石诚之助"荣誉市民"的活动。大石诚之助是当初熊野地区被国家当作"大逆犯"判处死刑的六个人的象征，"表彰会"要求授予其荣誉市民称号。经过努力，2011 年 3 月，市议会总务委员会接受了市民提出的推荐其为"荣誉市民"的请愿书。在此背景下，有关大石将被授予"荣誉市民"称号的期待高涨，然而，在市议会全体会议上此事却以微弱的票数差距未能通过，也就是说，当时只差一步，未能实现。

不过，从 2017 年秋天开始，在受到一直以来的市民想法影响的议员中间，有关在大石诞辰一百五十年之际授予其"荣誉市民"称号的呼声持续高涨。12 月，在市议会例会上，修订了相关条例，根据修订后的条例，不仅市长可以提议授予"荣誉市民"称号，议员也可以提议。在 21 日举行的最后一次会议上，有议员提出了推举大石为"荣誉市民"的议案，经表决以多数赞成获得通过。

根据这一决议，田冈实千年市长于 2018 年 1 月授予了大石诚之助"荣誉市民"称号。

在十八年前举行的"人权与文化：新宫论坛 2000"上，我曾经举出大石诚之助和木村亨两人为例说，不知是否会有一天，能在新宫站前的那块"为熊野文化增光添彩的人们"（荣誉市民六人）的宣传牌上加入他们的名字？我当时提出这一问题时觉得这件事情是不可能做到的，谁知这种可能性现在出现了。我的心情激动得难以名状，是市民的热情和运动才使我得以见证历史变化中的这一戏剧性的一幕。想到站前的宣传牌上不久就将画上大石的那蕴涵万千、不可思议的面容，我不禁有些颤抖。

如果按照大石生前的生活态度，他一定会笑着说："'荣誉市民'？搞啥呀！"但是我想，将他"荣誉市民化"，这是后世的市民对蛮横无理地将二十四人逼入死亡境地，并且至今仍然放任不管的国家所作的旗帜鲜明的反击和抗争，或者说提出的异议，就此而言，大石大概也不会有异议吧。

但是我希望，不要因为将大石列为"荣誉市民"了，就急于到处对他进行宣传和表彰，因为大石对权威持彻底批判的态度，那样做是他特别讨厌的。

话说回来，他成了荣誉市民，是否可以说扎在熊野身上的那根刺因此就拔除了呢？

走到这里，我希望能够再向前进一步。比如，如果安云野市不重新开设已被关闭的明科的"大逆事件之角"的话，作为事件受害者人数最多的熊野当地能否予以开设？与峰尾节堂有亲戚关系的正木健雄先生（已故）就曾经希望在新宫市设立"大逆事件"的资料馆，所以我的这个建议大概不算是异想天开吧。

另一件事情，就是在本书第九章"伤痕"中，与重新发现飞松与次郎的骨灰有关，我写过："至少要有墓，不，最好要有纪念碑，这样人们才能记住熊本这位被卷入'大逆事件'的受害者。"住在澳大利亚黄金海岸市的戴维森·美由纪女士知道在其他的书中也同样写到这件事，她在看到这段话后，为飞松所吸引，几度前往熊本，发现了宝贵的资料，找到了遗属。不仅如此，她还提议为包括飞松在内的熊本四名受害者立"表彰碑"。就飞松而言，这四名受害者，除了飞松，其他三人都各自有墓碑，但是都没有"表彰碑"。于是，美由纪女士向熊本的研究者们做工作，结果形成了全国范围内的募款活动，并于2014年1月建起了"表彰碑"。飞松的"表彰碑"建在曾经保存过飞松遗骨的山鹿市日莲宗本澄寺内。

长期关注"靖国问题"的我对动辄"表彰"某某对象这样一种思想抱有不适感，因为它容易美化死者，不过我一直认为，给"大逆事件"的受害者建立"表彰碑"是重要的，因为它包含有社会不忘并且永远记住"大逆事件"的受害者以及该事件是国家犯罪的意思。2013年11月，新潟县小千谷市立"中道口袋公园"建成，里面有当地出生的曹洞宗僧侣内山愚童的表彰碑。表彰碑是由"内山愚童大师追思会"设立的，该会将内山视为追求自由、平等、博爱的先辈。内山愚童表彰碑的建立是市民运动的结果。碑的正面刻有内山愚童写的《平凡的自觉》中的一段话：

"所谓家庭、国家、世界者皆为个人之聚合，只要个人具有独立、自由之精神及帮扶弱者、关爱邻人之真心并付诸行动，所有人皆能过上圆满之团体生活。故此我等人类须始终发挥独立自治、相互扶助之精神，并向反对此种精神者作殊死斗争。"

愚童的自由与抗争思想光彩夺目。

车子从车站出发，过了信浓川，向南行驶不到十分钟，就来到了位于标高海拔三百三十米的山本山腹地的中道口袋公园，愚童的"表彰碑"就坐落在那里。在愚童的"表彰碑"的左侧，还竖立着平泽计七（"龟户事件"受害者）的追悼碑，平泽是在关东大地震后不久被军队虐杀的。虽说是偶然，但是被国家所杀的两个人的碑并排竖立，这一景象象征着日本近代的记忆。

尽管总是会说到历史，但是我并非将其从箱子中原封不动地取出，而是一直努力通过历史与当下活生生的时代及社会的对话，将话题引向现在。只有通过过去与现在持续不断的对话，过去已经固化的记忆才能被注入新的生机，产生新的发现，并告诉生活在现在的我们。这就是"记忆的再生"。在这一过程中，有不少事情不得不重新审视，就本书而言，在第六章"宿命"中介绍的座谈会便是一例，在那个座谈会上，曾经担任新宫教堂牧师的冲野岩三郎讲述了自己能够免受牵连的缘由。

冲野因"大逆事件"离开了新宫，当了作家。他像写安魂曲似的一直在写与"大逆事件"有关的小说，《宿命》就是其中的代表。我当时想，因为是小说，虚虚实实混在一起，所以需要注意，里面讲的事情不能照单全收。但是在访谈和半正式的座谈会上的讲述，即使有点夸张和遮掩，不会有虚言。

《文艺春秋》1950年2月号刊登了那次座谈会的情况。在会上冲野说，自己突然因故没有参加本来应该参加的新年会，因而没有听到大石诚之助所说的1908年11月在东京从秋水那里听到的有关运动陷入低潮的事情（即捏造的所谓"十一月谋划"），所以才得以免受牵连。而冲野之所以没有参加，说是因为他不喝酒，根据大石的指示，成石平四郎将他的名字从原来的那张关于新年会出席人员的传阅名单上划掉了。冲野在杂志举办的座谈会上戏剧性地披露了事关生死的那一瞬间。"原来是这么一回事啊？"我在本书中有点惊讶地作了介绍。那次座谈会的主持人是大宅壮一，出席者除了冲野以外，还有石川三四郎和山崎今朝弥，都是受尽磨难、铮铮铁骨的人。但是，曾出现在"大逆事件"现场的只有冲野，所以当时的与会者中没有人对冲野所说的事提出质疑。

但是，森长在《禄亭大石诚之助》中断定，冲野的话只不过是"传说"。实际上，在申请复审时提交的崎久保誓一给神崎清的信中写着，新年会本来就没有酒，而且参加者中崎久保、高木显明也不喝酒。不过，冲野确实没有参加那次新年会，而参加那次新年会的人都成了"大逆犯"，这也是事实。因此也不能断言冲野所说的话全都是编造出来的，然而即便如此，仍然可以说这件事是他为了让谈话变得有趣，利用出席者什么都不知道这一条件所进行的"创作"。说到厘清事实的困难，由此可见一斑。不过在此，我还是要带着反省的心情向各位坦白，如果当初我仔细地阅读森长律师写的书，也许会用不同的表述来再现这段历史。关于此事，我在这次同时刊行的《被囚禁的年轻僧侣峰尾节堂：尚未定论的"大逆事件"与现代》（岩波书店，2018）一书中写得较为详细。

"大逆事件"的受害者中有些人，带着对后世的历史研究者将为自己澄清事实的期待，在愤怒和遗憾中被判死刑，离开了这个世界。就像本书中也已经写到的那样，他们所期待的未必是职业的历史学家，而是在他们身后的所有世代的人。只要持续关注"大逆事件"，就会发现它和误捕、误判这类普通的冤案性质不同，它是国家犯罪，在其背后摆放着的是天皇制这一实实在在的问题。由此，自民党的《日本国宪法修正草案》（2012 年 4 月）中最令人担忧的是第一条"天皇元首化"，因为它有可能触发"大逆罪"

规定的复活，而该罪名原本是因为不符合现行宪法而在 1947 年被从《刑法》中清除出去的。

在单行本的"后记"中我写过，因为取材不充分，有许多东西还没能反映出来，希望将其作为今后的课题继续努力。2016 年，我出了《不粉饰、不伪装、不欺瞒：管野须贺子与伊藤野枝》（岩波书店），如今本书的现代文库本以及《被囚禁的年轻僧侣峰尾节堂》又得以付样，我大概可以说在一定程度上完成了当时所作的承诺。如果各位能够将这些书放在一起阅读是最好的，那样的话，不仅"大逆事件"的原貌会变得更加丰富，或许还多少有助于理解活着的意义这一当下的问题。

在单行本刊行后的这七年间，在过去的采访等活动中给过我帮助的诸多人士中，有几位去世了。其中冈功先生在整整卧病七年之后，于 2016 年 4 月去世。伊奈一男先生、上田穰一先生、北泽保先生、坂本忠次先生以及望月明义先生也走了。他们都一直在关注"大逆事件"。对于他们的离世，我除了遗憾真的说不出其他话来。

值此本书现代文库本出版之际，田中优子女士为本书做了一篇解说。她的解说将现在和未来融合在一起，视野宽阔、思想深刻，谨此表示衷心的感谢。

我和岩波书店编辑部的田中宏幸先生，包括新书等在内已经有过六次合作，此次再度得到他的热心照顾，谨此致谢。

田中伸尚

于 2018 年 1 月 18 日，距"大逆事件"死刑判决一百零七年

# 解　说

## 向着不会发生"大逆连锁"的未来

田中优子

我之所以会关心大逆事件，是因为 2010 年的一个电视节目。在那之前，我不大思考这一事件。在该节目讨论"（2010 年是）日韩合并一百年"这一话题时，评论家佐高信先生说："也是大逆事件一百年。""啊，是呀！"我拍了一下膝盖。因为通过那句话，我想到国家在试图向外扩张的同时，必定会用强力对内进行镇压。这是近代国家的宿命。因此对外的暴力和对内的暴力必须同时观察。

大逆事件百年之后又过了七年，2017 年 7 月，修订后的《组织犯罪处罚法》[1] 开始施行，修订后的该法律新设了"恐怖活动等准备罪"这一罪名。全球各地确实存在恐怖活动，但是该法律以此为由，设置"恐怖活动等准备罪"这样一种即使尚未实施犯罪，也可仅仅以（被认为）共谋、（被认为进行了）准备这样的罪名加以追究，由此出现了一种前所未有的犯罪概念。江户时代实际上就是按照这种思维方式进行逮捕的。较为典型的是在庆安事件（由井正雪之乱）[2] 中抓捕并处死了近三十人，而这些人什么也没干，只是制订了一个计划，试图通过在各地同时发难，让世人知

---

1　全称为《关于有组织犯罪的处罚及犯罪收益规制等的法律》。
2　德川幕府统治前期出台了一系列削弱地方藩主实力的政策，致使许多武士失去主家而变成浪人，引发其不满。1651 年（庆安四年），研究兵学的学者由井正雪（1605—1651）与浪人丸桥忠弥（生年不详—1651）共同谋划，准备策动浪人造反。此事泄露后由井正雪被迫自杀，丸桥忠弥等数十人被处死。

道幕府浪人政策的失败所导致的失业者的增加以及收入差距扩大的情况。顺便说一句，江户时代不存在"人权"这一思想。

但是"大逆事件"不同，它发生在近代，当时已经经历过自由民权运动，欧洲的权利、法治等概念也已被引进。尽管如此，政府仍然不顾一切地要建构基于天皇制的近代国家，对于反对这一目标的运动极为敏感。从日俄战争（1904—1905）开始，出现了来自社会主义者的反战运动。为了对付这一反战运动，政府采取了禁止机关刊物发行、禁止和镇压集会、禁止结社等一系列镇压行动。1908 年，堺利彦、大杉荣等人被捕。

在此背景下，或许是因为合法的活动无法进行，于是出现了试图制造炸弹的人。工人宫下太吉被认为在长野县明科的制材厂制造了炸弹，并且说他和管野须贺子、新村忠雄、古河力作一起谋划暗杀天皇。这件事叫作"明科事件"。"大逆事件"中那么多的事情，唯一的源头就是这一案件。这些人被认为计划暗杀天皇，然而却没有证据。

与此同时，内山愚童说了一句"干掉天皇还不如干掉皇太子"，以听到过这句话为由，武田九平、三浦安太郎、冈林寅松、小松丑治被与暗杀皇太子的阴谋挂上了钩。

幸德秋水和森近运平、大石诚之助、松尾卯一太一起，被认为持有爆炸物和凶器，谋划大逆、企图发动暴力革命，于是，在大阪，从大石那里听到此事的武田、三浦、冈本颖一郎，以及在位于和歌山县新宫市的自己家里听到此事的成石平四郎、高木显明、峰尾节堂、崎久保誓一被关联上了谋划暗杀天皇之事，从回到熊本的松尾那里听到此事的新美卯一郎、佐佐木道元、飞松与次郎也被连坐。奥宫健之被以向秋水传授爆炸物制作方法为由，成石勘三郎被以在酒席上赞成大逆为由，新田融被以将一间屋子借给宫下为由，新村善兵卫被以提供用于研磨炸药原料用的药碾子为由，坂本清马被以该谋划进行时是秋水家的书生为由，一个一个遭到逮捕。加起来有数千名与事件无关的社会主义者、无政府主义者及其支持者和同情者受到审问或者逮捕。

最后，在 1911 年 1 月 18 日，被逮捕者中，幸德秋水等二十六人被以计划暗杀明治天皇为由，根据旧《刑法》第七十三条"大逆罪"起诉，其中二十四人被判死刑（后来有十二人被特赦、减为无期徒刑，但是其中五人死于狱中），两人因"违反《爆炸物管制处罚规定》"分别被判处十一年和八年监禁。

所谓"大逆事件"大致上指的就是这一系列事件。即便什么罪也没犯，只要被认为进行了谋划就可以实施逮捕，这样一种理念和今天的"恐怖活动等准备罪"是一样的。或许正因为如此，我们必须清楚地知道在"大逆事件"中发生了什么？为什么会那样？大逆事件并非已经过去的事件，它在未来也可能发生。

本书确实通俗易懂，有助于像我这样既非该事件的专家，也不是近代史专家的人详细了解它。我从本书中大致看出了三点。我所明白的第一点事实是，当时散布在日本全国各地的对国家不满的人，相互之间并无联系，也没有形成集团，但是他们却被当局肆意视作集团一网打尽，并受到刑事追究。这一点令我感到震惊。因为我原来一直以为当时已经形成了某种运动组织，有了某种目的以及实施步骤。

例如森近运平，他是冈山的农业改革家，当时在从事使用玻璃温室的高等园艺研究。宫下太吉是长野县安云野市的一位熟练的机械工。内山愚童是在箱根的曹洞宗僧侣，大石诚之助则是毕业于俄勒冈州立医科大学、在加拿大学习过外科学、在美国做过医生、应家乡的邀请回到熊野新宫开设诊所、后来又在孟买大学学习过的医生。高木显明是新宫的真宗大谷派僧侣，一直致力于解决部落歧视问题。古河力作是东京丰岛郡一家花卉栽培公司的花匠，据说是一个性格温柔的小个子。而幸德秋水是高知县中村人，曾经是报社记者，后来因为其工作的《万朝报》赞成日俄开战，他和堺利彦一起辞去了报社的工作，也就是这么一位反战主义者。

　　仅仅通过以上这些人的例子，就可以明白他们相互之间是分散的。从本书中可以看到这一个个栩栩如生的形象。堺利彦在该事件过后的第二年，踏上了看望受害者遗属和家属之旅。本书像是跟在他身后一样，做了追踪记述。读者也会像是在事件发生后不久一样，跟随着本书检证这一事件。当时散布在全国不同地方的这些人，他们之间只有一个共同点，那就是他们都是反战论者，借用作者的表述，社会却给这些"反战、和平之徒"贴上了"逆徒"的标签。

　　我所明白的第二点事实是，当时进行了大规模的证据捏造，当然捏造证据的事情在现代社会也会出现。作者写道："这二十六人中的大多数，在不让国民知道的黑幕中遭到抓捕、起诉，被牵扯进检察官、法官编造的故事中，并且被迫进行表演。"在本书中可以看到许多具体的例子。对于这种事，如果是再早一些时候的话，人们大概最多也就是发出一句"战前的日本嘛，大概就是那样的吧"的感叹而已。但是捏造证据、制造冤案等实际上在现代也存在，并且随着"恐怖活动等准备罪"这一罪名的确立，身处于这个时代的我们不论幸与不幸，也已经处于感觉"大逆事件"就在身边的境地。我是反战论者，通过本书也认真学习了一下"口供笔录"是如何被炮制出来的。宪法第九条的修订已经临近，我意识到不准备向暴力屈服的反战论者不知何时也会遭到逮捕，还是事先记住本书为好。

我所明白的第三点事实是，被贴上"逆徒"的标签后，最终会在数十年间，甚至现在，在其出生的故乡都会成为人们疏远的对象。

本书从冈山县高屋町一名少女的故事开始讲起。战后的 1946 年、1947 年，当时还是国民学校六年级学生的一名少女，对父亲书架上的资料中的"森近运平"产生了兴趣。在写毕业作文的时候，向町里的人们打听有关运平先生的事，但是谁也没有回答她。只有一个人说"运平被国家杀死了"。后来才知道，那个人就是运平的妹妹。

那么，这一导致全国各地数百人被捕，二十六人遭到起诉、二十四人被判死刑的事件，为何被称为"大逆事件"呢？这是因为当时的《刑法》上有第七十三条"大逆罪"。该条规定，凡加害或者试图加害天皇、太皇太后、皇太后、皇后、皇太子、皇太孙者应处以死刑。不管是否存在试图加害的事实，只要获得"口供"，即使什么也没做也可以判处死刑。这条法律一直存续到 1947 年 10 月。

由此而产生的"大逆事件"并非只此一起。该法律出台后还发生过三次"大逆事件"，即 1923 年，难波大助狙击后来成为昭和天皇的皇太子裕仁的"虎之门事件"，1925 年，被认为"试图"在皇太子婚礼时投掷炸弹的"朴烈、金子文子事件"，以及 1932 年，李奉昌向昭和天皇乘坐的马车投掷手榴弹事件。

　　本书还详细叙述了有关"大逆事件"的著作被禁止出售、被要求修改的事实。此类媒体管制大概也可以说是一种"大逆事件"。从书中还可以了解到后来的申请复审、"大逆事件真相揭示会"的成立等人们为了不让这一事件被淡忘而做的各种努力。

　　"大逆事件"源于日俄战争时的反战运动，被认为实施了共谋的那些人都是反战主义者。由此告诉我们的事实是，当国家决定要使用武力时，就会面向国内，对国民实施强制统一，并对那些不顺从者进行威吓。即使当兵的人在这一场合下也会成为弃石。究竟是为谁进行的战争？当然不是为了国民。战争，是为那一小部分、通过战争获取巨大利益和名誉的人进行的。无论是大国还是小国，恐怖集团还是宗教集团，在进行战争时都是如此。

　　相信反战是一种温和、不会带来危险的思想也许是错误的。即使不过激也会被视作过激，不仅是国家，媒体也好，网络也好，都会那么做。在随笔或者上电视时给与自己意见相左的人贴上"危险"的标签，这种做法和霸凌的结构是一样的——以为只要将自己以外的人视作危险，自己就可以得到安全。但是这是幻想，因为不知道何时自己也会被别人以同样方式对待。

　　尽管确实非常困难，但是我们还是必须建设一个不会发生这种"大逆连锁"的社会。


（法政大学校长，研究方向为江户时代的文学和文化）

# 附　录

## 在明治大逆事件中遭到起诉的二十六人

| 受牵连者姓名 | 出生年份 | 罪名 | 判决 | 年龄 | 出生地、职业等 |
|---|---|---|---|---|---|
| 奥宫健之 | 1857 | 大逆 | 死刑 | 53 | 高知县 |
| 大石诚之助 | 1867 | 大逆 | 死刑 | 43 | 和歌山县，医生 |
| 幸德秋水 | 1871 | 大逆 | 死刑 | 39 | 高知县，作家 |
| 内山愚童 | 1874 | 大逆 | 死刑 | 36 | 新潟县，曹洞宗僧侣 |
| 宫下太吉 | 1875 | 大逆 | 死刑 | 35 | 山梨县，机械装配工 |
| 新美卯一郎 | 1879 | 大逆 | 死刑 | 32 | 熊本县，记者 |
| 松尾卯一太 | 1879 | 大逆 | 死刑 | 31 | 熊本县，记者 |

简介、遗属和墓碑等

原自由民权运动活动家。受牵连者中最年长者。因被认为教授秋水制造炸弹的方法而遭连坐。拘禁期间，1910 年 8 月妻子泽子去世。其兄时任宫城控诉院检察长，在其审判过程中被撤换（正式任免令下达日期为 1913 年 4 月）。墓在东京的染井陵园。

在美国取得医师执照，在新宫行医，被人们亲切地称为道克特大石。为研究脚气病前往印度，在那里接触到社会主义。擅长写情诗、俳句。和西村伊作一起经营"太平洋食堂"。被处刑后，妻子英子带着两个儿子去东京。墓在新宫市的南谷墓园。2001 年 9 月与熊野受连坐的其他五人一起被市议会恢复名誉。2018 年 1 月被授予"新宫市荣誉市民"称号。

中江兆民的高足。媒体人、诗人、思想家。从自由民权运动中的左派转变为社会主义者，后又成为无政府主义者。审判期间，母亲多治去世。有《二十世纪之怪物帝国主义》等多种著述。墓在四万十市的正福寺。2000 年 12 月中村市（现在的四万十市）议会通过对其进行表彰的决议。

位于箱根大平台的林泉寺住持。因与当地贫穷的年轻人相遇，尝试将禅宗与无政府主义结合。在寺院内秘密出版《无政府共产》等小册子。1910 年 4 月因违反《出版法》和《爆炸物管制处罚规定》被判死刑。1910 年 6 月被曹洞宗开除。骨灰葬于林泉寺内的墓地。1993 年 4 月曹洞宗撤销对其的处分。2005 年 4 月竖立表彰碑。2013 年 11 月 16 日在其出生地小千谷市，市民们为其建立了表彰碑。

作为机械安装工来往于各地的工厂。受到愚童《无政府共产》一书等的影响，密谋暗杀天皇，制造和试验炸弹。被处刑后，骨灰先是葬在位于东京杂司谷的监狱集体墓地，后由其姐等葬于位于甲府光泽寺的宫下家墓地。1972 年 9 月建起了刻有啄木写的诗的墓碑。遗属情况不明。

1907 年和济济黉时代的友人松尾卯一太一起创办社会主义报纸《熊本评论》。共有两处墓，一处是被处刑后，其妻、琵琶高手德子靠经营茶馆为其所建的墓，另一处是位于熊本市立田山的市营小峰陵园的新美家墓，其上也有他的名字。

富裕农家的长子。从东京专门学校退学后主办家禽杂志，与新美一起创办《熊本评论》。被处刑后，一家离散。妻子静枝在大阪去世。墓在熊本县玉名市川岛的松尾家墓地。2004 年在墓地设置说明牌。

| 受牵连者姓名 | 出生年份 | 罪名 | 判决 | 年龄 | 出生地、职业等 |
| --- | --- | --- | --- | --- | --- |
| 森近运平 | 1881 | 大逆 | 死刑 | 29 | 冈山县，农业 |
| 管野须贺子 | 1881 | 大逆 | 死刑 | 29 | 大阪府，记者 |
| 成石平四郎 | 1882 | 大逆 | 死刑 | 28 | 和歌山县，药种业 |
| 古河力作 | 1884 | 大逆 | 死刑 | 26 | 福井县，园丁 |
| 新村忠雄 | 1887 | 大逆 | 死刑 | 23 | 长野县，记者 |
| 高木显明 | 1864 | 大逆 | 死刑，后改为无期 | 46 | 爱知县，真宗大谷派僧侣 |

简介、遗属和墓碑等

因社会主义研究及在町村会上发表反战讲演等从县官厅离职。受堺利彦之邀从事社会主义活动。1905 年 2 月创办大阪平民社。1907 年 6 月创办《大阪平民新闻》（后改名《日本平民新闻》）。被处刑后，妻子繁子与其离婚，留下女儿菊代。繁子 1914 年 7 月去世，时年 33 岁。菊代 1925 年 5 月去世，时年 23 岁。1961 年在井原市高屋町建墓立诗碑，碑刻"魂牵梦萦犹伤故乡／依稀又见 雷霆中的父亲 还有涕泪交垂的我"。妹荣子与坂本清马共同申请复审，1967 年 7 月 5 日遭最高法院驳回。

自担任《大阪朝报》、《牟娄新报》等记者时起即是主张妇女人权的前卫媒体人。从社会主义者转变为无政府主义者。狱中日记《黄泉路边的小草》是一部情感丰富的杰作。其弟在美国。被处刑后葬于位于东京代代木、有其妹之墓的正春寺。1971 年 7 月建立诗碑，上有狱中诗"阳光透过窗户黑色的铁栅栏照在墙上，我守着移动的日影，时光飘然而逝"。

中央大学毕业后，从熊野川乘船出行。在东京时赞成秋水等的反战论，和南方熊楠亦有交往。被处刑后，妻梦惠携女再婚。其兄勘三郎受同事件连坐。墓在田边市本宫町请川的成石家墓地。有荒畑寒村书写的诗碑，上刻"我是一滴水，大海是我的归宿"。2004 年 11 月町议会通过恢复名誉宣言。外孙冈功于 2016 年 4 月去世。

17 岁离开故乡小浜前往神户，后在东京的洋花店打工。因身体残障受欺，喜豪言壮语。临刑前与其弟、妹见面的场景令人伤感。骨灰葬于东京市谷的道林寺，后因该寺迁移去向不明。在小浜市的曹洞宗妙德寺的古河家墓地有父子墓。水上勉的"一滴文库"中有关于其的不少资料。弟三树松，1995 年去世。有侄女二人分别住在长野、东京。

小学毕业后，在东京受做牧师的堂兄影响成为卫理公会派基督徒，并接触《平民新闻》。因受其兄善兵卫的召集等原因成为反战主义者。见秋水，成为最激进的无政府主义者。骨灰先葬于东京监狱集体墓地，后移至位于东京染井陵园的奥宫墓的后面，之后又迁往千曲市的生莲寺。其兄亦受连坐。法名"礼誉救民"。

1899 年 12 月任新宫町净泉寺住持。从事废除部落歧视、废娼、反战活动，在町内佛教界受到孤立。有论文《余之社会主义》。判决后，1911 年 1 月遭开除处分。在秋田监狱服刑，1914 年 6 月 24 日在狱中缢亡。妻子被赶出寺院去往名古屋，当时还是小学生的养女加代子被送入艺伎屋。其养父墓建在浜松。妻子多子于 1923 年 10 月在名古屋去世。养女加代子于 1972 年去世。1996 年 4 月，取消处分，恢复名誉。墓和表彰碑在新宫市的南谷墓园。

| 受牵连者姓名 | 出生年份 | 罪名 | 判决 | 年龄 | 出生地、职业等 |
|---|---|---|---|---|---|
| 武田九平 | 1875 | 大逆 | 死刑，后改为无期 | 35 | 香川县，金匠 |
| 冈林寅松 | 1876 | 大逆 | 死刑，后改为无期 | 34 | 高知县，医院勤务 |
| 小松丑治 | 1876 | 大逆 | 死刑，后改为无期 | 34 | 高知县，养鸡业 |
| 冈本颖一郎 | 1880 | 大逆 | 死刑，后改为无期 | 30 | 山口县，公司职员 |
| 新田融 | 1880 | 爆炸物* | 有期11年 | 30 | 北海道，机械安装工 |
| 成石勘三郎 | 1880 | 大逆 | 死刑，后改为无期 | 30 | 和歌山县，药种业 |
| 新村善兵卫 | 1881 | 爆炸物 | 有期8年 | 30 | 长野县，原助理 |

*此处的"爆炸物"指的是违反《爆炸物管制处罚规定》罪。

简介、遗属和墓碑等

在大阪开设"武田赤旗堂"，从事金属雕刻业。自大阪平民社成立时起即是森近运平最信任的同志。1908 年大阪平民社解散后在自家住宅竖起"大阪平民俱乐部"牌子。在狱中喊冤。1929 年 4 月 29 日从长崎监狱假释出狱。在金光教艺备教堂生活一段时间后前往大阪。1932 年 11 月 29 日在大阪市内因交通事故去世，57 岁。墓在大阪寝屋川的妹妹的夫家津田家的墓地。

为了当医生，托小学同学小松丑治帮忙，进入神户的海民医院工作。在《平民新闻》创刊的同时，与小松等人成立"神户平民俱乐部"。在长崎监狱服刑期间离婚，儿子病亡。1931 年 4 月 29 日假释出狱。在大阪的医院工作。战后从事推广罗马字运动。1948 年 9 月 1 日病故。墓在高知市小高坂山的冈林家墓地。

在大阪的区公所等处工作，之后成为海民医院办事员。1909 年初，从医院离职与妻从事养鸡业。虽然崇拜秋水但未成为无政府主义者。1931 年 4 月 29 日从长崎监狱假释出狱。和妻春子尝尽辛酸。1945 年 10 月 4 日因营养不良去世，时年 69 岁。墓在高知市小石木町的笔山陵园。妻子 1967 年 3 月去世，时年 82 岁。

早稻田第一高等学院学生时代，听安部矶雄等人的演说，受到社会主义影响。1907 年前后成为《大阪平民新闻》读者，并结识森近、武田等。1917 年 7 月 27 日在长崎监狱去世（病亡），36 岁。是荒畑寒村的小说《冬天》中 E 的人物原型。墓地不明。未发现照片。

在明科制材厂，受上司宫下之托，在不知情的情况下制作铁罐。被以违反《爆炸物管制处罚规定》为由判处有期徒刑。从法律角度讲应该驳回以大逆罪罪名对其的公诉。1916 年 10 月 10 日从千叶监狱假释出狱。1937 年 3 月 20 日在东京去世，时年 57 岁。墓在东京的多磨陵园。未发现照片。

曾任区长、区议员，因弟平四郎的关系对社会主义有亲近感。在长崎监狱服刑期间儿子病亡。1929 年 4 月 9 日假释出狱。1931 年 1 月 3 日病亡，50 岁。墓地与其弟相同，在田边市本宫町请川。

新村忠雄之兄，日俄战争时从军，因应弟之托提供药碾子等遭连坐，被以违反《爆炸物管制处罚规定》为由判罪，1915 年 7 月 24 日假释出狱。在大阪、天津等地游荡后，在大阪一家点心店工作。1920 年 4 月 2 日病亡，39 岁。墓地与其弟相同。法名"贤誉至德"。

| 受牵连者姓名 | 出生年份 | 罪名 | 判决 | 年龄 | 出生地、职业等 |
| --- | --- | --- | --- | --- | --- |
| 峰尾节堂 | 1885 | 大逆 | 死刑，后改为无期 | 25 | 和歌山县，临济宗妙心寺派僧侣 |
| 崎久保誓一 | 1885 | 大逆 | 死刑，后改为无期 | 25 | 三重县，记者 |
| 坂本清马 | 1885 | 大逆 | 死刑，后改为无期 | 25 | 高知县，印刷工 |
| 三浦安太郎 | 1888 | 大逆 | 死刑，后改为无期 | 22 | 兵库县，铁皮匠 |
| 佐佐木道元 | 1889 | 大逆 | 死刑，后改为无期 | 21 | 熊本县，寺院住持的三子 |
| 飞松与次郎 | 1889 | 大逆 | 死刑，后改为无期 | 21 | 熊本县，记者 |

简介、遗属和墓碑等

幼名正一，7 岁出家，熊野川町真如寺住持，离职后辗转于熊野的寺院，居留于三重县泉昌寺时遭逮捕。事件发生前不久结婚，1910 年 11 月 14 日遭开除，1919 年 3 月 6 日在千叶监狱服刑期间病亡，33 岁。1996 年 9 月 28 日取消处分。墓在新宫市的南谷墓园。2018 年 3 月 6 日举行了百年祭。

曾任《明镜新闻》记者等职，1907 年前后自称社会主义者。在秋田监狱服刑。判决后离婚。女儿遭受迫害。1929 年 4 月 29 日假释出狱。从事柑橘种植。考虑过申请复审。1955 年 10 月 30 日去世，70 岁。墓在三重县御浜町下市木的林松寺。外孙、曾外孙在关东等地。

怀着当外交官的理想前往东京。见到秋水后由社会主义者转变为无政府主义者。在秋田监狱服刑期间就争取复审。1934 年 11 月 3 日从高知监狱假释出狱。在受牵连者中活得最长。天皇的崇拜者。1961 年 1 月 18 日与森近运平之妹荣子一起申请复审。1967 年 7 月 5 日被最高院驳回。在让世人了解事件的国家犯罪性质方面有很大功绩。1975 年 1 月 15 日去世，89 岁。墓在四万十市的正福寺，与秋水在同一墓园。

出入大阪平民社，认识森近、荒畑寒村、冈本等人。1916 年 5 月 18 日在长崎监狱死亡（疑似自杀），28 岁。是平出修的小说《逆徒》中的人物原型。墓在大阪市立南陵园（阿倍野墓园）。未发现照片。

位于熊本市内的本愿寺派即生寺（现在已脱离本山）住持的次男。受其兄德母的影响出入《熊本评论》社，对社会主义产生兴趣。在千叶监狱服刑。1916 年 7 月 15 日在狱中病亡，时年 27 岁。骨灰葬于即生寺内的"即生寺之墓"。未发现照片。

受秋水的《社会主义神髓》的感染，在担任教员时代成为《熊本评论》的读者。后作为该刊的后续报纸《平民新闻》的发行兼编辑遭到连坐。在秋田监狱服刑。1925 年 5 月 10 日假释，是最早的出狱者。曾向坂本清马表达过申请复审的意思。1953 年 9 月 10 日去世，时年 64 岁。骨灰葬于山鹿市的本澄寺。2014 年 1 月 19 日由市民等出资在本澄寺内建起了表彰他和熊本其他三名受害者的碑石。

# 主要参考文献

篇幅所限，在此只列出极少的一部分资料，报纸、杂志只能割爱。以下按照作者和编者姓名的日语假名发音排序，副标题省略。

朝日新聞社史編集室編：『朝日新聞の九十年』，朝日新聞社，1969

朝日新聞社百年史編集委員会編：『朝日新聞史 大正・昭和戦前編』，朝日新聞社，1991

朝日新聞社百年史編集委員会編：『朝日新聞社史 資料編』，朝日新聞社，1995

飛鳥井雅道編：『近代日本思想大系（13 幸徳秋水集）』，筑摩書房，1975

阿満利麿：『国家主義を超える』，講談社，1994

あまつまつ：『父上は怒り給いぬ』，関西書院，1972

荒木傳：『なにわ明治社会運動碑（下）』，柘植書房，1965

荒木傳：『大阪社会運動の源流』，東方出版，1989

荒畑寒村：『新版 寒村自伝（上・下）』，筑摩書房，1965

荒畑寒村：『平民社時代』，中央公論社，1973

荒畑寒村著、森長英三郎編：『大逆事件への証言』，新泉社，1975

石川啄木：『石川啄木全集』（第2、4、6、7、8巻），筑摩書房，1978－1980

伊藤整：『日本文壇史（16－18）』，講談社文芸文庫，1997

絲屋寿雄：『管野すが』，岩波新書，1970

絲屋寿雄：『増補改訂 大逆事件』，三一書房，1970

井原市史編集委員会、井原市教育委員会編、刊：『井原市史』，1964

井原市史編纂委員会編：『井原市史（Ⅴ近現代史料編・Ⅱ近現代通史編）』，井原市，2003－2005

岩崎栄著、山泉進解説：『平沼騏一郎伝』，大空社，1997

上田穣一、岡本宏編著：『大逆事件と「熊本評論」』，三一書房，1986

内田魯庵著、野村喬編：『内田魯庵全集（第7巻，別巻）』，ゆまに書房，1986－

1987

運動史研究会編：『運動史研究（9）』，三一書房，1982

大石誠之助著，森長英三郎、仲原清編：『大石誠之助全集』（1、2），弘隆社，1982

大阪社会労働運動史編集委員会編：『大阪社会労働運動史』（第1巻戦前編、上），有斐閣，1986

大島英三郎編：『増補版 難波大助大逆事件』，黒色戦線社，1979

太田雅夫、森本啓一著，桃山学院大学教育研究所編，刊：『岩崎革也年譜』，1993

大野みち代編：『人物書誌大系（3 幸徳秋水）』，日外アソシェーツ，1982

大原慧：『幸徳秋水の思想と大逆事件』，青木書店，1977

岡義武：『山県有朋』，岩波書店，1958

岡山県立農業高等学校百年史編集委員会編：『高農百年史』，同校創立百周年記念事業実行委員会，1999

岡山労働運動史資料編集委員会編：『岡山県労働運動史資料（上巻）』，岡山県中央労働学校，1951

岡山県労働組合総評議会編、水野秋執筆：『岡山県社会運動史（第2、3巻）』，労働教育センター，1977

沖野岩三郎：『煉瓦の雨』，福永書店，1918

沖野岩三郎：『宿命』，福永書店，1919

奥宮健之著、阿部恒久編：『奥宮健之全集（上、下）』，弘隆社，1988

小田切秀雄編：『発禁作品集』，北辰堂，1956

柏木隆法：『大逆事件と内山愚童』，JCA出版，1979

河上民雄編、刊：『河上丈太郎演説集』，1966

川口武彦：『堺利彦の生涯（上）』，社会主義協会出版局，1992

神崎清編：『大逆事件記録（第1巻　新編獄中手記）』，世界文庫，1964

神崎清：『大逆事件』，筑摩書房，1964

神崎清：『実録幸徳秋水』，読売新聞社，1971

神崎清：『大逆事件（1−4）』，あゆみ出版，1976−1977

管野須賀子著、清水卯之助編：『管野須賀子全集（全3巻）』，弘隆社，1984

日本近代史料研究会編、刊：『「特別要視察人状勢一斑」の附録・日本社会主義運動史（小山松吉講演復刻版）』，1957−1959

熊本県編、刊：『熊本県史（近代編 第2）』，1962

幸徳秋水全集編集委員会編：『幸徳秋水全集（第1、2、4、5、8巻，別巻1、2）』。明治文献資料刊行会，1982

幸徳秋水全集編集委員会編：『幸徳秋水全集補巻大逆事件アルバム』, 明治文献,
　　1972

幸徳秋水著、山泉進校注：『帝国主義』, 岩波文庫, 2004

国際啄木学会編：『論集　石川啄木』, おうふう, 1997

国際啄木学会編：『石川啄木事典』, おうふう, 2001

黒色戦線社編、刊：『虎ノ門事件裁判記録』, 1992

小松芳郎：『松本平からみた大逆事件』, 信毎書籍出版センター, 2001

小山松吉：『日本精神読本』, 日本評論社, 1935

小山松吉講演録『明治時代の社会主義運動に就いて』( 復刻版 ), 東洋文化
　　社 ,1978( 司法省刑事局：『思想研究資料』第 59 号, 1939)

近藤真柄：『わたしの回想（上、下）』, ドメス出版, 1981

堺利彦著、川口武彦編：『堺利彦全集（第 1 － 6 巻）』, 法律文化社, 1970 － 1971

坂本清馬述：『大日本帝国天皇憲法論』, 昭和神聖会高知支部, 1935

坂本忠次：『分権時代のまちづくり』, 大学教育出版, 2000

佐藤範雄：『信仰回顧六十五年（上、下）』, 信仰回顧六十五年刊行会, 1970 －
　　1971

佐波亘編：『植村正久と其の時代（第 5 巻）』（復刻版）, 教文館, 1966

塩田庄兵衛、渡辺順三編：『秘録大逆事件（上、下）』, 春秋社, 1959

塩田庄兵衛編：『幸徳秋水の日記と書簡 増補決定版』, 未来社, 1990

清水卯之助：『管野須賀子の生涯』, 和泉書院, 2002

清水三郎：『大朝懸賞小説「宿命」と大逆事件 大正六、七年編年史別巻』, 朝日
　　新聞社社史編集室, 1962

新宮市史編さん委員会編：『新宮市史』, 新宮市, 1972

新宮市史史料編編さん委員会編：『新宮市史（資料編　下巻）, 新宮市, 1986

新熊本市史編纂委員会編：『新熊本市史（通史編　第 6 巻　近代 II）』, 熊本市,
　　2001

人文社編集部編、刊：『古地図、現代図で歩く明治大正東京散歩』, 2003

新修大阪市史編纂委員会編：『新修 大阪市史（第 6 巻）』, 大阪市, 1994

杉中浩一郎：『紀南雑考』(私家版), 1981

住井すゑ：『橋のない川（第 1 － 7 部）』, 新潮社, 1992

関山直太郎編著：『初期社会主義資料 牟婁新報抄録』, 吉川弘文館, 1959

専修大学今村法律研究室編：『大逆事件（1 － 3）』, 専修大学出版局, 2001 －
　　2003

曹洞宗人権擁護推進本部編：『仏種を植ゆる人』, 曹洞宗宗務庁, 2006

大審院：『明治四十三年特別第壱号被告事件訴訟記録（第 458 巻）』（復刻版），
　　大逆事件の真実をあきらかにする会，1969

大逆事件記録刊行会編：『大逆事件記録（第 2、3 巻，証拠物写）』，世界文庫，
　　1972

大逆事件の真実をあきらかにする会編：『大逆事件を生きる　坂本清馬自伝』，
　　新人物往来社，1976

大逆事件の真実をあきらかにする会編、刊，堺利彦書写：『大逆帖』（復刻版），
　　1981

大逆事件の真実をあきらかにする会編著：『大逆事件の真実を明らかにする会
　　ニュース（第 1－48 号）』（復刻版），ぱる出版，2010

田中伸尚：『さよなら、"国民"』，一葉社，1998

田中伸尚：『天皇をめぐる物語』，一葉社，1999

玉光順正、辻内義浩、訓覇浩編：『高木顕明』，真宗大谷派宗務所出版部，2000

徳冨健次郎：『蘆花全集（第 19 巻　偶感偶想；第 20 巻 書翰集）』，蘆花全集刊
　　行会，1929－1930

徳冨健次郎著、中野好夫編：『謀叛論』，岩波文庫，1976

徳富蘆花：『明治文学全集（42 徳富蘆花集）』，筑摩書房，1966

徳冨蘆花：『日本現代文学全集（17 徳冨蘆花集）増補改訂版』，講談社，1980

永井壮吉著、稲垣達郎ほか編：『荷風全集（第 14 巻）』，岩波書店，1993

中野好夫：『中野好夫集（第 11 巻）』，筑摩書房，1984

中村町役場編：『中村町史』，1950

中村市史編纂室編：『中村市史 本編』，1969

中村市史編纂委員会編：『中村市史 続編』，1984

中村文雄：『大逆事件と知識人』，三一書房，1981

中村文雄：『大逆事件の全体像』，三一書房，1997

鍋島高明：『幸徳秋水と小泉三申』，高知新聞社，2007

西村伊作：『我に益あり』（復刻版），軽井沢美術文化学院，2007

野口存彌：『沖野岩三郎』，踏青社，1989

浜畑栄造：『大石誠之助小伝』，荒尾成文堂ほか，1972

林茂、西田長寿編：『平民新聞論説集』，岩波文庫，1961

平出修：『定本平出修集』，春秋社，1965

平出修：『定本平出修集（続）』，春秋社，1969

平出修：『定本平出修集（第 3 巻）』，春秋社，1981

平出修：『伝記叢書 263 平出修遺稿』，大空社，1997

平出修研究会編：『大逆事件に挑んだロマンチスト』，同時代社，1995

平出修研究会編：『平出修とその時代』，教育出版センター，1985

平沼騏一郎回顧録編纂委員会編、刊：『平沼騏一郎回顧録』，1955

本宮町史編纂委員会編：『本宮町史 近代史料編』，本宮町，2000

本宮町史編纂委員会編：『本宮町史 通史編』，本宮町，2004

松尾尊兊編、解説：『続・現代史資料（社会主義沿革1）』，みすず書房，1984

水上勉：『古河力作の生涯』，平凡社，1973

宮武外骨編：『幸徳一派大逆事件顛末』，竜吟社，1946

臨済宗妙心寺派人権擁護推進委員会編：『大逆事件に連座した峰尾節堂の復権にむけて』，妙心寺派宗務本所，1999

森長英三郎：『風霜五十余年』（私家版），1967

森長英三郎：『刑場跡慰霊塔について』，仲原清印刷，1967

森長英三郎：『禄亭大石誠之助』，岩波書店，1977

森長英三郎：『内山愚童』，論創社，1984

森山重雄：『大逆事件＝文学作家論』，三一書房，1980

師岡千代子：『夫・幸徳秋水の思ひ出』，東洋堂，1946

師岡千代子：『風々雨々』，隆文堂，1947

もろさわようこ：『信濃のおんな（下）』，未来社，1969

山泉進、荻野富士夫編：『"大逆事件" 関係外務省往復文書』，不二出版，1993

山泉進編、解題：『幸徳秋水 平民社百年コレクション（第1巻）』，論創社，2002

山泉進：『平民社の時代』，論創社，2003

山泉進編著：『新装版 大逆事件の言説空間』，論創社，2007

与謝野寛、与謝野晶子、吉井勇：『日本詩人全集（4）』，新潮社，1967

吉岡金市：『森近運平』，日本文教出版，1961

吉岡金市、木村武夫、森村誠一、木村寿編：『森近運平研究基本文献（上、下巻）』，同朋舎出版，1983

吉川守圀：『荊逆星霜史』（復刻版），不二出版，1985

吉田久一：『吉田久一著作集（4 日本近代仏教史研究）』，川島書店，1992

労働運動史研究会編：『明治社会主義史料集（第4-8集，別冊2-3）』，明治文献資料刊行会，1961-1962

我妻栄ほか：『日本政治裁判史録 明治・後』，第一法規出版，1969

渡部直己：『不敬文学論序説』，太田出版，1999

飛鳥井雅道：「堺と幸徳」，載堺利彦著、川口武彦編：『堺利彦全集（月報No.2）』，

法律文化社，1970

池田千尋：「成石堪三郎獄中記『回顧雑詠』」，載安藤精一編：『紀州史研究（2）』，
　　国書刊行会，1987

小山仁示：「『丸い顔』をめぐって」，載堺利彦著、川口武彦編：『堺利彦全集（月
　　報 No.5）』，法律文化社，1971

関山直太郎：「和歌山県における初期社会主義運動」，載安藤精一編：『紀州史研
　　究（2）』，国書刊行会，1987

辻本雄一：「明治四一、四二年における，大石誠之助と沖野岩三郎との接点」，
　　載安藤精一編：『紀州史研究（4）』，国書刊行会，1989

本书于 2015 年 5 月刊行。值此收入岩波现代文库之际，对单行本第一版第七次印刷之后发现的错误进行了修订，此外添加了"补记"和有关遭到起诉的二十六人及其遗属、家属去向的一览表。

TAIGYAKU JIKEN：SHI TO SEI NO GUNZO
by Nobumasa Tanaka
with commentary by Yuko Tanaka
© 2010，2018 by Nobumasa Tanaka
Originally published in 2018 by Iwanami Shoten，Publishers，Tokyo.
This simplified Chinese edition published 2023
by Shanghai Translation Publishing House，Shanghai
by arrangement with Iwanami Shoten，Publishers，Tokyo

图字：09－2021－782 号

**图书在版编目（CIP）数据**

　　大逆事件/（日）田中伸尚著；臧志军译. —上海：上
海译文出版社，2023.10
　　（历史学堂）
　　ISBN 978－7－5327－9293－1

　　Ⅰ. ①大… Ⅱ. ①田…②臧… Ⅲ. ①历史事件—日
本—现代 Ⅳ. ①K313.4

　　中国国家版本馆 CIP 数据核字(2023)第 162822 号

**大逆事件：死与生的群像**
[日] 田中伸尚　著　臧志军　译
责任编辑/薛　倩　装帧设计/赤　祥

上海译文出版社有限公司出版、发行
网址：www.yiwen.com.cn
201101　上海市闵行区号景路 159 弄 B 座
上海市崇明县裕安印刷厂印刷

开本 890×1240　1/32　印张 13.25　插页 3　字数 240,000
2023 年 11 月第 1 版　2023 年 11 月第 1 次印刷
印数：0,001—6,000 册

ISBN 978－7－5327－9293－1/K·318
定价：68.00 元